本书为国家社会科学基金项目"提升农民政治水平与优化农村民主协商治理机制研究"（项目编号：13BZZ018）的部分成果

农民政治水平和农村民主协商治理机制研究

季丽新 高宝琴 李恒年 ◎ 著

STUDY ON THE FARMERS' POLITICAL LEVEL AND
RURAL DEMOCRATIC CONSULTATIVE
GOVERNANCE MECHANISM

中国社会科学出版社

图书在版编目（CIP）数据

农民政治水平和农村民主协商治理机制研究／季丽新，高宝琴，李恒年著．
—北京：中国社会科学出版社，2017.4
ISBN 978 - 7 - 5161 - 9647 - 2

Ⅰ.①农…　Ⅱ.①季…②高…③李…　Ⅲ.①农村 – 群众自治 – 研究 – 中国
Ⅳ.①D638

中国版本图书馆 CIP 数据核字（2017）第 005381 号

出 版 人　赵剑英
责任编辑　任　明
责任校对　王佳玉
责任印制　李寡寡

出　　　版　中国社会科学出版社
社　　　址　北京鼓楼西大街甲 158 号
邮　　　编　100720
网　　　址　http：//www.csspw.cn
发 行 部　010 - 84083685
门 市 部　010 - 84029450
经　　　销　新华书店及其他书店

印刷装订　北京市兴怀印刷厂
版　　　次　2017 年 4 月第 1 版
印　　　次　2017 年 4 月第 1 次印刷

开　　　本　710×1000　1/16
印　　　张　19.75
插　　　页　2
字　　　数　300 千字
定　　　价　75.00 元

目　　录

导　论

任何政治研究都是对实际政治生活需要的呼应，也是政治理论发展的需要。政治研究要为政治实践服务，反映政治实践中出现的问题，提供解决这些问题的对策。同时，政治研究更要致力于政治规律的概括，解释政治领域中各种要素之间的关系，引领政治生活。没有实践意义的政治研究固然无法解决实际问题，而没有理论价值和学术意义的政治研究则无法正确指导政治生活，政治生活会因此变得杂乱无章甚至走向歧途。提升农民政治水平与优化农村民主协商治理机制研究缘于对农村政治情境的反思和对发展农村政治理论的关怀。

第一节　农村治理方式的历史考察

近年来，由于"三农"问题的凸显和农村政治生活的变化，农村政治问题成为法学、社会学等学科共同关注的热点话题，越来越多的学者聚焦农村政治领域。有的研究者探讨农村政治发展模式和农村政治发展规律等宏观命题；有的研究者分析农村政治文化、农村政治稳定、农村基层民主等中观命题；有的研究者则考察农民权利、农民反抗、农民组织等微观命题。然而，认真思考这些命题可以发现，农村所有政治问题的发生和变化都与农村治理方式有着千丝万缕的联系，农村公共事务管理中的各种因素及其相互关系对农村政治生活和政治现象有着深远的影响。农村治理机制是选择专制还是民主？分散还是合作？控制还是自治？武断还是协商？不同治理机制的选择会给农村发展带来不同的景象。而当农村治理机制走进研究者的视野时，农民政治素质和政治能力的研究就提上了日程。从表面上看，农民政治水平和农村民主治理机制似乎是两个问题：一个是文化面向的，另一个是制度机制面向的。但从古至今，农民政治水平和农村民主治理机制都相互支撑、相互影响，共同打造农村政治面貌。

在中国古代，农村治理是国家权力强控制与农村地方精英软治理的结合。古代中国的政治制度是君主专制制度，政府是皇室的扩大，各级官员不过是皇帝的奴才，可谓是"普天之下莫非王土，率土之滨莫非王臣"。马克斯·韦伯曾经用"家产官僚主义"形容中国古代的政治制度，整个政治系统犹如父权家庭的扩大和投射。然而，国家政权对农村社会的控制只具有某种程度的象征意义，以乡绅为主的地方精英实际主导着农村政治生活。在农村基层社会中，统治者依托乡绅推行了一整套宗法伦理思想，塑造了农民惧怕权势、愚忠愚孝、唯命是从的性格，构建了中国农村的伦理社会秩序，而这在巩固皇权专制的同时也降低了农村社会的治理成本。"皇权不下县"是学者对古代农村治理的形象描述。

如果从政治秩序与政治成本的角度衡量，中国古代农村的乡绅自治机制取得的成效是显著的，但是，最为关键的治理主体因素却被忽略了。广大农民被排除在政治生活之外，失去了参与政治的权利。主宰农民大众灵魂的是家族观念、皇权至上、等级思想，个人价值、参与意识、权利观念等完全被湮没。农民贫困的政治水平和低下的文化素质进一步巩固了国家权力强控制与地方精英软治理相结合的农村治理机制，铸成了中国封建社会的超稳定结构，致使资本主义在中国的发展举步维艰，延迟了中国社会走向现代化的脚步。

国家政权建设始于清末新政，在民国时期逐步展开，核心是政权的官僚化和行政权力向基层社会的下沉。中国历史走进20世纪以后，中国农村发展进程出现了两个重要变化：一个是中国农村经济在西方的冲击之下发生了一些变化；另一个是国家逐渐加深对农村社会的渗透和控制。伴随着国家财政需求的不断扩大，"乡村社会为反抗政权侵入和财政榨取而不断斗争"。[①] 为了巩固政权和保证财源，国家不得不选择与

---

① ［美］杜赞奇：《文化、权力与国家——1900—1942年的华北农村》，王福明译，江苏人民出版社2008年版，前言第2页。

新的"精英"集团结成联盟，农村"保护型经纪"集团被"营利型经纪"集团取代。① 不可否认，这一时期国家的控制力得以增强，但农民的生存状况和政治境遇却更加悲惨，农村社会的软治理因素被毁坏，农民的民主权利是农民无法享用的奢侈品。更为糟糕的是，这些"营利型经纪"能够帮助国家推行政策，但他们从政府和农民两个方面获取好处，这不仅带来了国家控制成本的增加，也动摇了国家政权的社会基础，引发了广大农民的反抗。杜赞奇用"国家政权的内卷化"② 说明了这一过程。其实，20世纪上半叶，中国农村社会也存在某些自治因素。1906年，清政府颁布了《城镇乡地方自治章程》，但由于性别和财产等的严格限制，能够参与地方自治进程的人只是少数。此后的北洋军阀政府时期，政府不仅无力维持已经开启的地方自治进程，反而使地方自治走向衰退。民国时期，政府也颁布了大量的农村基层治理规范，希求继续推进地方自治，但长期的战争和军阀割据使国民政府的良好愿望付之东流，民国知识分子推动的实验区乡村建设运动也以"号称乡村运动而乡村不动"③ 收场。可见，晚清及民国时期中国农村治理方式呈现为"营利型经纪"特点，政府与农村地方牟利集团结盟，农村社会的自治因素微弱，革命因素得以孕育，广大农民要么在沉默中爆发，要么在沉默中灭亡。

新中国成立以前，中国共产党在其能够控制的区域内积极探索农村治理方式，创造性地构建了党组织领导下的政权组织和农民组织共同治理农村社会的模式。这一时期的农村治理表现出了一定的民主因素，如"三三制"政权、农民协会的建立，但因为范围狭小和战争状态，治理中的民主因素并不稳定。

新中国成立以后，中国共产党领导的新政权以其天然的优势对农村进行整合。土地改革初期，以贫下中农为骨干的新的农村领导集团成为

---

① ［美］杜赞奇：《文化、权力与国家——1900—1942年的华北农村》，王福明译，江苏人民出版社2008年版，第24—37页。

② 杜赞奇使用的"内卷化"是从克利福德·吉尔茨那里借用来的，吉尔茨用"内卷化"来形容社会发展模式的停滞不前，杜赞奇使用"政权内卷化"概念形容国家对乡村社会的控制能力弱化而对乡村社会的榨取能力反而增强。参见［美］杜赞奇《文化、权力与国家——1900—1942年的华北农村》，王福明译，江苏人民出版社2008年版，第53—54页。

③ 《梁漱溟全集》第二卷，山东人民出版社1990年版，第573页。

国家整合农村的主要依靠力量，尽管国家权力没有下沉到村，但这些农村权力精英把政权的影响力延伸到了村庄，基本延续了根据地时期农村治理的格局。而此后的人民公社化运动实现了近代以来最为有效的农村社会整合。以党组织为核心的权力高度集中型农村治理机制完成了农村基层社会的官僚化任务，党的路线、方针、政策都可以直达村庄。农民过上了从未有过的稳定生活，农村医疗和教育条件得到改善。当然，此时的国家政权建设力度空前，政治无处不在、无所不包、无所不能，党组织垄断了农村治理权力，农民积极性严重受挫，公民意义上的农民政治素质无法形成。

从古代农村乡绅自治治理机制，到近代农村营利型经纪治理机制，再到新中国成立以后逐步形成的高度集权的农村治理机制，国家政权建设的力度不断增加，国家对农村社会的控制和渗透能力逐步增强。但是，这种国家政权建设是畸形的，国家湮没了农村社会，农村社会的自主性几乎完全丧失，农民教育无从谈起。其实，国家政权建设是欧洲在民族国家形成与发展阶段发生的，是把分散的政治权威转变为一个现代民族国家的过程。在这一过程中，权力的集中和向基层社会的渗透是必要的，因为只有这样，才能彻底摧毁地方割据势力。同时，社会成员在新的国家统一体中获得前所未有的公民权利，摆脱地方割据势力的压迫，国家通过保护公民政治、经济权益获得政治合法性。因此，成功的国家政权建设应该是国家与社会互强的过程，国家依法保障公民权利，积极扶持公民社会的生长；社会与政府共同合作，公民对国家的政治认同加强。无论是基于国家政权建设理论的认识，还是从中国农村治理现状出发，中国农村治理方式都需要进行重大调整，高度集权的人民公社治理机制已经走到尽头。

党的十一届三中全会召开后，农村实行了家庭联产承包责任制，"三级所有、队为基础"的人民公社体制坍塌。为了满足农村社会管理的需要，农民自发创造了村民委员会，村民自治制度悄然兴起，国家从制度层面肯定了农民的政治创新成果。2010年10月28日，第十一届全国人民代表大会常务委员会第十七次会议修订通过的《中华人民共和国村民委员会组织法》（以下简称《村组法》）规定，村民委员会是村民进行自我管理、自我教育和自我服务的群众性自治组织。以此，国家的意图是在农村构建党领导下的"乡政村治"治理机制。① 党组织是农村的元治理主体，通过农村党组织，党和国家能够把庞大、分散的农民整合到政治体系中来；政府指导、支持和帮助村民委员会的工作，行使行政管辖权；广大村民积极参与农村治理进程，通过民主选举，村民自主选择村民委员会成员，告别自上而下任命村干部的时代；通过村民代表会议和村民会议，村民行使民主决策权，共同决定与村民利益相关的事项，改变少数人决定村庄命运的历史；通过依法建立村民自治章程，村民行使民主管理权，改变了凭借领导意志管理村庄的状况；通过村务公开和财务公开等方式，村民行使民主监督权，抑制村干部以权谋私现象的发生，有效维护村民的利益。由此可见，村民自治制度具有明显的民主特性，村民民主权利的行使具有法律依据。与村民自治的民主特性一样，群众自治是村民自治的应有之义。村民自治不是村民委员会自治，因为村民委员会的权力是农民赋予的。当然，群众自治权利的行使是有限度的，村民自治组织还要协助乡镇政府开展工作。中国农村村民自治是民主与自治的结合，农民通过民主行使民主权利，通过自治管理与村民利益相关的事务。中国是社会主义国家，民主是社会主义的本质特征，而民主的发展必然指向自治。因为就某一个自治体而言，民主蕴含着自治体公民能够支配公共权力，自治则关系到自治体的公民所能支配的权力范围，民主发展的程度取决于自治的水平，高度民主必然走向高度自治。农村率先引入民主自治因素，有利于为全社会的民主自治积累经验和奠定基础，同时又不容易对国家政权形成剧烈冲击。其实，西方政治文化也倡导民主自治思想，赫尔德就曾说过："围绕'双重民主化'进程而确立的自治原则，产生了一种我希望称之为'民主自治'（或'自由社会主义'）的国家与社会的模式。"② 在西方发达资本主义国家，民主自治是农村基层政权的重要特征，在城市和农村早已经广泛建立。总之，从制度角度看，中国农村治理机制正在向民主自治的方向

---

① 徐勇认为，村民自治只是乡村治理的一种方式。参见李德瑞《学术与时势——1990年代以来中国乡村政治研究的"再研究"》，社会科学文献出版社2012年版，第268页。

② "双向民主化"是赫尔德提出的，意指民主是双向的：一方面涉及国家权力的重塑，另一方面与重构市民社会有关。参见［美］赫尔德《民主：一种双向进程——国家权力的重塑与市民社会的重构》，梁治平译，载邓正来、［英］J. C. 亚历山大编《国家与市民社会——一种社会理论的研究路径》，中央编译出版社1999年版，第321页。

发展，农村治理主体由农村基层党组织、乡镇政府、村民自治组织等构成，其中党组织和政府在农村治理中处于领导和指导地位，权力的行使以自上而下为主，自下而上为辅，农村治理体现出具有一定民主自治色彩的威权主义特征。

改革开放以来构建的"乡政村治"治理机制给农村政治发展注入了活力。不断走向规范的村民选举制度把一大批人品好、能力强、业务精的农村精英推上了政治舞台，这些通过获取选民手中的选票而取得政治领导位置的农村精英更加重视农民的意愿和利益，更加趋向于对农民负责，农村干群关系有了改善，农村政治权力的合法性有所增强，政策执行成本有所降低。农村村民自治还为农民提供了学习政治知识和增长政治才干的实践课堂，从选民登记、预选、秘密写票、独立投票、当场唱票到公布选举结果，农民不仅熟知了各种民主程序，而且越来越珍视手中的民主权利。由农民推选的村民代表积极参与村庄事务，反映村民意见，对农村公共事务的关注度不断提高，形成了一批活跃在农村政治生活中的政治精英阶层。

相比以往的农村治理机制，"乡政村治"治理机制是历史性的进步，民主自治因素的引入在一定程度上扭转了国家政权建设的畸形化，但这一治理机制仍然存在严重缺陷。第一，农村基层党组织与村民自治组织的关系不明确。《村组法》规定，中国共产党在农村的基层组织发挥"领导核心作用"，可究竟如何发挥，法规没有详细说明。第二，乡镇政府与村民自治组织的关系不清楚。根据《村组法》，乡镇政府与村民自治组织的关系是指导、支持、帮助与协助的关系，可如何落实却没有细化，协助是服从吗？不协助怎么办？另外，该法规还明确指出，乡镇政府不能干预依法属于村民自治范围内的事项，可当乡镇政府管理的事务与村民自治范围内的事项发生重合怎么办？第三，农民政治素质无法满足农村村民自治的要求。农民没有养成参与意识和参与习惯，致使民主决策、民主管理和民主监督制度不能付诸实践。梁漱溟曾经讲过："乡村建设顶要紧的是什么呢？就是这两点：'农民自觉'，'乡村组织'。"[①] 乡村建设需要农民自觉，村民自治需要提升农民政治能力，否

---

① 《梁漱溟全集》第一卷，山东人民出版社1989年版，第623页。

则，村民自治制度只会有名无实。

从目前农村村民自治情况看，法律制度的缺陷、农民政治水平的低下和制度运行惯性等因素已经引发了很多问题。第一，在很多村庄，农村基层党组织和村民自治组织关系不和谐，村党支部书记与村民委员会主任相互争权，有的地方甚至酿成恶性事件，造成极其恶劣的影响。为了扭转这一局面，一些地方开始倡导村党支部书记和村民委员会主任"一肩挑"，这虽然在一定意义上缓解了农村两委的矛盾，但也导致了农村权力进一步集中和村民自治的倒退。第二，很多地方的村民自治组织已经被行政化，乡镇政府与村民自治组织的关系不协调。在压力型体制①之下，乡镇政府需要承接上级下达的各种行政任务，并层层分解落实，村庄是完成这些行政任务的重要主体，乡镇政府根据村干部完成任务的情况对村干部进行奖惩。村干部忙于应付上面下达的各种行政任务，村民自治权利的落实和村民委员会的自治性质被抛于脑后，村民自治制度关于民主决策、民主管理和民主监督的规定基本流于形式。第三，农民参与村民自治进程的程度有限。根据目前村民自治制度运行的普遍状况，农民主要是在民主选举中通过投票表达意志；绝大部分村庄民主决策所依托的村民大会难以召集，只能由村民代表代行村民的民主决策权；村民自治章程或者村规民约缺乏民意基础；村务公开只是应付了事。村民自治的立法初衷是要保障农村村民的自治，依法行使民主权利，办理与村民利益相关的事务，而村民自治在运行过程中却出现了严重偏离。

农村治理方式仍然要寻求新的调整。新的农村治理方式应该着眼于三个方面：第一，促进农村经济发展，提高农民生活水平，增加农民对国家认同的经济基础；第二，加快农村社会的民主转型，保障农民的政治权利，采用民主方式动员农民，给予农民治理主体地位；第三，密切关注农民政治能力和政治水平，激发农民的政治参与意识和政治活动力，力促农民政治水平与农村治理机制相互匹配、互动双强。近年来，

---

① 所谓压力型体制，是一种管理方式和评价体系，具体而言，就是一级政治组织为了完成上级下达的任务而采取的数量化分解方式，并根据任务完成情况进行评价。参见荣敬本、崔之元等《从压力型体制向民主合作体制的转变——县乡两级政治体制改革》，中央编译出版社1998年版，第28页。

为了弥补"乡政村治"治理机制的不足，更能契合民主自治精神、提高政策合法性和提高政策执行效率的民主协商治理机制开始出现，如村民代表会议协商机制、村民大会协商机制、村民小组会议协商机制、民主恳谈会机制、村民民主评议机制等。这些治理形式通过各种讨论对话、合作协商平台有助于改善党组织与村民自治组织、乡镇政府与村民自治组织的关系，有助于深化村民自治的民主决策、民主管理和民主监督，有助于扩大农民参与范围，有助于推动农村公共决策的民主化、科学化、合法化，也为农民政治能力的提高提供了更多机会。

农村民主协商治理机制是农村治理的新探索，在实际运行过程中依然面临多重挑战。从农村实际看，有些村庄在村民大会、村民代表会议或者村民小组会议中引入民主协商因素，但程序很不规范；有的村庄虽然创造了村民说事室、村民民主听证会等新颖的民主协商形式，但这些形式与村民自治机制的关系无法厘清；农村民主协商治理机制依然要面对农村基层党组织、乡镇政府、村民自治组织、农村民间组织等治理主体之间的关系问题；由于中国农村缺乏民主协商文化，已经建立的民主协商治理机制缺乏政治文化支撑。

简单回顾中国农村治理机制的发展历程，我们发现：第一，历史上中国农村治理机制始终没有摆脱"官治"与"民治"、国家与社会分立的思维，没有在政治实践中探索出官民合作的长效机制，无法完成国家政权建设和农村政治民主化的任务；第二，当前一些地区的农村民主协商机制为重塑国家与农村社会的边界提供了契机，为官民合作创造了前提，为农民广泛参与政治生活提供了前所未有的机遇；第三，农村民主协商治理机制是新生的政治现象，存在诸多需要研究的问题，对农村民主协商机制的研究是历史赋予我们的重要课题；第四，自古以来，中国农民或者是被排除在政治生活之外，或者是政治参与程度很低，农民政治能力没有得到较大程度的提升；第五，村民自治为农民提供了政治锻炼的机会，但由于村民自治自身的限度，农民政治水平提升的任务自然难以完成；第六，农民政治水平与农村治理之间的关系非常密切，农村历史上出现过多次自治运动，皆因农民自治能力不足而走向失败或受到严重影响。

总之，提升农民政治水平与优化农村民主协商治理机制研究是对中国农村治理机制历史经验的总结，是对中国农村治理机制发展趋势的回应，是对中国农民政治水平发展状况的观照，是对正在尝试的农村民主协商实践的概括与提升。这一研究必将进一步推动农村民主协商治理机制的转型，进一步完善农村民主协商治理机制，有效提高农民的政治能力。

第二节　理论与学术关怀

中国农村政治是政治学研究领域的重要话题。农村政治研究经历了以基层政权建设、村民自治、农村治理为主要内容的三个阶段。改革开放之初，随着农村政治体制的变迁以及农村基层管理种种问题的出现，基层政权建设研究走入政治学者的视野，形成了以张厚安为代表的一批农村基层政权建设研究队伍。20 世纪 90 年代，中国内外局势发生了深刻的变化，中国希望融入国际社会的努力、政治改革的再次启动和《村组法》的正式实施，使村民自治研究在众多力量的簇拥之下凸显为热点，并掀起了阵阵研究热潮。伴随着村民自治研究视野的不断拓展，同时由于在农村问题上的评估和预测的差异，村民自治研究开始发生分化，一些学者开始关注农村治理问题。

部分学者转入农村治理研究是对农村政治研究的深化，是对当时农村政治实践的尊重。中国农村政治非常复杂，村民自治研究无法包容、解释农村政治的所有问题，"村治实验"的民主理想并未成功。经过反思，农村政治研究者认识到，农村治理的概念更加接近农村政治实践，同时可以使农村政治研究的视野更加开阔。[①] 可以肯定地说，西方治理理念的运用，给中国农村政治研究者们打开了一个更为广阔的学术领域，借助治理的内涵、外延和实践，农村政治研究得以更好地充实和提升。这一时期，农村治理研究围绕着农村行政体制改革、农村政策、新

---

① 李德瑞认为，推动农村政治研究发生转变的原因在于：一是研究者寻求突破的需要；二是学界的批评和新的学术资源的输入，这里所说的新的学术资源是指西方治理概念的引入。徐勇认为，用村民自治来认识和解释一个村庄过于简单，需要用农村治理这个概念。参见李德瑞《学术与时势——1990 年代以来中国乡村政治研究的"再研究"》，社会科学文献出版社2012 年版，第 262 页。

农村建设、农地制度、农村公共产品、农村公共服务、农村社区建设、农村文化等问题展开，在一定意义上，这些研究已经超越了农村政治研究范畴，力求以较为宽广的视野认识和解释农村政治现象。然而，这些农村治理问题的研究更多停留在目标和制度层面，机制问题很少被提及和关注。农村治理机制既是农村治理目标实现的手段，也是农村治理制度得以运行和落实的途径。细节决定成败，农村治理机制研究在农村治理研究中具有无可替代的意义。因此，本书把农村治理机制问题纳入研究范围，是对农村治理研究的进一步深化，同时也为中国农村政治研究打开了一片新的天地。

农村治理机制该如何选择？机制的选择往往基于现实社会发展对治理本身的实际要求，主要取决于以下三个方面：一是治理的价值目标；二是治理所面向的现实经济与社会发展条件及这些条件对治理的内在要求，三是与治理相关的制度规范。任何良性的农村治理机制的最终目的都是要实现农民的共同利益，回应农村市场经济的要求，满足农民不断增长的参与愿望，深化农村民主自治制度。农村治理机制要引入民主协商的因素，使农民成为农村民主协商的主要参与者和协商者，"乡政村治"治理机制要逐渐向农村民主协商治理机制转变。第一，农村民主协商治理机制能够进一步完善村民自治制度，继续维护和落实农民的民主选举、民主决策、民主管理和民主监督权利，恢复村民委员会、村民代表会议等村民自治组织的自治性质，真正赋予农民依法管理与村民利益相关事务的权利。对于协商，约翰·S. 德雷泽克认为："民主的本质是协商，而不是投票、利益聚合与宪法权利，甚或自治。"① 第二，农村民主协商治理机制着重解决村党组织和村民委员会、乡镇政府与村民委员会之间的不协调关系，在这些农村治理主体之间形成新的民主合作、协商共赢的关系，解决村党组织包揽一切、乡镇政府强力控制村民自治组织的不合理现状，调动农村所有治理主体的积极性，营造所有治理力量相互交流与对话的氛围，达成共同维护村庄集体利益、促进农村发展和进步的良好愿望。第三，农村民主协商治理机制以提升农民政治水平

---

① ［澳］约翰·S. 德雷泽克：《协商民主及其超越：自由与批判的视角》，丁开杰等译，中央编译出版社2006年版，前言第1页。

为要义，要让农民以多种多样的形式参与村庄事务，主动关心村庄发展，积极维护自身利益，树立正确的政治参与动机，学会理性地表达政治要求。第四，农村民主协商治理机制要通过协商解决利益纠纷，缓解农村社会矛盾，维护农村社会稳定。

农村治理既然要选择民主协商机制，就要思考与其相关的一系列问题，如：农村民主协商治理机制的内涵是什么？中国农村民主协商治理机制有什么特色？农村民主协商治理机制的构建是否具有可行性和必要性？农村民主协商治理机制的实际运行状况如何？哪些因素影响农村民主协商治理机制的运行？优化农村民主协商治理机制的基本原则是什么？如何处理农村各治理主体之间的关系？农村基层党组织在农村民主协商中的领导地位如何实现？乡镇政府如何指导并参与民主协商？如何通过推进农民的组织化水平来提高农民在农村民主协商中的影响力？农村民主协商治理机制运行失败的解救措施是什么？农村民主协商治理机制与"乡政村治"治理机制如何衔接？

众所周知，任何良性治理都要依靠有道德、有智慧、有素质的民众。历史犹如一场演出，人民群众才是历史的创造者，是舞台上的主要角色。政府不过是搭台的，而不能直接参演。无论要采取何种协商治理形式，都需要广大民众的推动和参与。在农村，农民素质关乎农村社会的发展和进步，有多少有智慧、有道德的农民，就有多少推动农村进步的发动机。农民是农村治理的主要力量，因此农村民主协商治理机制要以农民为主体。农村民主协商治理的所有问题和所有方面都离不开一个主题，那就是农民的能力和素质。农民政治水平提升的目标之所以非常重要，是因为它涉及了农村居民内心深层的政治认知与政治信念，也关系到参与行为的基本内在动力。也就是说，农民的政治水平关乎农村民主协商治理机制能否真正运行起来并发挥应有作用。可以想象，如果农民政治能力无法满足农村民主协商治理机制运行的要求，农村民主协商要么无法启动，要么走向失败。然而，此方面的问题在以往的农村发展和建设中却被忽略。因此，要致力于农民政治水平的研究，包括：农民政治水平的内涵与特性是什么？农民政治水平的影响因素有哪些？如何提高农民政治水平？等等。

阿尔蒙德和鲍威尔认为："公民所面对的政治结构同样也影响他们

的倾向性和他们的角色行为。"① 没有什么比理性的参与本身更能提高民众的民主素养，正如除了跳到水里练习游泳，没有什么别的方式能够学会游泳。基于此，我们把提升农民政治水平与优化农村民主协商治理机制这两个命题结合到一起进行研究具有重要的理论意义，这不仅深化了农村治理理论研究，而且拓展了农村治理理论研究范围。如果从更广泛的学术意义上理解，这一研究对于拓展政治学的研究视野和农民学的研究领域都是非常重要的。

① 美国学者加布里埃尔·A. 阿尔蒙德、小 G. 宾厄姆·鲍威尔以苏联为例进行说明：由于苏联公民几乎没有有效的参政渠道，因而，他们发展出一种顺从型政治文化，苏联领导人十分严格地管制民众的利益表达，反而却竭尽全力地动员公民认可党的候选人和政策。参见 〔美〕加布里埃尔·A. 阿尔蒙德、小 G. 宾厄姆·鲍威尔《比较政治学——体系、过程和政策》，曹沛霖等译，东方出版社 2007 年版，第 69 页。

第一章

研究基础、框架、方式、线索

为了从总体上把握和深入探讨农民政治水平与农村民主协商治理机制问题，就必须要厘清有关这一问题的研究基础、研究框架、研究方式和研究线索，从而使研究结论更加科学和更具参考价值。

第一节　研究基础：相关理论和研究现状

社会科学研究的重要特性就是继承性，后人的研究成果总是对前人研究成果的继承与发展。马克思的学说就是继承和发展了德国古典哲学、英国古典政治经济学和法国空想社会主义的伟大成果。社会科学工作者在研究过程中必须对前人的相关理论和研究状况进行整理，吸纳有益的观点并推陈出新。当然，社会科学研究不能仅从理论到理论，理论成果要回应实践的要求，反映时代的变迁，引领社会的发展。

一　相关理论及其在中国农村治理研究中的运用

这里所说的相关理论是指在探讨提升农民政治水平与优化农村民主协商治理机制问题时较为经常使用的理论和学说。其中一些理论是在西方语境下产生的，我们不能不加反思地接受并使用这些西方概念，要把这些理论嵌入到中国农村经济、文化和社会生活中，实现这些理论的中国化。

（一）马克思主义政治理论及其在中国农村的运用

马克思主义政治学说建立在唯物史观和剩余价值学说的基础上，是人类伟大思想成就的继承与创新，是人类历史发展的科学概括和总结。要以马克思主义政治理论为指导并创造性地运用马克思主义政治学说进行农村政治研究。

1. 马克思主义政治理论为农村治理机制和农民政治水平研究指明了方向

从根本上讲，农村治理机制和农民政治水平研究隶属于农村政治研究范畴，马克思主义对政治的理解为其研究确定了基本方向。

第一，按照马克思历史唯物主义观点，社会政治活动受到社会物质因素的影响，任何政治研究都不能仅从政治形式出发分析问题，而是要把握政治的深层特征。因而，农村治理机制和农民政治水平研究要置于农村经济关系基础上，从现实的农村经济条件出发，在经济发展中促进农村治理机制的优化和农民政治水平的提升，在政治变革中释放经济活力。

第二，马克思主义认为，政治是各阶级之间的斗争。在社会主义社会，虽然剥削阶级作为阶级已经被消灭，但是剥削现象和社会阶层分化现象依然存在。社会各阶层的利益需求存在一定差别，利益矛盾和利益冲突在所难免。改革开放以来，中国农村社会分化加剧，农村民主协商治理机制就是要整合农村不同社会阶层的关系，缓和冲突，维护共同利益。

第三，马克思主义认为，政治的核心问题是国家政治权力，所以政治应该研究各个阶级和社会集团参与国家事务、国家权力运行和国家政策确定等问题。治理与政治权力不可分，治理主体制定的规章及其实施是靠强制性政治权力来支持的。中国农村治理机制研究要围绕农村政治权力展开，要弄清农村政治权力的主体，协调好政治权力主体之间的关系，正确选择政治权力行使的方式。

第四，历史唯物主义告诉人们，政治的发展不是偶然的，不是人们的主观意志可以决定的，具有一定的规律性。同时，政治还是一门艺术，人们可以更加灵活地运用政治规律达到人们的目的。马克思主义这一原理启发我们，在农村政治研究中，既要把握农村政治发展的规律，又要自觉地、灵活地运用这些规律。农村基层民主是农村政治发展的方向，而如何实现民主目标则需要人们发挥主观能动性，比如，我们是选择代议制民主还是直接民主？总之，农村治理机制研究既要尊重政治规律，也要充分运用政治选择的艺术。

2. 马克思主义政治学为农村治理机制和农民政治水平研究确定了基本内容

马克思主义政治学说把政治关系、政治行为、政治组织、政治制度、政治文化、政治发展等纳入到政治研究范畴中来。作为农村政治研究的组成部分，农村治理机制研究和农民政治水平研究虽然有其研究的侧重点，但基于农村政治是一个系统，农村治理机制研究和农民政治水平研究的内容不可能不涵盖农村政治的方方面面。

第一，马克思主义政治学首先注意分析一定社会和一定条件下的政治活动的性质、种类、规模和表现形式。[①] 政治活动的主体具有自己的利益和目的，人们的活动受到一定思想观念的指导和支配，并在实践中形成一定的组织形式。治理是政治活动的重要表现形式，在农村治理活动中，农村治理主体有着自己的利益要求，治理主体以政党、自治组织和民间组织等形式参与治理活动，他们的活动受到农民政治水平的影响和限制。因此，农村治理机制研究要关注农村治理行为，重视农村各种政治力量，探索实现农民利益的途径，研究农民的政治观念。

第二，马克思主义认为，人们在政治活动中形成一定的政治关系，包括政治权力关系、政治权利关系等。在农村治理机制研究中，要关注治理主体之间的政治关系，要把治理机制看作是治理主体、对象、规则、目的等要素之间关系的整体。

第三，马克思主义认为，政治关系在发展过程中，在组织层面表现为政治组织，在制度层面表现为政治制度，人们常常从利益出发结成政治组织并制定政治制度。任何治理行为都与政治组织和政治制度相伴，一方面，人们通过政治组织和政治制度实施治理行为；另一方面，在治理活动中促使政治组织和制度的进一步完善。农村治理机制是农村治理制度的具体表现，是农村治理制度得以实现的具体途径，优化农村治理机制研究必须关注农村政治制度和农村组织的完善。

3. 马克思主义政治系统和社会有机体理论为农村治理机制和农民政治水平研究提供了科学方法

马克思主义不仅为农村政治研究提供了正确的导向，而且还提供了科学的方法论。

---

① 王沪宁认为，研究政治活动符合历史唯物主义的实践观点；研究政治活动符合历史唯物主义注重社会事物的动态性观点。参见王沪宁主编《政治的逻辑——马克思主义政治学原理》，上海人民出版社 2004 年版，导论第 11 页。

第一，马克思主义政治系统理论是对唯物辩证法的运用，是对政治系统的多维角度的考察。马克思主义认为，政治生活是一个有机的系统，这个系统由政治关系、政治行为、政治体系、政治文化等要素构成。具体而言，政治系统是一个整体，政治要素受整体的制约和规定；政治系统是分层次的，政治系统的各个要素之间保持相对稳定的相互作用；政治系统是动态发展的，在其他社会关系的影响下，政治系统不断发生变化。研究农村治理机制和农民政治水平，要在马克思主义政治系统论的指导下，既要有农村治理整体视野，又要注重分析农村治理的各种因素和不同层次；既要注意农村治理系统各要素的相互适应，又要积极推进农村治理各层次和各要素的发展。

第二，马克思主义认为，社会有机体具有内生性和开放性。马克思在分析内部矛盾的基础上，提出了社会有机体的内生性，即任何特定有机体的生长和变化都源于具体的国家或区域的实际情况，依赖于具体国家或区域的政治、经济、文化发展状况。"我们要求人们不要突然离开现实的、有机的国家生活，而重新陷入不现实的、机械的、从属的、非国家的生活领域。"[①] 同时，马克思从分析事物的外部矛盾得出了社会有机体具有开放性的结论。一般情况下，任何有机系统都是开放的，因为社会有机体必须通过社会生产与外部世界进行物质和能量的交换，并在交换中不断地发展。马克思主义关于社会有机体具有内生性和开放性的原理告诉我们，无论是农村治理机制研究还是农民政治水平研究，首先要从我国的经济、文化和社会条件出发，反映农村的实际情况；其次，对农村治理机制研究和农民政治水平研究要具有开放性的心态和眼光，要善于吸纳和汲取西方治理理论、协商民主理论、政治文化理论等优秀研究成果，把这些思想中一些合理的因素转变为中国特色农村民主协商治理机制理论和中国农民政治水平理论的有机组成部分，最大限度地完善中国农村治理理论。

（二）中国特色社会主义理论及其在中国农村的运用

马克思主义在中国实践过程中形成的具有中国特色的社会主义理论

---

① 《马克思恩格斯全集》第一卷，人民出版社 1995 年版，第 334 页。

是研究中国问题的重要理论指导，其民主协商思想和基层社会治理理念是农村治理机制研究的理论源泉。农村民主协商治理观点是中国特色社会主义理论的题中之义，农村民主协商治理机制研究要在中国特色社会主义理论指导下展开。

1. 中国特色社会主义民主协商思想及其在中国农村的运用

早在 1948 年，中国共产党召开新的政治协商会议，民主协商开始在全国范围内实施。此后，党的领导人多次阐述民主协商思想，中国民主协商理论逐步成型。2006 年 2 月，《中共中央关于加强人民政协工作的意见》正式地提出了选举和协商是我国社会主义民主的两种重要形式。党的十三大拓宽了协商领域，提出建立社会协商对话制度，民主协商从政治领域拓展到社会生活领域，从国家层面扩大到地方层面和基层单位内部，协商作为民主机制的价值选择被肯定和应用。十八大报告把协商民主提升为人民民主的重要形式，并要求健全协商民主制度。2013年 11 月，中国共产党第十八届中央委员会第三次全体会议进一步指出："要推动人民代表大会制度与时俱进，推进协商民主广泛多层制度化发展，发展基层民主。"① 十八届四中全会进一步把协商民主与依法治国建设相联系，把民众参与确定为重大行政决策必须具有的法定程序之一，将民主协商视为政府决策前或决策中的法定必备程序。2015 年 2月 9 日，中央全面深化改革领导小组通过了《关于加强社会主义协商民主建设的意见》，指出了社会主义协商民主的本质和内涵，对协商民主的原则、渠道和程序等提出了具体意见。至此，中国特色民主协商理论进一步完善，民主协商成为推动农村基层民主的重要举措，协商作为农村民主治理方式得以肯定和实行。

2. 中国特色社会主义治理理论及其在农村的运用

中国共产党第十八届中央委员会第三次全体会议把推进国家治理体系和治理能力现代化作为全面深化改革的总目标。这是一种全新的政治观念，发展了马克思主义国家理论，说明我们党对政治规律有了更清晰的认识。会议还就改进社会治理方式进行了部署。至此，社会治理与政

① 《中国共产党第十八届中央委员会第三次全体会议公报》，人民出版社 2013 年版，第12 页。

府治理和市场治理一起构成现代国家治理体系。国家治理体系解决的是谁治理、治理方式和治理效果的问题，因而，社会治理方式和机制的改进是国家治理体系现代化的应有之义。党的十八届三中全会第三次全体会议不仅对国家治理体系现代化做出了安排，还要求实现国家治理能力现代化。实际上，国家治理体系和治理能力现代化是相辅相成的，有了良好的国家治理制度和机制，国家治理能力就会提高；反之，国家治理能力就会受到影响。农村社会治理是社会治理的重要组成部分，农村治理机制的变革是社会治理体系和治理能力现代化的必然要求。治理可以是强制的，但在民主化时代协商是更好的选择，农村民主协商治理机制研究需被认真对待。国家治理能力除了受国家治理制度和机制的影响之外，还有一个重要因素就是领导和公民的素质。就农村治理而言，农民政治水平关系到农村民主协商治理机制的运行状况，要对农民进行教育和培训，提高农民的民主协商能力。

（三）治理理论及其在中国农村中的运用

治理并不是新的概念，人们长期以来把治理理解为与政府相关的公共事务管理。20世纪90年代以来，"治理"被赋予新的内涵并被广泛运用于政治研究中，很多学者把治理当成实现善治的途径。

新治理概念强调的是协调不同的利益群体和个人并采取联合行动的过程。这一治理概念指出了包括政府又不限于政府的多元治理主体，主体既可以是公共机构，也可以是私人或社会团体；主张发展各种社会组织并实行自治；主张涉及集体事务的各个治理主体之间要相互依存；强调要采用多样化的管理方式进行引导和控制；认为治理的对象是治理主体的共同事务；提出治理所求的目标是要保证社会秩序和实现共同利益。可见，治理的归宿与统治具有相似之处，而二者实现目标的过程存在很大差异。新治理概念与民主具有很高的契合度，有利于促进民主的目标；在推动权力下放以及与其他治理主体互动协商过程中为市民社会的发育与完善开辟了广阔的前景；对于发育市民文化，提升公民素质，改善社会的民主基础具有切实的意义；在需求多方联合行动的领域发挥着独特的作用。

当然，我们绝不能把治理等同于民主的实现以及公民社会、公民文化的进步，它只是为民主目标的实现创造了条件，为公民素质的提升和公民社会的成熟创造了前提。正是在这种意义上，仍然有一些学者坚持从中性意义上把治理看成是个人和机构管理其公共事务的多种方式的总和。

随着治理概念的广泛使用，一些农村政治研究者对治理产生了浓厚兴趣。一些以政治学为文化背景的农村政治研究者，希望借用农村治理概念对农村中的政治、经济、文化等因素予以全面分析，将村民自治研究扩展为农村治理研究。20世纪90年代后期，华中师范大学陆续推出"乡村治理书系"。中国农村治理研究涉猎的范围很广，涵盖了农村治理内涵、主体、对象、影响因素、主要困境和改善路径等。总体上看，中国学者努力实现治理与中国本土的结合，但他们对农村治理概念的理解主要受西方治理理念的影响，农村治理的本土化研究还有待深入。

（四）协商民主理论及其在中国农村的运用

民主是世界政治发展的潮流，是人类共同的价值追求。民主实现的路径是多元的。在古代的雅典，公民直接参与城邦的事务，采用直接民主形式。然而，现代国家的规模要比城邦大很多，不可能让所有公民都直接参与国家的公共事务，代议制民主形式便成为很多国家的选择。代议制民主主张多数决定、竞争性选举、权力制约，通过选举代表和设立代议机关可以解决大型社会如何实行民主的难题：公民通过定期选举进行权力授予和监督；通过权力制约限制权力的滥用；通过多数决定代表民意。迄今为止，代议制民主形式已经被各个民主国家广泛采用，这是人类的民主理想遭遇现实社会所做的妥协。

然而，20世纪后期，代议制民主出现了难以克服的问题。第一，代议制民主无法克服代表脱离民意的问题。在大多数实行代议制的国家，代议机构逐渐被多数党掌控，而政党又被少数政治寡头控制，广大公民在政治决策中失语，多数决定制度已经难以体现公民的真实意愿。第二，代议制民主倡导的多数决定还可能造成对少数人权利的侵害。第三，全球化的发展削弱了民族国家的作用，带来了全球性民主制度如何安排的新问题，如人类如何共同解决战争、环境、贫困的威胁等。第四，现代社会复杂性越来越明显，价值观的分化、贫富差距的加深、种族和宗教冲突的加剧等都使得代议制民主陷入无法应对的困境。罗伯图·波比奥是一位失望的民主主义者，他列举了代议制民主所面临的问题：一是代表性民主无法反映个人的利益和意见，是组织化的团体利益的反应，甚至切断了个人和民主政府之间的联系；二是民主制国家不能彻底消除寡头的权力；三是民主国家民主决策的范围过于狭小，特别是在官僚体系和大公司内部；四是民主国家公民对政治漠不关心，政府很少提供教育的机会。①

作为对代议制民主的超越和补充，20 世纪 90 年代以来，协商民主理论一亮相便引起了西方学术领域的重视。协商民主作为一种倡导民众就民众利益相关的问题进行讨论和协商的新理念，对西方政治产生了重要的影响。协商民主以扩大公共参与为核心，以协商讨论为特征，以达成共识和实现公共利益为最终目的，是对民主价值的真正落实，是民主政治内在逻辑发展的必然，是对民主在全球化时代和多元性社会所面临的种种挑战的回应。

其实，协商民主并不是一个新命题。在雅典城邦政治时期，伯利克里就鼓励人民从事政治协商活动。埃尔斯特曾经说过："协商民主的概念及实践与民主本身一样古老，两者都起源于公元前 15 世纪的雅典。"② 在西方政治理论中，我们能够找到大量的相关论述。"协商民主"一词由约瑟夫·毕赛特发明，伯纳德·曼宁、科恩、约翰·罗尔斯、哈贝马斯等自由主义理论家对民主协商理论的发展均做出了贡献。协商民主，又可译为商议性民主、审议性民主。对于协商民主，政治理论家从不同的角度加以界定。米勒、亨德里克等人把协商民主理解成一种民主的决策机制或理性的决策形式，这意味着每个公民都能够平等参与政策的制定，发表自己的意见，倾听他人的想法，修正自己的看法，在理性的交流中做出决策。瓦拉德斯等人把协商民主当成一种民主治理形式，把协商民主与治理结合起来，重点强调协商民主是平等、自由的公民以公共利益为目标，通过对话和讨论达成共识，制定决策。③

综上所述，协商民主是一种能够反映协商互动理念和体现政治正当

---

① ［加］马克·E. 沃伦：《当前参与型民主的意义何在》，刘斯富等译，参阅陈剩勇、［澳］何包钢主编《协商民主的发展》，中国社会科学出版社 2006 年版，第 58—59 页。

② Jon Elster（ed.），*Deliberative Democracy*，Cambridge：Cambridge University Press，1998，p. 1.

③ 陈剩勇：《中国的协商政治传统与地方民主的发展》，参阅陈剩勇、［澳］何包钢主编《协商民主的发展》，中国社会科学出版社 2006 年版，第 79 页。

性的民主治理过程和治理形式，是自由、平等的公民、代表或组织，采用讨论、协商的方式，秉持理性的态度，以公共利益为取向参与集体决定，制定决策。从协商民主的概念看，协商民主是由多种因素构成的：第一，以理服人。协商参与者摆事实，讲道理，提出理由并期待那些理由会影响公共决策，辩论之外没有任何强迫。第二，平等议事。在真实信息的获取、议事日程的安排、所要解决的问题、互动交流等方面都是平等的。第三，协商互动。参与者积极表达观点，认真倾听，不固执己见，友好对待他人的意见，不垄断讨论。第四，主体多元。参与者的确定取决于协商的议题，凡是与话题利益关联者，都应被纳入到参与者的队伍中去。第五，以公共利益为重。协商民主介入的范围是公共事务，是个人无能力实现和实现成本不经济的事务，协商参与者要正确处理个人利益与公共利益的关系，摒弃狭隘的个人主义，达成共识，并努力实现共识。

西方的协商民主理论并不排斥代议制民主，只是侧重点有所不同。代议制民主聚焦在偏好的聚合机制上，而协商民主则认为偏好要深思熟虑，而且可以通过公共协商而改变；代议制民主侧重投票平等，而协商民主不仅仅局限于投票平等，还要求平等参与公共决策，强调在社会范围内的广泛协商互动；代议制民主体现多数的意见，而协商民主也给予少数政治表达和政治争取的机会；代议制民主重视机构之间的制约，而协商民主更重视社会团体和民意对权力的监督和制约；代议制民主侧重代表的素质，而协商民主高度关注民众的政治能力，主张通过各种手段对公民进行政治教育。简言之，协商民主理论是政治学家对各种民主形式进行反思的结果，是对代议制民主的完善与超越，是对民主理论的新发展和新概括，是一种新的民主治理形式和民主治理机制。

由于历史、文化和社会条件等差异，不同国家、不同组织、不同领域采用的治理方式各不相同，即使是民主协商治理方式也存在着多种多样的表现形式。民主的特色之一就在于不间断地探索并提高民主的质量，协商民主没有固定的模式，协商民主形式的数量是众多的，没有哪一种协商民主形式具有独特的地位和突出的价值，没有任何一种协商民主形式是引人注目的。

在我国，协商民主表现为中国特色民主协商，即在党的领导下，把协商民主、竞争民主、代议民主有机结合起来，体现民众广泛、有序的政治参与精神，引导民众讨论和对话，秉持理性的态度，表达利益诉求，化解利益矛盾，以公共利益为取向参与集体决策，构建和谐社会。

中国学者把协商民主因素引入中国农村治理过程中，强调在党组织领导下，农村各个治理主体之间要通过协商的方式协调关系，共同参与农村公共事务决策，实现农民共同利益。

（五）政治文化理论及其在中国农村的运用

研究任何一种政治体系，都离不开政治文化的分析，因为政治文化影响人们的政治行为，当人们边学习边进行政治实践并通过政治实践来学习时，政治文化和政治结构、政治态度和政治行为之间的相互影响和相互作用就显现出来。阿尔蒙德把政治文化看成是政治体系的心理表现，包括政治态度、政治信仰和政治情感。他还构建了政治文化研究的基本框架，指出了体系文化、过程文化和政策文化三个重要特征，并认为三个层次是密切相连的整体，其中某一个层次发生变化，必然会波及其他层次，并在总体上影响国家的现代化进程。另外，还有一些学者重视政治文化与政治体系、政治态度与政治行为之间的相互渗透关系。

西方政治文化理论对我国农村政治学者产生了很大影响，他们认为，农村政治文化是农民长期形成的相对稳定的政治态度、政治情感、政治信仰等，是农村政治体系的心理表现，为农民提供了政治参与的主观意识倾向。在中国农村政治生活中，农村政治文化是农村民主协商治理机制的内核与灵魂。当人们认同民主协商价值、懂得民主协商规则、积极参与民主协商过程、接受民主协商结果时，农村民主协商就有了存在的根基；当这种民主协商文化能够在农民中生根并在农民中代际相传时，农村民主协商治理机制就会保持长期有效运行。当然，在农村民主协商治理机制研究中，仅仅关注农民政治文化水平是不够的，还应探讨农民政治行为、农村政治组织、农村政治发展等问题。

（六）现代国家理论及其在中国农村中的运用①

现代国家能力的加强不是自上而下的强行控制力量的加大，主要依

---

① 该部分内容作为课题阶段性成果《农村社会稳定视阈下的农村民主协商治理机制创新》中的一部分发表，载《中国行政管理》2015年第11期，此处略作修改。

靠专制权力的帝国最终都在激烈的反抗中分崩离析或者灭亡。现代国家的一个重要特征是基础权力的加强。当西方社会进入19世纪以后，国家基础权力不断加强的趋势日益明显，这不仅表现在大众生存条件的改善、教育年限的提高、官僚队伍的扩大，而且还表现在群众性政党和各种志愿组织的发展以及大众政治权利的改善等方面。1993年，迈克尔·曼在《社会权力的来源》一书中将国家权力划分为专制性权力和基础性权力两种。专制性权力是指国家权力的掌控者不屑于与社会组织作常规性的民主协商而自行采取行动；基础性权力是指中央集权国家的制度性能力，可能是专制的，也可能是非专制的，目的在于贯彻掌权者的命令。换句话说，基础性权力是指国家通过渗透社会而在社会之中贯彻其政治意志的能力。迈克尔·曼还提出，现代国家的特征是基础性权力的增强，行之有效的基础权力能够增加国家权力。因为国家制度成为协调社会生活的重要因素，并增加社会生活的"归化"。①

我们还看到，相比传统国家，现代国家的另一个重要特征是权力主体的多元化和相互合作与协商。因此，现代意义上的国家作为二元的政治权力，既表现为基础结构，又表现为专制，具有多样权力的特征。各种权力主体之间要进行制度性的协商，从而增加市民社会对国家的认同感和归属感。其实，20世纪80年代兴起的新公共管理学派也一再强调"公私协力伙伴关系"的重要性。1998年，休斯提出的新公共管理理论主要有以下观点：一是公共服务要更加趋向于市场导向；二是公共行政运作要更加趋向于弹性化；三是行政人员须采取多种因应途径；四是行政运作将纳入各界更多参与；五是管理者应提升能力并采用新技术。②休斯其实是主张政府要更加开放，公私部门之间的传统层级关系要向一种协力的网络关系转变。尽管新公共管理在试图解决政府资源相对受限问题上有所作为，但也招致了许多质疑和批评。一些学者认为新公共管理理念使政府失去公共性这项基本价值，因而，强调共同利益的新治理概念在20世纪90年代以后走入人们的视野。治理的主体是多元的，治

① ［英］迈克尔·曼：《社会权力的来源（第二卷·上）》，陈海宏等译，上海世纪出版集团2007年版，第68—69页。

② Owen E. Huges, *Public Management and Administration*, 2nd ed., New York: St. Martin's Press, Inc, 1998, pp. 244-245.

理的过程强调协调与互动，它使不同利益得以调和，并使治理主体采取联合行动。由此可以看出，迈克尔·曼关于国家与社会部门合作与协作的思想无论在新公共管理理论中还是治理思想中都得到了一定程度的重视，但并没有在这两种理论中占据主导地位。新公共管理重点强调公共服务的市场化取向，治理理论的兴趣更多放在了"在一个限定的领域内维持社会秩序所需要的政治权威的作用和对行政权力的运用"①，而协商民主理论弥补了这一遗憾。协商民主并不是一个新命题，在雅典城邦政治时期，伯利克里非常赞赏雅典人民的协商活动。他说过："我们并不把协商看做是行动的绊脚石，相反我们认为协商是采取任何明智行为必不可少的前提。"②简单地理解协商民主的理念，就是指自由、平等的公民采用协商与互动的方式进行公共决策。协商民主实践以对决策合法性的关怀、决策科学性的关注、公民之间相互理解的观照、公民素质志趣的提升强化了国家的政治权威和公民的政治认同。协商民主更接近民主的本质，更有利于社会秩序的稳定，追求民主价值的现代国家必定要走向民主协商治理。

农村治理机制的变革是在农村走向现代化的进程中进行的，是农村政治现代化的重要组成部分，因而，必须顺应现代化的要求，趋近或体现现代国家的核心特征。

新中国成立后，权力相对集中的政治体制自上而下控制农村，而农民对政治体制的影响却微不足道，农村基层民主制度不够完善，农民民主权利受到侵犯，农村社会组织发育缓慢。限制农民或者无视农民的政治参与对于农村政治稳定和发展非常不利，这将导致农村基层稳定资源缺乏，农村社会矛盾化解能力受限。因此，要让农民组织起来，让农村各种力量通过正常的机制和程序参与到农村政治决策过程中，在互动和协商中实现利益，促进农村的进步，即构建农村民主协商治理机制。

二　国内外研究现状及总结

研究现状的梳理是研究者进行学术研究的基本前提，任何研究成果

---

① 俞可平主编：《治理与善治》，社会科学文献出版社2000年版，第5页。

② ［南非］毛里西奥·帕瑟林·登特里维斯：《作为公共协商的民主：新的视角》，王英津等译，中央编译出版社2006年版，前言第1页。

的取得都取决于对以往研究成果的积极借鉴和大胆批判。

（一）农民政治水平的研究现状

从资料查找情况看，有关农民政治水平的综合性研究文献很少，除个别农民素质研究涉及农民政治水平问题之外，大部分农民政治水平研究成果散落在农民政治文化水平、农民政治参与水平、农民组织水平、政治道德水平等方面，并以前两者的研究居多。

1. 农民政治素质研究

农村问题本身具有综合性质，农村研究得到了多学科的重视。随着改革开放以后农村经济、农村社会、农村政治研究的兴起，关于农民政治素质的研究也开始或显或隐地出现。农民政治素质与农民政治水平是相近的概念，前者是指农民在政治生活中所获得的基本品质，是农民在政治价值、政治观念、政治态度、政治技能等方面的综合表现，后者是指农民在政治生活中所能达到的高度，是农民在政治认知、政治参与、政治组织等方面所能达到的程度。农民政治素质和农民政治水平的侧重点不同，前者注重农民在政治生活中的具体表现，而后者注重农民在政治生活中达到的高度。农民政治水平的评估离不开农民政治素质的分析，农民政治水平的衡量要依据农民在政治生活中的具体表现。

毛枳鑫等主编的《新视角下的农民素质提高问题研究》一书就农民的思想道德素质现状及缺失影响、农民的民主素质现状及缺失影响等问题进行了探讨，指出农民思想观念落后，家庭至上、乡土为重、平均主义、迷信命运等现象在农民身上大量存在，农民的民主观念没有转变为现代意义上的民主意志和民主素质等。[①] 陈庆立的《中国农民素质论》一书就农民素质的内涵、现状、影响因素、提升对策等进行了分析，其中提到了农民政治素质是农民素质的重要组成部分，强调了提升农民法律素质的重要意义。[②] 王寿丰探讨了现阶段农民政治素质同全面建设社会主义新农村的要求不适应的状况。[③] 祝天智从五个方面探讨了农民政

---

① 毛枳鑫、朱言志主编：《新视角下的农民素质提高问题研究》，中国工商出版社 2008 年版，第 187、194 页。

② 陈庆立：《中国农民素质论》，当代世界出版社 2002 年版，第 1—7 页。

③ 王寿丰：《现阶段农民政治素质问题初探》，《桂海论丛》1990 年第 6 期。

治素质与扩大有序政治参与要求存在的不相称现象①。袁金辉研究了村民自治在农民政治素质提高中的作用②。上述研究对客观评价农民政治素质具有很大启示，但是这些研究普遍对农民政治素质的内涵缺乏全面、科学的认识，对影响农民政治素质的因素和提升农民政治素质的对策研究不够深入。

2. 农民政治文化水平研究

我国学者对农民政治文化概念的理解深受西方政治文化理论的影响。据此，很多学者认为农民政治文化表现为农民的政治认知、政治情感和政治评价取向。此外，学者还就农民政治文化水平的重要性及农民政治文化水平存在的问题等进行了剖析。

第一，多数学者认为农民政治文化水平对农村政治具有重要影响。林聚任等认为："农民政治认知及其相关政治行为已经成为影响农村政治过程乃至城市政治过程的一个重要因素。"③

第二，多数学者提出农民政治文化水平处于传统和现代之间，既表现出传统的一面，又表现出现代的一面。周晓虹提出，从边际人格的过渡性看，江浙农民的人格和社会心理虽具有了现代性的一面，但也同样具有根深蒂固的传统的一面。④张鸣认为，中国农民其实还有自己的特殊性，他们绝非单纯的旧生产方式的眷恋者，其自身也存在着接受近代化的可能。⑤于毓蓝认为，农民政治文化图景可以从多个方面展现出来，包括：村民的政治认知表现为政治观念的渐进变革；村民的政治态度表现为民主意识的多元渗入；村民的政治情感表现为对基层政权的信任危机。⑥

第三，多数学者相信影响农民政治文化水平的因素是非常复杂的。

---

①　祝天智：《农民政治素质培育与有序政治参与》，《广东行政学院学报》2008 年第6 期。

②　袁金辉：《村民自治与农民政治素质提高》，《云南行政学院学报》2004 年第 1 期。

③　林聚任、何中华主编：《当代社会发展研究》第 4 辑，山东人民出版社 2009 年版，第104 页。

④　周晓虹：《传统与变迁——江浙农民的社会心理及其近代以来的嬗变》，生活·读书·新知三联书店 1998 年版，第 288 页。

⑤　张鸣：《乡土心路八十年——中国近代化过程中农民意识的变迁》，上海三联书店 1997年版，第 9 页。

⑥　于毓蓝：《农村基层民主的政治文化分析——苏南模式》，社会科学文献出版社 2006年版，第 110—153 页。

美国的詹姆斯·C.斯科特认为，农民安全生存问题是农民政治活动的中心。[①] 袁银传认为，小农意识是小农在以自然经济为基础、家族血缘为本位的环境中形成的并内化于小农头脑中的认知心理、价值观念、思维方式、宗教意识等。[②] 秦晖等认为："'难以对付'的并不是农民，而是农民社会的某种状态……我们把它称之为宗法农民文化。"[③]

第四，多数学者表示应该从多个层面着手提高农民政治文化水平。丁长荣认为，优化环境是提升农民政治文化水平的根本途径；强化教育是提升农民政治文化水平的基本途径；完善机制是提升农民政治文化水平的重要保证。[④]

总之，已有研究成果表明，农民政治文化水平具有过渡性，影响农民政治文化水平的因素具有多元性，提升农民政治水平的对策具有多向性。

3. 农民政治参与水平研究

与农民政治参与水平相关的研究主要集中在农民政治参与现状、农民政治参与动机、农民政治参与方式、农民政治参与的影响因素和提升农民政治参与水平的对策方面。

第一，农民政治参与水平评价。美国学者亨廷顿等认为衡量政治参与水平要从广度和强度两个方面考量，广度是指从事政治参与活动的人的比例，强度是指该种政治参与活动对政治系统影响的程度及其持续性。[⑤] 科恩则认为，农民政治参与的广度是指参与决策的比例，深度是指参与是否充分。[⑥] 李元书认为，政治参与的测定指标包括政治体系设计的参与孔道、政治参与的广度和深度、政治参与后对社会产生的效果即效度三组指标。[⑦] 大部分学者参考政治参与水平的测度标准研究中国

---

① ［美］詹姆斯·C.斯科特：《农民的道义经济学：东南亚的反叛与生存》，程立显等译，译林出版社2001年版，第1页。

② 袁银传：《小农意识与中国现代化》，武汉出版社2000年版，第30—31页。

③ 秦晖、苏文：《田园诗与狂想曲——关中模式与前近代社会的再认识》，中央编译出版社1996年版，第222页。

④ 丁长荣：《扩大农村基层民主必须着力提升农民政治文化水平》，《党建研究》2003年第11期。

⑤ ［美］塞缪尔·P.亨廷顿、琼·纳尔逊：《难以抉择—发展中国家的政治参与》，汪晓寿等译，华夏出版社1989年版，第12—13页。

⑥ ［美］科恩：《论民主》，聂崇信、朱秀贤译，商务印书馆1988年版，第12—22页。

⑦ 李元书、刘昌雄：《试论政治参与水平的量度》，《江苏社会科学》2003年第5期。

农民政治参与的现状，得出了不同结论。徐勇、邓大才等学者依托"调查咨询中心"平台，对全国 31 个省的 4000 多位农民进行了农村政治参与水平的调查，得出了当前农民"参与广度不够、参与程度不深、青年人参与不积极、务工群体参与度低、西部农民参与踊跃"的结论，而且还指出农民政治参与存在"参与意愿低、参与能力不足、参与渠道不畅、参与环境不好、参与成本高"等问题。[1]

第二，农民政治参与动因。国外学者非常重视农民政治参与的物质动因，如米格代尔认为："农民参与复杂的政治组织是出于想解决经济危机这一物质动因。"[2] 国内学者更倾向于从多种角度分析，如陈晓莉主张，农民政治参与动机是多元的，利益追求、政治信念、社会挫折感、组织动员、社区压力等都可能成为农民进行政治参与的动机。[3]

第三，农民政治参与方式。大部分学者认为农民政治参与方式可以归纳为两大类：一类是制度化的参与，另一类是非制度化的参与。大部分学者同意把选举参与、决策参与、监督参与归为制度化参与形式，而把行贿活动、人格化参与等归为非制度化政治参与。[4]

第四，农民政治参与的影响因素。徐炜从经济和文化角度看我国农民政治参与的影响因素[5]。肖唐镖、邱新有则从农民对人性和体制的怀疑等方面分析了农民不愿意政治参与的原因[6]。

第五，提高农民政治参与水平的对策。徐勇等认为，若要提高农民政治参与水平，就应改变农民的参与理念；疏通各种参与渠道；拓宽政治参与的基础；营造参与环境；增加农民参与权利；让农民分享参与利益。[7]

4. 农民政治水平的其他方面研究

此外，很多学者还分析了农民政治组织、政治道德水平等。

---

[1] 徐勇主编：《中国农民的政治认知与参与》，中国社会科学出版社 2012 年版，第 4 页。

[2] ［美］J. 米格代尔：《农民、政治与革命——第三世界政治与社会变革的压力》，李玉琪、袁宁译，中央编译出版社 1996 年版，第 13 页。

[3] 陈晓莉：《政治文明视域中的农民政治参与》，中国社会科学出版社 2007 年版，第 108—122 页。

[4] 宋维强：《当代中国农民的政治参与》，《长白学刊》2001 年第 6 期。

[5] 徐炜：《试论当前中国农民的政治参与》，《江西社会科学》2001 年第 7 期。

[6] 肖唐镖、邱新有：《选民在村委会选举中的心态与行为——对 40 个村委会选举情况的综合分析》，《中国农村观察》2001 年第 5 期。

[7] 徐勇主编：《中国农民的政治认知与参与》，中国社会科学出版社 2012 年版，第 4 页。

第一，农民政治组织水平研究。由于农民政治组织的发展受到限制，农民政治组织水平的独立研究很少，仅有的一些分析散落在综合性的农民组织水平研究中。已有分析认为，农民组织是农民保护和实现自身利益的根本途径，也是农民教育的最佳平台和载体。程同顺认为，中国农民的组织化水平非常低。[①] 他还指出，中国目前仍然不存在真正现代意义上的农民组织；农民组织化存在领域不均衡和地区不均衡的特点；农民组织化过程中利益的表达和综合处于低水平状态；农民组织的制度规范性差。[②] 赵树凯则认为，农村已经成为民间组织活动的广阔舞台。[③] 对于影响农村组织发展的因素，学者的看法各有不同。孙大午认为，当前农民合作组织碰到的很多问题都是立法的问题。张耀杰认为，建立农民组织难，政府给予的阻力太大是原因之一。[④] 苏晓云提出，农民的自组织意识仍然未有普遍提升，农民缺乏合作意识和合作知识；农村技术、资金、人才不充足；农合组织本身运作机制不健全，管理不规范，治理结构有待完善。[⑤] 关于如何提高中国农民的组织化进程，许欣欣提出，在探索中国"三农"问题的有效解决途径时，韩国等东方国家和地区的经验教训无疑更具借鉴意义。[⑥] 于建嵘提出，应从确保农民自组织健康持续发展的一般条件入手，在现行的法律框架内，推动地方政府进行具体规章制度的修正。[⑦]

第二，农民政治道德水平研究。一般以为，政治道德与政治伦理是同义语，政治道德和政治伦理主要关注政治生活中的政治价值问题。迄今为止，关于农民政治道德水平问题的研究成果非常少，学者们对农民政治道德水平的看法散落在农民伦理水平研究中。针对当前农民道德水

---

① 程同顺：《中国农民组织化研究初探》，天津人民出版社2003年版，第13页。

② 程同顺：《农民组织与政治发展——再论中国农民的组织化》，天津人民出版社2006年版，第127—135页。

③ 赵树凯：《农民的政治》，商务印书馆2011年版，第183—184页。

④ 于建嵘等：《农民组织与新农村建设——理论与实践》，中国农业出版社2007年版，第10—11页。

⑤ 苏晓云：《毛泽东农民合作组织思想与实践研究——基于"组织起来"的思索与考察》，中央编译出版社2012年版，第304—306页。

⑥ 许欣欣：《中国农民组织化与韩国经验》，社会科学文献出版社2010年版，第386—387页。

⑦ 于建嵘等：《农民组织与新农村建设——理论与实践》，中国农业出版社2007年版，第4页。

平，贺雪峰认为，当前中国农村出现了伦理性危机。[①] 郭良婧认为，部分农民旧的道德观念根深蒂固，道德准则发生偏移。[②] 刘建荣则认为，农民的公德意识比较强，而且绝大多数都不是从自己的功利需要出发。[③] 从这些描述中可以看出，学者对农民政治道德水平的内涵尚未进行准确定位，对农民政治道德水平的认识不尽相同。就如何提高农民的道德水平，吕宾认为，要通过构建财政机制、教育机制、工作机制、宣传机制、激励机制，解决当前农民思想道德建设存在的问题。[④]

从学者对农民政治水平的分析可以发现：第一，农民政治水平的总体分析尚处于空白状态，既缺少对其内涵的准确定位，也没有对其现状的科学评估；第二，农村政治素质、农民政治文化水平、农民政治参与水平、农民政治组织水平以及农民政治道德水平的研究为农民政治水平分析奠定了基础；第三，农民政治水平的影响因素分析应从多个角度切入，提升农民政治水平的对策研究应该有更宽广的视角。

（二）农村民主协商治理机制的研究现状

近年来，随着西方治理理论和协商观点的引入，我国农村民主协商治理机制及相关问题研究开始起步。国内大部分学者采用"协商民主"的提法，但内涵与西方的"协商民主"有所不同，其内容更加宽泛，体现了明显的中国特质，是具有中国特色的民主协商。

1. 农村民主协商的内涵

关于农村民主协商治理概念的理解存在很大分歧。刘朝瑞从村委会民主选举和民主管理的视角定义农村民主协商，他认为，农村协商式民主是指由乡镇干部、村民、村党支部和党员代表共同协商村委会的组织建设及管理问题，是一种选举村委会和管理村务的民主治理形式。[⑤] 胡

① 贺雪峰：《农民价值观的类型及相互关系——对当前中国农村严重伦理危机的讨论》，《开放时代》2008 年第 3 期。

② 郭良婧：《论当前农民道德素质的提升》，《学术论坛》2010 年第 8 期。

③ 刘建荣：《社会转型时期的农民道德现状——一项基于实地调查的研究》，《湖南师范大学社会科学学报》2007 年第 1 期。

④ 吕宾：《构建提高农民道德素质的长效机制》，《长春理工大学学报》（社会科学版）2012 年第 11 期。

⑤ 刘朝瑞：《协商式民主：完善农村民主政治建设的可行性选择》，《中州学刊》2006 年第 3 期。

建华从决策机制和方式的角度理解，他认为，所谓农村协商民主，主要是广大农民对农村公共事务进行民主管理的一种决策方式和治理机制，是平等自由的农民通过公共协商、对话和评议等方式就公共利益达成共识，在这一过程中，农民相互倾听、纠正偏好、理性交流。这一含义主要有以下几个方面的特征：一是平等性，二是协商性，三是偏好转换与妥协，四是公共利益导向，五是民主决策程序的公开性。①

2. 农村实行民主协商的意义

国内外学者高度评价实行农村民主协商的价值。罗学莉提出，协商民主能够保证农村民主决策的公正性；有利于抑制滥用权力和防止腐败；有利于培养村民的公共意识；有利于建立和谐的农村干群关系。②何包钢等认为，中国农村公共利益增多，村民对公共利益关注度增加，村民希望能够有更多的机会影响和参与公共利益分配。③当然，有的学者对协商民主的作用持怀疑态度，表示协商民主无法解决多元化的社会中人们的认同问题。④

3. 农村实行民主协商的可行性

国内大部分学者认为，民主协商在中国农村具有某种程度的可行性。曹卫东从农村公共领域角度进行了谨慎的探讨，他认为，中国特色的农村公共领域和民主协商不但是一种可能更是一种现实。⑤胡建华认为，协商民主精神与我国农村社会基层民主所依托的本土资源具有一定的契合性。⑥毛丹提出，村庄具有发展协商民主的有利条件，一方面是因为村庄具有传统社区的特性，即居民及其文化的同质化；另一方面，

① 胡建华：《协商民主理论视野下我国农村民主管理制度的完善》，《河南师范大学学报》（哲学社会科学版）2013 年第 3 期。

② 罗学莉：《协商民主：农村民主和社会建设的新路径——以襄樊市柿铺街道办事处 F 村为例》，《长白学刊》2010 年第 4 期。

③ ［澳］何包钢、王春光：《中国乡村协商民主：个案研究》，《社会学研究》2007 年第 5 期。

④ Iris Marion Young, "Activist Challenges to Deliberative Democracy", *Political Theory*, Vol. 29, No. 5, Oct., 2001.

⑤ 曹卫东：《一种中国特色的农村公共领域是否可能》，载于 ［德］阿梅龙、［德］狄安涅、刘森林主编《法兰克福学派在中国》，社会科学文献出版社 2011 年版，第 179—181 页。

⑥ 胡建华：《协商民主理论视野下我国农村民主管理制度的完善》，《河南师范大学学报》（哲学社会科学版）2013 年第 3 期。

村民自治制度的实行支持和规定了基层民主过程中进行协商民主的实践。①何包钢等学者是民主协商的积极倡导者，他带领他的团队在浙江温岭市泽国镇扁屿村进行了民主恳谈会试验。他们发现，参会人员对恳谈会的态度都比较认真，他们具有一定的分析和表达能力，他们都试图说明自己的看法并说服其他人，这说明农民具备了协商意识和能力。②然而，一些外国学者怀疑协商民主在中国的可行性，如波士顿大学的傅士卓提出，"协商民主"更适宜解决民主政体不够民主的一系列问题，而"咨询民主"则更适合中国解决一系列问题。③

4. 农村民主协商存在的问题和限度

近年来，一些地方的农村民主协商治理机制在运行中也出现了一些问题和困难。罗学莉提出，农村民主协商治理主体是不平等的；村民缺乏理性分析能力；村民的法律意识欠缺。④毛丹在谈到农村发展协商民主的限制时指出，农村协商民主发展的制度供给量不足，代表制与协商民主的整合存在难度，协商民主的能力常常低于村级组织行使权力的能力，农民利益分歧加大。⑤刘华安分析了协商民主的限度，他提出，协商民主的障碍首先来自自利和本位的基层政府；其次来自多元主体利益主体在协商中缺乏共同价值和共同利益基础；最后，协商民主的障碍来自多数人对少数人实施暴政的可能性。⑥

5. 农村民主协商的基本原则和实施条件

何包钢认为，一是要尊重公开、平等和代表性原则，对协商程序、过程以及代表资格做出规定；二是要考虑嵌入性原则，即根据村庄的经

---

① 毛丹：《农村协商民主面临的限制——关于几个农地纠纷案例的解释提纲》，参阅陈剩勇、〔澳〕何包钢主编《协商民主的发展》，中国社会科学出版社 2006 年版，第159 页。

② 〔澳〕何包钢、王春光：《中国乡村协商民主：个案研究》，《社会学研究》2007 年第 3 期。

③ 俞可平等：《中国的政治发展——中美学者的视角》，社会科学文献出版社 2013 年版，第 11 页。

④ 罗学莉：《协商民主：农村民主和社会建设的新路径——以襄樊市柿铺街道办事处 F 村为例》，《长白学刊》2010 年第 4 期。

⑤ 毛丹：《农村协商民主面临的限制——关于几个农地纠纷案例的解释提纲》，参阅陈剩勇、〔澳〕何包钢主编《协商民主的发展》，中国社会科学出版社 2006 年版，第159—160 页。

⑥ 刘华安：《协商民主与农村治理：意义、限度及协调》，《三江论坛》2011 年第 3 期。

济文化传统来设计协商民主形式。① 何包钢等人还提出了有限协商民主理论，即中国协商民主必须要嵌入到中国的社会现实中去，不可能照抄西方；在目前阶段只能应用于重大事项的讨论和决定；采取渐进性原则，不断完善和改进。② 此外，农村民主协商要取得成效需要具备一定的前提条件。毛丹提出，协商民主得以有效实施的条件主要包括：村民能够获得充分的信息，村民具有理性分析信息的能力，具有对公共利益的认知，具有适当的协商场所，发展出一套合法的和可操作的程序，对协商后形成的结果具有执行能力，等等。③ 当然，也有的学者强调农村民主协商要与现有农村政治制度安排的价值取向相一致。④ 如果农村民主协商与现有农村政治制度安排的价值相背离，不仅会增加制度成本，而且很难获得农民的认同。

6. 农村民主协商形式

构建农村民主协商治理机制，首要的是设定和选择具有嵌入性的农村民主协商形式。有的学者提出了村民代表会形式，即由村民代表会对村中事务做出决定的形式。何包钢认为，村民代表会与更高的协商程度、更高的真实性和更高的效率相关。⑤ 王应友积极倡导村级民主听证会形式，即将村级事务议事权交给村民，并采用规定的内容、方式和程序等进行有效保障。⑥ 陈剩勇提出，近年来中国地方涌现出了一些新的民主形式，如民主听证会、民主评议会、村民民主恳谈会和互联网公共论坛等，这些都蕴含着协商民主的价值。⑦ 刘华安总结了村民议事会形

---

① ［澳］何包钢、王春光：《中国乡村协商民主：个案研究》，《社会学研究》2007 年第 3 期。

② 同上。

③ 毛丹：《农村协商民主面临的限制——关于几个农地纠纷案例的解释提纲》，参阅陈剩勇、［澳］何包钢主编《协商民主的发展》，中国社会科学出版社 2006 年版，第 159 页。

④ 胡建华：《协商民主理论视野下我国农村民主管理制度的完善》，《河南师范大学学报》（哲学社会科学版）2013 年第 3 期。

⑤ ［澳］何包钢：《中国的参与和协商制度》，陈承新译，参阅陈剩勇、［澳］何包钢主编《协商民主的发展》，中国社会科学出版社 2006 年版，第 99 页。

⑥ 王应友：《村级民主听证会制度的演进、成效和面临的问题》，参阅陈剩勇、［澳］何包钢主编《协商民主的发展》，中国社会科学出版社 2006 年版，第 242 页。

⑦ 陈剩勇：《中国的协商政治传统与地方民主的发展》，参阅陈剩勇、［澳］何包钢主编《协商民主的发展》，中国社会科学出版社 2006 年版，第 79 页。

式，并认为这就是农村基层协商民主制度。①

7. 完善农村民主协商治理的途径

国内外学者从多种角度探索完善农村民主协商的办法。李小三认为，要发展群众性组织，实现农村民主协商组织的全面覆盖。② 刘朝瑞提出，要建立协商民主的机构，确立协商民主制度，包括选举协商制度、组织意图和群众意图听证制度、村民代表会制度和监事会制度，把握协商民主的基本原则。③ 罗学莉提出，要坚持党的领导，创造平等、自由的民主环境，提高村民的理性水平，加强村民的法律意识。④ 胡建华认为，要在协商和民主的路径下，实现农民主体意识、农民主体表达功能及农村管理体制的转型。⑤ 何霜梅认为，要发挥好农村基层党组织的领导作用，就必须要加快政府职能的转变，尊重农民的首创精神。⑥ 何包钢认为，为改进协商的平等性，必须依靠普通民众的参与以及发挥社团和底层公民社会的作用。⑦

总之，西方学者的相关研究成果可以提供一些有用的概念和分析框架，然而，西方学者的很多研究结论并不适合中国。中国学者的相关研究虽取得了一定进展，但研究成果非常琐碎、零散，没有形成成熟的理论体系。中外学者对农民政治水平和农村民主协商治理问题分别进行了探讨，但对二者的互动关系分析不多。多数学者的研究方法比较单一，无法实现多种研究视角和研究方法的互补。

---

① 刘华安《协商民主与农村治理：意义、限度及协调》，《三江论坛》2011 年第 3 期。

② 李小三：《领导思想方法要略》，中央文献出版社 2012 年版，第 254 页。

③ 刘朝瑞：《协商式民主：完善农村民主政治建设的可行性选择》，《中州学刊》2006 年第 3 期。

④ 罗学莉：《协商民主：农村民主和社会建设的新路径——以襄樊市柿铺街道办事处 F 村为例》，《长白学刊》2010 年第 4 期。

⑤ 胡建华：《协商民主理论视野下我国农村民主管理制度的完善》，《河南师范大学学报》（哲学社会科学版）2013 年第 3 期。

⑥ 何霜梅：《协商民主与乡村治理——基于广西贵港屯级"一组两会"协商自治制度的思考》，《中央社会主义学院学报》2014 年第 5 期。

⑦ ［美］阿道夫·G. 冈德森：《协商是为了探索和选择而非达成共识——美国非营利组织积累的经验》，陈可毅等译，参阅陈剩勇、［澳］何包钢主编《协商民主的发展》，中国社会科学出版社 2006 年版，第 371 页。

第二节　研究框架：研究内容和主要观点

本书在已有研究成果的基础上，采用多种研究视角、研究方法，从中国农村本土实际出发，拟在构建农民政治水平和农村民主协商理论的基础上，勾勒出农民政治水平与农村民主协商治理机制的互联互动关系，即农民政治水平是农村民主协商治理机制得以有效运转的灵魂，农民政治水平要在农村民主协商治理实践中得以提升。

一　研究内容

本书紧紧围绕两个问题和一个关系展开，两个问题是"农民政治水平"和"农村民主协商治理机制"，一个关系是提升农民政治水平与优化农村民主协商治理机制的内在关系。具体内容包括：第一，明确提升农民政治水平和优化农村民主协商治理机制研究的理论价值和实践意义；第二，介绍农民政治水平和农村民主协商治理机制研究的国内外相关理论和研究成果，指出该研究的主要内容、主要观点、研究思路、主要特色、研究视角、研究方法；第三，厘清提升农民政治水平和优化农村民主协商治理机制的内涵与特性；第四，分析农村治理变革的机制选择与内源动力，明晰提升农民政治水平与优化农民民主协商治理机制的互动关系；第五，采取个案调查方法描述和分析农村民主协商治理机制的运行现状；第六，归纳影响农村民主协商治理机制的主要因素；第七，采用问卷调查和面对面访谈方法呈现农民政治水平现状；第八，从理论层面梳理农民政治水平的影响因素；第九，通过问卷调查和面对面访谈分析农民政治水平的相关因素；第十，在互联互动视角下探寻提升农民政治水平和优化农村民主协商治理机制的有效路径。

二　主要观点

本书围绕着农民政治水平提升和农村民主协商治理机制优化及其相互关系展开，阐述了一些观点。

第一，分析了农民政治水平的概念和特性。农民政治水平是农民这个群体或阶层所能达到的政治水平，是通过社会公共权力保障其权利和利益的能力，是农民在政治关系、政治组织、政治行为、政治文化、政治伦理和政治发展方面表现出来的综合水平。在民主协商视角下，农民的政治水平是农民发起民主协商、参与民主协商和影响民主协商结果的能力，是农民在农村民主协商中所表现的利益表达、组织合作、妥协商议、讨价还价、理性分析等方面的能力。农民政治水平的基本特性表现为政治性、群体性、动态性和评价性。

第二，总结了中国特色农村民主协商治理机制的内涵和特点。中国特色农村民主协商治理机制是在党组织的领导下，乡镇政府、农村村民自治组织、农村民间组织、农村企业、广大农民等各种农村治理主体通过讨论、对话的方式协调相互关系，注重共识，不排斥投票形式和通过代表表达意见，使各个治理主体充分发挥作用，形成农村决策，实现农民利益。中国特色农村民主协商治理机制是党领导下的各治理主体在村庄运用政治权威实现农民利益的方式和方法，实质是农村各管理主体的妥协管理，形式是农村各种力量之间的协商，核心是中国共产党与农村各种社会力量的合作。中国特色农村民主协商治理机制不是西方学者所谓的"威权性的协商"，也不是"不完善的协商民主"，而是在中国大地上生长的、切合中国农村实际的、符合中国文化特点的协商形式。中国特色农村民主协商治理机制与西方协商民主治理机制都倡导通过讨论和对话的方式进行决策，但并不完全相同。中国特色农村民主协商治理机制具有自己的特点，一是坚持党在农村的领导，二是鼓励农村各种政治力量共同参与协商，三是逐步推进农村民主协商过程全面公开，四是适度拓展协商形式、协商场域，五是处理好权力与责任、权利与义务的关系，六是承载农民教育的功能，七是倡导渐进发展民主协商的理念。

第三，笔者在农村治理变革的大背景下将农民政治水平与农村民主协商治理机制相连接，把握住了农村治理变革的两个关键性问题及其相互关系。其一，优化民主协商治理机制是农村治理方式变革的策略选择。其二，农民政治水平是农村治理变革的内源动力。其三，农民政治水平与农村民主协商治理机制存在密切关系。

第四，在中国农村治理机制演变的历史中，经常实行的是"官治"加自治的"双轨"运行机制，自治不足和监管不力的问题同时存在。从长远来看，农村治理应当具备更宽广的视野，不能总在政府控制与社会自治之间摇摆权衡，应当跳出国家与社会的二元思维，摆脱"官治"与自治的矛盾，寻求国家与社会的协商合作，实现"官治"与自治的和解，建立农村民主协商治理机制。农村民主协商治理机制并不是对"乡政村治"治理机制的完全替代和否定，是在继承其合理因素基础上的完善和超越。

第五，通过个案分析发现，当前我国农村民主协商治理机制的发育程度很不均衡，主要表现在：虽然少部分地区开始从威权治理向民主治理转变，极少数地区的民主协商治理机制在农村治理中已经开始发挥重要作用，但是农村大部分地区仍然依靠少数人的权威进行治理。农村治理主体的多元化和农村治理权力的下移，为农村治理带来了新的生机和活力，对农民道德、农村决策、农村秩序发挥着积极的影响作用。

第六，通过个案分析还发现，我国农村治理民主协商机制正处于初建阶段，存在着诸多问题，主要表现在：农村治理主体结构不合理，农村民主协商治理主体不平等；村民缺乏理性分析能力，村民的民主法律意识欠缺；农村协商民主发展的制度供给不足，代表制、村民自治与民主协商的整合存在难度；民主协商共识的效力常常低于村级组织决定的效力；农民利益分歧较大，难以达成共识；乡镇政府的态度不积极，农村基层干部的政治威信受到质疑。

第七，分析农民政治水平就要关注各种相关因素对农民政治水平的影响。首先，农民教育可以帮助农民塑造基本的政治人格，提高政治思维能力，形成正确的政治价值取向，学习基本的政治知识，提高政治行为水平。当前农民教育水平不高，教育目标定位不准确，影响了农民政治水平的提高。其次，经济发展为政治水平的提高奠定了基本的物质技术基础，提供了基本的利益驱动，提出了更高要求，扫除了一些障碍。但当前农村经济发展总体水平不高，农民收入较少，市场化程度较低，公共产品缺乏，不利于农民政治水平的提升。再次，社会组织的目标性、组织性、集体性有利于政治水平的提升。我国农村社会组织表现出非正式化、软结构性、模糊性、行政化倾向，农村社会组织训练农民的作用无法得到充分的释放。最后，民主政治建设能够为政治水平的提高提供自由空间、基本动力、主要方向。然而，农村村民自治制度的不完善减少了农民政治水平提升的途径，农村民主法治化水平不高切断了农民政治水平提升的法律保护，农村民主协商的不充分模糊了农民政治水平提升的方向。

第八，通过农村社会调查发现：社会性别是影响农民政治水平的最显著因素，尤其要提高女性农民的政治能力；文化因素是影响农民政治水平的非常显著因素，要特别注意提高小学及以下文化程度农民群体的政治水平；政治面貌是影响农民政治水平的很显著因素，部分党员农民的政治水平相对较高，但仍然有大量党员农民的政治能力和政治素质有待提升；自然年龄因素是影响农民政治水平的比较显著因素，要认真对待30岁以下青年农民和老年农民的政治素质问题；政治身份因素也是影响农民政治水平的比较显著因素，村干部、村民代表的政治能力较强，应注意提高普通村民的政治素质；农民收入因素与农民政治水平的相关性一般，要特别关注贫困农民在政治素质方面的表现，避免他们陷入政治贫困；是否外出务工与农民政治水平相关性不大，要积极引导外出务工农民参与政治生活。

第九，当农民边学习边参加治理实践并通过治理实践来学习时，农民政治水平的提高和农村民主协商治理机制的优化之间不断地发生相互作用。一方面，要以农民政治水平的提升促进农村民主协商治理机制的优化，即通过发展农村社会组织、扩大农民政治参与、加强农民教育、强化农村党员干部的示范作用和制定各项政策等提升农民政治水平。另一方面，要在农村民主协商治理机制的优化中提升农民政治水平，主要包括：发展农村市场经济，为民主协商储备良好的经济条件；优化农村民主协商文化，为农村民主协商构筑良好的政治文化氛围；提升农民组织化水平，为农村民主协商提供良好的社会支撑；梳理农村各种政治权力关系，为农村民主协商铸造良好的政治环境；营造完善的农村政治制度体系，为农村民主协商打造坚实的制度基础；做好农村民主协商程序安排，为农村民主协商准备可靠的程序保障；在借鉴的基础上创新具有中国特色的农村民主协商形式，为农村民主协商搭建合适的平台。

第十，要建立中国共产党与农村社会的双向赋权模式，在农村形成基层党组织领导、基层政府指导、农村村民自治组织、农村民间组织和广大农民积极参与的农村民主协商治理机制，以合作代替冲突，以协商代替竞争，以法治代替人治，既要满足党的权威性需要，又要满足农民的利益要求，在自由与秩序、权利与控制之间实现适度的平衡。改善党的领导，党在农村的领导要从权力型领导向权威型领导转变。

第十一，优化农村民主协商治理机制要通过农村治理变革来完成。农村治理目的要从增加干部政绩向让农民共同受益转变；农村治理主体要从一元向多元转变；农村治理内容要从经济治理向综合治理转变；农村治理手段要从人治向法治转变；农村治理理念要从压制、控制向合作、协商转变。

第三节　研究方式：研究视角和研究方法

本书把辩证唯物主义和历史唯物主义作为根本方法，把国外治理理论、协商民主理论、政治文化理论等运用于中国农村政治生活，汲取政治学、历史学、社会学、文化学等多学科研究成果，采用结构—功能主义、新制度主义、国家与社会等多种研究视角，把规范和经验、描述与解释、历史与趋势研究方法结合起来，使它们相互补充，各得其所。课题特别注重农村社会调查，通过问卷调查、访谈等方法获得第一手资料，数据与案例相互结合，形成耦合效应。

一　研究视角

本书采用多元研究视角，试图从多种角度透视农民政治水平和农村民主协商治理机制，避免单一视角给课题研究者带来的思维限制，有效拓展研究视野，深化研究主题。

（一）结构—功能主义政治体系研究视角

阿尔蒙德是结构—功能主义政治体系研究的倡导者。阿尔蒙德等认为，体系是各部分之间的相互依存及体系与环境之间的某种界限。政治体系与环境相互影响、相互作用，要从体系、过程和政策层面考察政治体系所发挥的功能。[1] 本书把农村政治体系作为国家政治体系的重要组成部分，把农村治理机制作为农村政治体系的具体体现形式，对不同类

---

[1]　［美］加布里埃尔·A. 阿尔蒙德、小 G. 宾厄姆·鲍威尔：《比较政治学——体系、过程和政策》，曹沛霖等译，东方出版社 2007 年版，第 3—17 页。

型的农村治理机制进行比较研究，分析各政治主体在农村治理中形成的关系及发挥的作用。这与传统的注重法律、制度的静态分析方法不同，它把农村政治机制作为一个动态的过程，并与不断变化的社会环境尤其是农民政治水平结合起来进行研究，进一步扩大了政治学研究的范围，在学科的交互影响中推动了中国农村政治学的发展。

（二）新制度主义的研究视角

制度主义假定制度的设置及运行将改变人的行为，并对人的认知结构发生潜移默化的作用，进而导致文化观念的变革。新制度主义主张制度是人们经过反复博弈和较量之后形成的结果，制度一旦产生，就会形成路径依赖。① 新制度主义还强调，正式规则和非正式规则要协调一致。新制度主义的研究方法对本书的启示在于：第一，要关注农村治理机制对农民政治素质的影响，把农村民主治理机制对农民的塑造作用充分展示出来，并关心农村治理机制对农村发展和繁荣的作用；第二，民主协商治理机制的优化与创新要尊重农村传统的资源，要认识到自发形成的非正式规则是一切正式规则运转的前提和基础，绝不能在彻底抛弃传统资源基础上引入新的机制，这是农村民主协商治理机制创新的有效途径；第三，在民主协商治理机制创新过程中，要注重发挥农民自发性的创造作用，这些非正式的治理机制和规则更容易被农民接受；第四，基于"路径依赖"理论的启示，旧的治理机制一旦形成，就很难扭转。因此，政府在制度和机制变迁中的作用非常重要，要借助政府的作用打破原有的"路径依赖"。

（三）国家、社会、第三领域的研究视角

国家从社会中产生，国家与社会的研究视角是西方政治学的核心方法之一。近代西方的国家与社会理论本质上是市民社会理论。17世纪之后，以国家和社会分离为基础的市民社会概念出现。20世纪90年代以来，市民社会理论作为一种分析政治问题的视角开始向世界传播。在此基础上，有的学者进一步提出"第三领域"的概念，主张要超越国家与社会二元对立的思维方式，批判了对国家与社会合作与重叠的忽略

---

① ［美］道格拉斯·C. 诺思：《制度、制度变迁与经济绩效》，杭行译，格致出版社、上海三联书店、上海人民出版社2008年版，第136页。

态势。这一理论关注社会力量的重组，给农村民主协商治理机制和农民政治水平的研究提供了一定参考。民主协商治理机制是作为一种制度安排的导入而改变了农村社会与国家的关系，继实施村民自治以来进一步降低国家对农村社会刚性控制的程度，重塑国家与农村社会的边界，使其处于一种新的合作协商关系之中。

（四）国家政权建设的研究视角

国家政权建设的研究视角是由国家与社会分析框架衍生而来的一种研究思路。查尔斯·蒂利认为，在西欧民族国家形成的过程中，曾经都经历了一个国家政权向乡村社会的侵入过程，国家不断索取各种农村资源，乡村社会为反抗政权侵入而不断斗争，国家为了巩固权力与新的"精英"结盟。[1]杜赞奇在黄宗智"内卷化"概念的基础上提出了政权"内卷化"。他认为所谓国家政权"内卷化"的概念，是不成功的或背离现代国家政权建设目标的失效行为，也就是国家徒有扩张，没有发展。[2]1993年，迈克尔·曼在《社会权力的来源》一书中将国家权力划分为专制权力与基础权力两种。基于这些认识，本书从加强国家政权建设的视角提出，农村民主协商治理机制的建立和农民政治水平的提高，可以为国家获得农村支持提供合法性的渠道，也为农民保护自身利益设置了平台，这将减少国家政权建设过程中国家与农村社会、国家与农民的冲突。民主协商治理机制的研究克服了单向性的国家范式思维，走向了国家与农民、国家与社会关系的复杂场域之中。

二　研究方法

一般情况下，政治分析的方法可以分为两大类，即规范研究方法和实证研究方法。政治学领域的规范研究方法历史悠久，以哲学、制度、历史等方法为基点，注重哲学思辨，以研究民主、正义、自由等政治价值为主要内容，通过理论的逻辑关系得出结论。规范研究具有一定的局限性，无法反映丰富多彩的政治生活和人们复杂多变的政治行为，其对价值的追求容易导致研究结果的主观任意性。为弥补规范研究的不足，

---

① ［美］杜赞奇：《文化、权力与国家——1900—1942年的华北农村》，王福明译，江苏人民出版社2008年版，第2页。

② 刘亚伟：《21世纪国际评论》第1辑，西北大学出版社2010版，第102页。

实证研究方法应运而生。实证研究方法注重事实的研究，采用经济学、社会学、心理学分析途径，运用自然科学和行为科学理论，特别强调实证测量和分析技术，从而深化了对于政治现象的认识，拓展了分析政治现象的维度，增强了政治研究的科学性。

在研究中，规范研究与实证研究两种方法都得以充分运用。一是课题重视价值分析。笔者对民主、合作、协商等政治价值加以研究，几乎所有的观点和看法都是这些价值的演绎和表现。二是注重制度和历史方法的运用。课题重视农村治理机制的历史分析和农民政治水平的历史考察，在历史平台上演绎农村治理机制的转换和农民政治水平的优化，增加了研究结论的历史感和可信度，体现了研究者的本土意识，使西方政治理论与中国农村发展实际有效结合。同时，课题对农村正式制度、非正式制度及其实施进行全面分析，论证制度对农民的塑造作用以及农民在制度变迁中发挥的重要作用。三是大量使用实证方法。笔者通过问卷调查法和访谈法的交互使用，对农民政治水平及其影响因素进行了描述及概括；采用面对面访谈和参与式与非参与观察方法，对民主协商治理机制的实际运行状况进行了总结和分析。阿尔蒙德等认为："理论愈是能得到证明，理论本身就愈加可靠。"[①]

总之，规范研究和实证研究法的交互使用既体现了对价值的追求，又没有忽视农村活生生的政治生活；既重视农村治理发展的历史，又没有忽视村庄的现实经验和农民的当下政治行为。达尔说："没有明显的理由证明经验的或科学的取向本质上与规范的取向是不相合的。它们能够相互取长补短。不了解经验取向的分析提供的事实，政治哲学容易变得不切题，甚至愚蠢。不关心政治哲学家（无论是古人还是今人）提出的若干基本问题，经验分析就会有退化到钻牛角尖的危险。"[②] 实际上，规范研究与实证研究之间的分野并不像表面看起来那么清楚，两种方法很多时候是相互交融在一起的。

---

① ［美］加布里埃尔·A. 阿尔蒙德、小 G. 宾厄姆·鲍威尔：《比较政治学——体系、过程和政策》，曹沛霖等译，东方出版社 2007 年版，第 19 页。

② ［美］罗伯特·A. 达尔：《现代政治分析》，王沪宁等译，上海译文出版社 1987 年版，第 181 页。

第四节 研究线索：研究思路和主要特色

本书围绕农村治理和农村发展中两个休戚相关的命题——农村治理的发展方向和核心动力展开，环环相扣，在理论研究与研究方法上都具有鲜明的特色。

一 研究思路

本书的中心议题是农民政治水平与农村民主协商治理机制及其相互关系，即两个问题和一个关系，研究中设置的所有问题都与此具有非常密切的关系。

第一，导入主题。在导论和第一章交代研究意义、相关理论、研究现状、研究内容、主要观点、研究思路、主要特色、研究视角和研究方法等，为课题的深入分析做好理论、资料、框架和方法上的准备。

第二，切入主题。在第二章，明晰农民政治水平和中国特色农村民主协商治理机制的内涵和特性；在第三章，将农民政治水平和农村民主协商治理机制研究纳入到农村治理变革视野中，指出优化农村民主协商治理机制是农村治理变革的基本方向，是提升农村政治水平的基本路径，提升农民政治水平是农村治理机制变革的内缘动力，从而厘清两个研究对象的相互关系。

第三，分析主题。笔者在第四、五章中分析农村民主协商治理机制问题，描述了农村民主协商治理机制的现实状况，分析了影响农村民主协商治理机制运作的基本因素。此后，笔者在第六、七、八章中分析了农民政治水平问题，呈现了农民政治水平的基本面貌和相关因素。

第四，总结主题。在第九章，笔者进一步探寻如何在互联互动的视角下提升农民政治水平和优化农村民主协商治理机制。

二 主要特色

相对于其他农村治理方面的研究，该研究无论在理论上还是在研究方法上都有自己的特色。

第一，课题把规范研究与实证研究结合起来，对我国农村民主协商治理形式进行了梳理和总结，提出了中国特色农村民主协商治理机制的概念。笔者认为，中国农村民主协商既不是西方所谓的"威权性的协商"，也不是相对于西方协商民主而言的"不完善的协商"，而是具有中国特色的民主协商形式，这一形式有其与西方不同的文化、历史和社会背景，有其自身的存在价值和独特的性质，不仅为世界范围内的协商民主发展做出了贡献，而且也为改善西方协商民主提供了有价值的参考。

第二，课题借助"结构—过程—功能"理论对农村民主协商治理机制进行剖析。笔者对农村民主协商治理机制的外在形式、运行过程、内在机理、作用功效、影响因素、提升路径等进行探究，特别关注农民政治水平对农村民主协商治理机制的影响。

第三，本书采用谱系联想方法将农民政治水平纳入系统化的视野之下。笔者把农民政治水平看成是农民在政治生活中所能达到的高度，即农民通过公共权力维护其权力和利益的能力，并提出民主协商视野下的农民政治水平是农民发起民主协商、参与民主协商和影响民主协商结果的能力。笔者分别对农民利益维护水平、政治权力分享水平、政治权利实现水平、政治合作水平、政治制度化水平、政治治理水平、政治参与水平、政治认知水平、政治情感水平、政治评价水平、政治信仰水平、政治伦理水平、政治民主水平等进行剖析，并对这些内容进行整合。以往农村治理研究很少关注农民政治水平，只是零星地论述过农民政治文化水平。农民政治水平概念的引入使得农村治理研究视野更加宽阔、研究内容更加深入。

第四，课题通过实证分析把农民政治水平和农村民主协商治理机制纳入实践场域，娴熟地运用个案分析、问卷调查、面对面访谈等实证研究方法和规范研究方法，并能使各种方法相互补充、相互印证，具有研究特色，如对农民政治水平影响因素的研究就同时采用了规范研究和实证研究两种方法，对农村民主协商治理机制现状的描述则同时采用了问卷调查、面对面访谈和典型个案分析三种方法。

第五，课题以新制度主义视角分析农村民主协商治理机制的优化对提升农民政治水平的影响，同时运用马克思主义的政治系统理论研究提升农民政治水平对优化农村民主协商治理机制的重要意义。

第二章

农民政治水平和农村民主协商治理机制概念解析

农民政治水平和农村民主协商治理机制是本书的核心概念，以往的研究成果很少使用，厘清这两个概念的内涵与特性是本书研究的基本前提。

第一节　农民政治水平的内涵与特性

理解农民政治水平有多种角度，既可以从农民这个主体进行理解，也可以从政治内容的角度理解，但无论怎样理解，农民政治水平都有其基本特性。

一　农民政治水平的内涵①

农民政治水平这一概念包含三个关键词，即农民、政治、水平，要正确理解和把握农民政治水平的内涵，就必须正确理解这三个关键词。

（一）农民的界定

对农民概念的理解多种多样。据统计，目前学术界对农民的定义有几十种。国际上权威的工具书《新帕尔格雷夫经济学大辞典》的"农民（Peasants）"词条也困惑地写道："很少有哪个名词像'农民'这样给农村社会学家、人类学家和经济学家造成这么多困难。"② 根据粮农组织共用文件库的定义，农民是占有或部分占有生产资料，靠从事农业

---

① 该部分内容作为课题阶段性成果《以农民政治水平的提升促进农村民主协商治理机制的优化》的一部分发表，载《当代世界与社会主义》2014年第4期，此处略作修改。

② 毛枳鑫、朱言志主编：《新视角下的农民素质提高问题研究》，中国工商出版社2008年版，第62页。

劳动为生的人。按照我国宪法，农民作为社会主义劳动者的组成部分，与工人一样，只是从事着不同职业的劳动者，行使着宪法规定的各种基本权利。可见，农民原本是一种职业。但长期以来，由于中国城乡二元体制的影响，农民一般被解释成登记为农村户口的人，无论是率先富起来的农民企业家，还是长年外出打工的农民工，只要户口还在农村，就被冠以农民的标签。近年来，国家正在积极推进户籍制度改革，一些地方也正在尝试打破户籍制度，但长期形成的户籍制度背后是复杂的利益关系，户籍制度改革是长期的任务。从现实出发，依据人们的习惯，我们研究中所指的农民仍然是具有农村户籍的人，包括农业劳动者、农民工、农村教师、农村私营企业主等。

（二）政治水平

基于对"水平"的不同认识，人们对政治水平的解释存在一定差异。第一，把"水平"理解为人们表现出来的特征，政治水平就是人们所具有的政治特点；第二，把"水平"理解为人们表现出来的品质，政治水平就是指政治品质，如政治修养、政治素养等；第三，把"水平"理解为人们具备的某方面条件，政治水平就是指政治条件。

基于"政治"的内涵，政治水平被看成是人们通过社会公共权力保障其权利的能力。这一定义有三个基本方面：其一，相对于其他水平，政治水平是围绕着人们的利益展开的，是通过社会公共权力表现出来的能力。其二，人们在政治关系中表现出来的水平包括利益维护水平、政治权力分享水平和政治权利实现水平。其三，人们在政治关系中表现出来的水平进一步衍生为政治组织水平、政治行为水平、政治文化水平、政治伦理水平、政治发展水平等。政治组织水平反映在政治合作水平和政治制度化水平等方面，政治行为水平反映在政治治理水平和政治参与水平等方面，政治文化水平反映在政治认知水平、政治情感水平、政治评价水平、政治信仰水平等方面，政治伦理水平表现为政治道德水平，政治发展水平体现在政治民主水平、政治自治水平等方面。总之，政治水平是人们在政治生活中所能达到的高度。

与政治水平相近的概念还有很多，如政治素质、政治能力等。政治素质是指从事政治活动所需要的内在基础条件和基本素养。政治能力是指参与政治活动或影响政治决策的力量或可能性。政治素质偏重从事政治活动的基本条件，政治能力偏重在政治活动中的影响力和可能性，而政治水平则偏重在政治活动中达到的程度。在实际政治生活中，三个概念差异不大，人们经常混用。

（三）农民政治水平

从政治水平的主体讲，政治水平可以区分为个人的政治水平、群体的政治水平、一国国民或者民族的政治水平。

我们这里讲的农民政治水平，指农民这个群体或阶层所能达到的政治水平。农民这一社会群体的政治水平离不开农民个人政治水平，是农民个人政治水平的概括和总结。农民个人政治水平只表现农民政治水平的某些特征，是其个人的政治水平表现，不能用一个农民的政治水平来完整地说明农民群体的政治水平。

农民政治水平是农民在政治生活中所能达到的高度，是农民在政治关系、政治组织、政治行为、政治文化、政治伦理和政治发展方面表现出来的综合水平。农民政治水平不等于农民政治文化水平，更不等于农民文化水平。农民政治水平比农民政治文化水平的内涵更为宽泛，但农民政治文化水平是农民政治水平的核心内容，因为农民政治组织水平、农民政治行为水平、农民政治发展水平等都深受农民政治文化水平的影响。

（四）民主协商视角下的农民政治水平

从民主协商角度看，农民的政治水平是农民发起民主协商、参与民主协商和影响民主协商结果的能力，是农民在农村民主协商中所表现的利益表达、组织合作、妥协商议、讨价还价、理性分析等方面的能力。为了研究方便，我们引进农民政治水平贫困线的概念。农民政治水平贫困线是农民在民主协商中应该具备的最低限度的政治能力和政治素质标准，它为农村民主协商设定了最低限度的政治水平要求，即平等而有效参与民主协商的能力和素质。

二　农民政治水平的特性

虽然人们对农民政治水平的理解有一些差异，但是农民政治水平一般应当具有以下基本特性。

（一）政治性

农民政治水平具有鲜明的政治性。自古以来，中西方思想家对政治给出了不同的解释。从道德层面，政治被看成是对正义的追求；从现实层面，政治被看成是对权力的追逐；从管理层面，政治被看成是对公共事务的管理活动；从决策层面，政治被看成是对社会价值物的权威性分配；从利益层面，政治被看成是通过公共权力实现利益和权利的社会关系。据此，农民政治水平就表现为农民政治道德水平、政治权力分享水平、政治管理水平、政治决策水平、政治权利实现水平等。

（二）群体性

农民政治水平反映的是农民群众在政治方面所能达到的高度，这里的农民群众是指农民整体，既不是部分农民，也不是农民个体。农民群众的政治水平是由农民中每个部分和每个个体的政治水平共同决定的，农民中每个部分和每个个体的政治水平的提高都会为农民整体政治水平的提高做出贡献。部分农民和个体农民的政治水平不能代表整体农民政治水平，绝不能因为某些农民政治能力贫困就得出所有农民政治能力贫困的结论，也不能因为某些农民积极参政就得出所有农民政治参与水平很高的结论。

（三）动态性

农民政治水平不是一成不变的，受经济、文化、社会等多种因素的影响，农民政治水平会发生变化。在传统的中国社会，绝大部分农民被排斥在政治生活之外，受教育水平低，经济能力弱，农民政治水平徘徊不前。新中国成立后，随着农民经济、政治地位的提高和受教育水平的提升，农民政治水平发生了前所未有的变化。改革开放以来，农民获得了一定程度的经济自主权利和民主自治权利，农民政治参与积极性在一定程度上得以释放，农民政治水平获得了广阔的提升空间和发展前景。

（四）评价性

农民政治水平是农民在从事政治活动、影响政治决策过程中所表现出来的水准，是在政治生活中所达到的高度，是人们对农民政治表现的评价。人们往往根据农民的政治素质、政治能力、政治品质等方面的表现，用"高""低"等来评价农民政治水平。实际上，对农民政治水平做出评价是很困难的，首先遇到的难题就是参照物的选择，也就是我们根据什么来认定农民政治水平的"高"与"低"。此外，农民政治水平是一个复合型的概念，包括农民利益实现水平、农民政治权力分享水平、农民政治权利维护水平等，这就给农民政治水平的评估增添了更大困难。有的时候，人们把农民在政治领域中的综合表现同以往农民政治水平表现相比较进行动态评估；有的时候，人们根据现行治理机制对农民政治水平的要求评价农民政治水平；有的时候，人们把我国农民政治水平同其他国家农民政治水平比较来进行评价。

第二节　中国特色农村民主协商
治理机制的内涵与特性

在正确认识这一概念的内涵之前，首先要搞清农村、治理、农村治理、农村治理机制等概念。农村民主协商治理机制特性的分析将会进一步深化对其内涵的认识。

一　中国特色农村民主协商治理机制的内涵①

在分析农村民主协商治理机制内涵过程中，我们采用亚里士多德的要素分析方法，先弄清这一概念各个要素的内涵，然后对概念本身进行概括。

（一）农村

农村本是一个产业区域概念，泛指以农业为主要产业的地区；乡村是指乡镇政权管理的地区，是与城市相对的概念。在传统社会，农村与乡村没有太大的区别，乡村的主要产业也是农业。近代工业化以来，乡村的主要产业越来越多元化，农村与乡村概念出现了分野。从我国的实际情况看，乡村的范围要比农村的范围大一些。所谓乡村，从字面意义上理解，也正是指由乡与村两种社区构成的社会生活范围。② 然而，在实际生活中，人们仍然习惯于把乡村称为农村。本书中的农村包括乡镇和村两级行政区域。

（二）治理

20 世纪 90 年代以来，治理一词迅速传播开来，至今势头未减。治

---

① 该部分内容作为课题阶段性成果《我国农村民主协商治理机制的实际运行及优化路径分析——以山东、山西、广东省三个村庄的个案考察为基础》的一部分发表，载《中国行政管理》2014 年第 9 期，此处略作修改。

② 秦志华：《中国乡村社区组织建设》，人民出版社 1995 年版，第 3 页。

理理论的兴起主要源于两个方面的因素，一个是面对复杂的社会问题，政府应对能力有限，政府合法性受到挑战；另一个是国家与社会二元对立理论遭到普遍性的怀疑和批判。

其实，治理并不是什么新名词，人们长期以来把治理与统治交叉使用，主要用在与政府相关的公共事务管理中。但是，20 世纪 90 年代以来，治理被赋予了新的内涵。Rhodes 从网络关系角度解读治理，将其定义为政府组织间网络关系的自行组成，强调组织间的互相依赖、持续互动、协商规则、自主性。① Kooiman 从政府与民间组织的关系来理解，治理被看成是公部门与私部门欲共同解决社会问题，或是创造社会机会，而设立的社会性制度安排，并借此安排来产生各种统治行动。② Pierre 和 Peters 也是从政府与民间组织的关系来理解，他们批评了传统的政府主导的管理，主张一个多层次的社会组织互动模式，追求集体利益。③ Kettl 从工具角度理解治理内涵，政府是指具特定结构与功能的公共制度；治理则是指政府完成任务的途径。④ Kettl 的观点与 Pierre 和 Peters 的主张有些相似，但 Kettl 仍然强调政府自身的作用，主张政府要通过不断变革，因应内外环境的挑战，提升适应力和能力。Heinrich 等人更加注重治理的目的，把治理定义为一种概括性的制度或途径，促使公共管理者或机关能内化公共利益，或运用公共支出来实践积极价值。⑤

尽管治理有多种多样的解读方式，但新兴的治理观点无疑是对新公共管理理念的补充，在重新确认政府的主体性的前提下，强调政府要与环境中的各种利害关系者协调互动，实现共同利益。这一概念主要包括这样几个要点：一是政府是治理的主导者，政府的作用不可忽视；二是

① R. A. W. Rhodes, *Understanding Governance*: *Policy Networks*, *Governance*, *Reflexivity and Accountability*, Phil. : Open University Press, 1997, p. 53.

② J. Kooiman, Societal Governance: Levels, Models, and Orders of Social-Political Interaction, in J. Pierre, ed. , *Debating Governance*, Oxford: Oxford University Press, 2000, pp. 139 – 154.

③ J. Pierre, &B. Peters Guy, *Governance*, *Politics and the State*, London: Macmillan Press, Ltd, 2000, pp. 7, 79 – 91.

④ Donald. F. Kettl, *The Transformation of Governance*: *Public Administration for Twenty-First Century America*, Baltimore: The Johns Hopkins University Press, 2002, pp. xi, 119 – 147.

⑤ C. J. Heinrich, C. J. Hill & L. E. Lynn, Jr. , Governance as an Organizing Theme for Empirical Research, in P. W. Ingraham & L. E. Lynn, Jr. eds. , *The Art of Governance*: *Analyzing Management and Administration*, Washington, D. C. : Georgetown University Press, 2004, pp. 5 – 8.

治理主体是多元的，各治理主体要共同参与；三是各参与者之间是民主协商的关系，基于权责一致的原则合理分工；四是各参与者需在妥协基础上达成共识，实现共同利益。治理概念的重新解读，对于推动志愿行动、促进民主、改善管理等，都具有切实的意义。

即便治理被赋予了新的内涵，仍有很多学者把传统的治理概念和新治理概念进行综合，倾向于更加宽泛地理解治理。全球治理委员会认为："治理是各种公共的或私人的个人和机构管理其共同事务的诸多方式的总和。"① 长期从事农村政治研究的学者徐勇专门写文章解读治理，他认为，Governance 的中文意思主要是统治、管理或统治方式、管理方法，即统治者或管理者通过公共权力的配置和运作，管理公共事务，以支配、影响和调控社会。② 可见，治理内涵非常广泛，善治意义上的新治理概念只是治理的最好状态。

一般而言，人们常常用有效的治理、良性的治理、健全的治理、善治形容治理的理想状态，用无效的治理、不良的治理、残缺的治理、恶治来形容治理的不理想状态。从人们对治理效果的考察看，治理可以分为有效与无效的治理，人们往往把实现了共同利益的治理称作有效的治理；反之，则为无效的治理。从对治理要素的综合考察看，治理可以分为健全与残缺的治理，健全的治理表现为治理主体的广泛性、治理方式的多样性、治理结果的公益性，而缺少任何一个要素都被称为残缺的治理。良性的治理和善治具有相同的内涵，不良的治理和恶治内涵大体相似，这些概念注重对治理特性的综合考察，俞可平用合法性、透明性、责任性、法治、回应、有效等特性描述善治，而非法性、暗箱操作、不负责任、人治、官僚主义、无效等特性可以用来判断是否出现了不良的治理或恶治。

（三）农村治理

农村治理概念是在治理概念的基础上形成的，有多少种对治理的理解就有多少种对农村治理的理解。总体上看，农村治理概念的理解分为两大类。一类是给予农村治理积极的价值取向或等同于善治。俞可平等

---

① 俞可平主编：《治理与善治》，社会科学文献出版社 2000 年版，第 4 页。

② 《徐勇自选集》，华中理工大学出版社 1999 年版，第 317 页。

认为，农村治理是指农村公共权威管理农村社区、增进农村社区公共利益的过程。① 该概念没有限定治理的主体，隐含着治理主体的多元特征；该概念认为要通过农村公共权威实现农村治理的目的，重视影响他人、控制他人的正当性，主要表现为说服力和影响对象自觉自愿的服从；该概念认为农村治理的目的是增进农村社区的公共利益，让农民真正受益。可以看出，这一概念注重治理目标和治理途径的描述。周红云在俞可平治理概念的基础上提出，农村治理就是指在农村（主要是指行政村）范围内，运用村庄公共权威维持村庄秩序，以增进广大村民的公共利益。② 于水提出了多中心乡村治理理论，他认为，多个性质不同的组织，为了实现村民自治的目标，共同参与村庄公共事务的决策和管理，以实现农村和谐和公共产品供给。③ 在此，他们进一步强调农村治理的根本目的在于维持村庄秩序，增进广大村民的公共利益。另一类则是在较为宽泛的意义上使用农村治理，涵盖了传统的和现代的治理观念。张晓山等认为，一般来说，乡村治理是指以乡村政府为基础的国家机构和乡村其他权威机构给乡村社会提供公共品的活动。④ 党国英提出，乡村治理是乡村社会处理公共事务的传统和制度。⑤ 吴毅和贺雪峰认为，乡村治理是国家权力和农村社区公共权力在乡村地域中的配置、运作、互动及其变化。⑥ 总之，从更宽泛和客观的意义上理解，农村治理就是指公共权力对农村公共社区事务的组织、管理和调控，农村治理主体既可以是政府组织，也可以是非政府组织和个人。

（四）农村治理机制

对于农村治理而言，重要的不是理论层面的论证，而是公共权力采取何种方式管理农村，即农村治理机制。治理机制是治理的具体体现，

---

① 俞可平等：《中国农村治理的历史与现状——以定县、邹平和江宁为例的比较分析》，《经济社会体制比较》2004 年第 3 期。

② 周红云：《社会资本与中国农村治理改革》，中央编译出版社 2007 年版，引言第 6 页。

③ 于水：《乡村治理与农村公共产品供给——以江苏为例》，社会科学文献出版社 2008 年版，第 63 页。

④ 张晓山：《中国农村改革与发展概论》，中国社会科学出版社 2010 年版，第 283 页。

⑤ 党国英：《废除农业税条件下的乡村治理》，《科学社会主义》2006 年第 1 期。

⑥ 吴毅、贺雪峰：《村治研究论纲——对村治作为一种研究范式的尝试性揭示》，《华中师范大学学报》（人文社会科学版）2000 年第 3 期。

是治理过程中各个要素的相互联系，是以一定的运作方式把各个治理主体、各种治理功能和治理手段联系起来，实现治理的价值目标。治理研究的一个非常重要的方面是治理机制研究，因为"治理观点对理论的贡献并不在于因果关系分析这个层次；它也并不为我们提供一种新的规范理论。它的价值在于，它是一种组织框架，可以据以求得对变化中的统治过程的了解"①。治理机制和方式的选择非常重要，直接决定着价值和制度的实现程度，因为价值和制度的要求孕育在治理机制之中，并依靠治理机制得以体现和发展。治理的实践表明，没有合适的机制选择，再好的治理制度也难以运转起来，更谈不上治理价值的实现。对治理而言，重要的是公共权力的运作方法或手段，要认识到：治理主体是多元的，各个治理主体之间要以具体的运行方式相互连接；治理主体功能各异，各种功能要以具体的运行方式加以协调；治理的手段多种多样，各种手段要以具体的运行方式进行整合。农村治理活动涉及多种要素，如农村治理组织、农村治理资源、农村治理组织功能、农村治理手段等，这些要素的相互关系共同构成了农村治理机制。广义地说，农村治理机制包括以下内容：第一，农村治理机构的产生方式，包括民主选举、上级任命等；第二，农村基层党组织、乡镇政府、村民自治组织、农村民间组织、农村企业等之间的相互关系；第三，农村治理中的资源整合，包括人力资源整合、资金收入与支出规则等；第四，农村治理组织的基本功能及相互关系；第五，农村治理与农民流动、农村城市化、农村经济、农村文化等的相互关系。说到底，农村治理机制主要不是关注不同性质的公共权力在管理农村公共事务时的不同表现，而是研究农村公共权力的分配，即农村公共权力归属谁和以何种手段介入农村社区公共事务以及效果如何，找出现阶段最适合的农村公共权力运作方式。

（五）中国特色农村民主协商治理机制

我们既不能用西方的协商民主理论剪裁农村民主协商，认为农村民主协商只是呈现了西方民主协商的部分特点，要继续向西方协商民主的方向完善，也不能认为中国农民缺乏政治自由，中国农村威权政治之下不可能发展出真正意义上的协商民主，否认中国农村存在协商民主因

---

① 俞可平主编：《治理与善治》，社会科学文献出版社 2000 年版，第 34 页。

素。我们是在中国农村场域下研究民主协商问题，就应该从中国的文化、历史和社会条件出发，研究具有中国特色的农村民主协商形式。

实践证明，中国农村地域广阔，差异性大，农村治理机制多种多样，主要包括"乡政村治"治理机制、合同外包治理机制、行政控制治理机制、公司式治理机制等。近年来，伴随着各项改革的深入和利益分化的加剧，农村社会的深层次矛盾凸显出来，自上而下的威权治理难以应对，越来越多的农村开始尝试构建民主协商治理机制，涌现出民主恳谈会、民主理财会、乡村论坛、村民代表会等多种多样的中国特色农村民主协商形式。

中国特色农村民主协商治理机制是在党组织的领导下，乡镇政府、农村村民自治组织、农村民间组织、农村企业、广大农民等各种农村治理主体通过讨论、对话的方式协调相互关系，注重共识，不排斥投票形式和通过代表表达意见，使各个治理主体充分发挥作用，形成农村决策，实现农民利益。中国特色农村民主协商治理机制是党领导下的各治理主体在村庄运用政治权威实现农民利益的方式方法，实质是农村各管理主体的妥协管理，形式是农村各种力量之间的协商，核心是中国共产党与农村各种社会力量的合作。

二　中国特色农村民主协商治理机制的特性

西方的协商民主是为了应对代议制民主的困境，希望恢复古希腊的直接民主文化，意图发扬公民的美德和理性。中国特色农村民主协商治理机制是在中国政治制度框架内形成的，是对农村民主政治实践的总结，是在不断进行理论创新的过程中深化与完善的，是在中国共产党的协商传统和中国"和而不同"的协商文化基础上衍生的，是农村市场经济发展和农民不断分化的产物，是社会主义民主的重要组成部分。

第一，政治性。中国农村民主协商始终要在党的领导下进行。当协商沿着有利于农民利益实现的方向前行时，农村基层党组织可以顺水推舟；当农村民主协商偏离了公共利益方向时，农村基层党组织则要调整航向。具体而言，农村基层党组织要设计协商机制，协调各方关系，组织协商对话，制定协商规则，监督规则执行，特别是要遏制农村宗族势力、宗教势力和黑恶势力对协商的干预和破坏。更重要的是，党组织介入整个协商过程，是要整合各方面的意见，做出公共决策，这与西方协商民主不以达成共识为目的形成了鲜明的对比。

第二，多元主体性。多元性是构建农村民主协商治理机制的社会基础，正是由于多元利益主体的存在，才赋予协商以存在的价值和动力，使民主协商充满生气。然而，与西方发达的公民社会不同，长时期以来，中国农村民间力量受到了打压，农村治理主体单一化，形成了强国家、弱社会的格局，制约了农村社会发展。在相当长时期内，农村社会组织在民主协商中难以发声的现象难以改变。随着农村市场经济的发展和农村利益分化的加剧，要加快发展农民组织，农村治理机制要为农村基层党组织、基层政府、民间力量、市场力量等提供协商互动的平台，形成农村发展的合力。

第三，公开性。公开性是协商民主的基本要求，没有公开就没有民主，更没有协商。与西方的协商民主相同，我国农村民主协商与村民自治对政务和村务公开具有相同的要求，而且还增加了协商公开内容。除非特殊情况，如保密需要，其他时候必须要公开协商信息、协商过程和协商结果，以便农民监督。然而，由于种种原因，农村民主协商过程的全面公开不可能一步到位，需要随着农村政治体制改革的不断深化而持续推进。

第四，广泛包容性。西方学者把协商民主理解成自由、平等的公民采用协商互动的方式达成共识，注重协商中的理性、正规性、平等性、公开性等，而中国农村民主协商机制则从农村实际出发扩展了其内涵。从形式上看，农村协商机制强调采用协商、对话的方式进行治理，但并不排斥选举投票机制、多数决定机制和代表性机制；从发生的场域看，协商可以发生在正式组织中，也可以发生在非正式组织中；从表达意志的方式上看，农村民主协商倡导理性表达，但不排斥感情宣泄，参与者可以充满感情地提出问题或表达意见，也可以适度地表现出气愤，让感性与理性共同成为表达协商者心声的方式；从结果看，农村协商机制所要达成的共识可以是理性的协议，然而赞成协议的理由可以各不相同。

第五，权力与责任兼容性。西方协商民主更注重个人权利的维护和个人利益的表达，而我国民主协商的过程不仅是各方行使权力和维护权益的过程，更是协商各方承担相应责任和义务的过程。协商组织者有责任适时启动民主协商程序，召集各方代表，披露与协商相关的信息，引导参与者有理有据地表达意见，集中意见并呈交给相关部门，实施协商共识。协商参与者有责任提出意见，就他人主张进行回应，根据他人看法修改自己偏好，提出对其他所有参与者都有说服力的论点，接受共同意见。协商主持者有责任保持协商有序进行，保证每位参与者平等表达意见，记录协商过程。

第六，教育性。中国农民长期受封建主义政治文化影响，参与意识不强，协商能力偏低。实践是最好的课堂，协商的过程就是参与者学习的过程，农村协商机制被视为培养农民的重要途径。农民在协商实践中学习参与知识和协商技巧，提高政治责任感和政治效能感，逐渐成为具有公共意识的合格公民。

第七，渐进性。建立农村协商机制需要调整现行权力结构，动员各种社会力量，不能急于求成，需采取审慎的态度。在协商机制运行初期，参与协商的对象可以有所限制，协商的内容集中在重大事项上，以获得良好的协商效果。要以实践主义精神代替完美主义情结，在实践中不断完善和发展民主协商。

总之，中国农村民主协商具有自己的特性，与西方强调自由平等、公民社会的协商民主具有很大不同，但并不能因此而否认中国农村民主协商治理形式的存在及其存在的价值。有的人认为，中国协商民主是威权式的协商民主，目的是提高决策的合法性，是协商民主的低级形式。这种看法虽然肯定了中国协商民主的存在价值，但其仍然用西方标准衡量中国式的民主协商。实际上，不同地区文化、历史、经济条件各不相同，协商民主形式不存在高低贵贱，只要适合本国实际就是好的协商民主形式。中国农村存在的协商民主形式应当统称为中国特色农村民主协商治理机制，用"民主协商"的提法既可以区别于西方的"协商民主"，又符合中国政治文化特点。而且我们相信，中国特色民主协商为世界范围内协商的发展增加了一种参考和选择，在一定意义上，它丰富了协商民主的内容，促进了人类协商民主事业的发展。

第三章

农村治理变革的机制选择与内源动力

从某种意义上讲，治理是由内外两个层面构成的，即外在形式和内在动力。外在形式表现为制度和机制，制度决定治理结构与功能，机制决定治理程序与方式。内在动力表现为治理主体能力和治理价值。对于治理而言，这些因素都很重要，相互影响，缺一不可。在治理价值目标取向和治理构架基本确定的前提下，治理机制的选择和治理主体的能力则变得非常重要，这直接决定着价值和制度的实现程度，因为价值和制度的要求孕育在治理机制之中，并通过治理主体的努力得以实现。

近年来，中国农村治理价值目标越来越明确，与治理相关的制度不断完善。然而，随着农村市场经济的深入发展，农村问题变得越来越复杂。传统上扮演治理支配者的乡镇政府和行政化色彩浓厚的村民自治组织既要应对各种农村民间组织的挑战，又要承受资源短缺的压力和自上而下的官僚系统政策落实的种种困难，越发显得力不从心。为了提高农村治理成效，落实与治理相关的各项制度，治理机制变革问题被提上日程，民主协商治理机制成为重要的发展方向。完善农村民主协商治理机制需要锻造合格的协商者，即提高农民的政治水平。农民政治水平的提高主要不是来自正规教育，民主协商过程才是培养合格协商者的学校。总之，提升农民政治水平与优化民主协商机制相互呼应、相互建构，共同推动中国农村走上良性治理轨道。

第一节　农村治理机制走向民主协商势在必行

从规范层面讲，中国农村普遍建立了"乡政村治"治理机制。这一机制给了农民接受初级民主训练的机会，加快了农村政治民主化进程。

然而，经过 30 多年的政治实践，这一治理形式也出现了很多问题：其一，农民利益分化给农民参与提出了更高的要求，而农村民主决策的范围狭窄。村民代表会议是一些村庄的主要决策形式，但村民代表会议经常被少数村干部操纵，以至于无法顾及每个利益相关者的意见，切断了农民与村民自治组织的直接联系。其二，大部分村民自治组织行政化严重。农村发展压力之下的乡镇政府把对村民委员会的"指导"变为"领导"，村民委员会的自治功能丧失。其三，一些村党支部和村委会通过各种方式集中权力。一些村党支部和村民委员会凭借占有的各种资源垄断村庄政治权力，农村政治权力的制衡机制没有形成，农村民主决策、民主管理、民主监督在一定程度上流于形式。其四，大部分农民缺少接受政治训练的机会。村民自治制度的"自我管理、自我教育、自我服务"的许诺没有实现，很多农民远离政治生活，缺少接受政治教育的机会。其五，难以应对复杂的农村问题。在经济领域，农业所得收入偏低，农民生产积极性不高，劳动力外流严重，农业经营成本偏高；在政治领域，农民参与村庄公共事务的积极性较低，缺乏参与决策的渠道和能力，农村干部谋农村长远发展者不多，农村村民委员会选举中贿选现象盛行；在社会领域，农村民间组织不够发达，已经成立的农村民间组织行政化程度较高、比较松散、组织领导能力缺乏，农村老龄化问题严重，各种迷信、赌博现象大量存在；在文化领域，传统文化逐渐失去吸引力，新兴文化对农民的教育意义和娱乐价值不高，低俗文化流行，文化设施无法满足农民的需求；在环境方面，一些村庄生态环境不佳，污染严重，农民没有养成良好的卫生习惯；在资源方面，大部分村庄都存在自然资源过度开发以及人力资源大量外流的现象。各个村庄所面临问题的程度和性质有所不同，需要农村基层党组织、基层政府、农村社会其他政治力量合作协商解决，"乡政村治"治理机制需要进一步完善与变革。

进入 20 世纪末期，随着西方协商民主理论的传播，很多官员和学者在反思的基础上开始从更宽广的视野看待农村治理问题。他们认为，不能总在政府控制与社会自治之间摇摆权衡，应当跳出国家与社会的二元思维，摆脱"官治"与"自治"的矛盾，寻求国家与社会的协商合作，实现"官治"与"自治"的和解，建立农村民主协商治理机制。

农村民主协商治理机制并不是对"乡政村治"治理机制的完全替代和否定，而是在继承其合理因素基础上的完善和超越。

第一，农村民主协商治理机制是对"乡政村治"治理机制的继承。村民自治制度是国家法定的农村基层政治制度，民主协商治理机制秉承村民自治制度的核心理念，继续推行民主选举、民主决策、民主管理和民主监督，进一步发展村民代表会议制度，完善村民自治章程，规范民主理财制度和村务公开。农村正在探索的灵活多样的民主协商机制不能与村民自治制度基本法律规范相背离，要尊重村民大会和村民代表会议的决策主体地位，将"议事会""听证会""民主恳谈会""村民说事室"等民主协商形式纳入到村民自治体系之中。

第二，农村民主协商治理机制是对村民自治制度的完善。农村民主协商治理机制致力于消除影响和抑制村民行使民主自治权利的各种因素。民主协商机制进一步规范村党组织和乡镇政府的权力范围，让村民自治权利得以真正实现。民主协商治理机制在竞争性选举的基础上，引入了讨论商议决策环节，让民主程序更加规范，农民影响村庄事务的范围增加。农村民主协商治理机制改变了村民代表意见的简单聚合机制，通过充分的酝酿商议、讨价还价、据理力争、思索回应，更进一步反映农民的真实愿望，更加接近民主的本质。

第三，农村民主协商治理机制是对"乡政村治"治理机制的超越。农村民主协商治理机制认同农村基层党组织领导地位，赋予农村基层党组织在民主协商中的元治理角色，同时，致力于在农村基层党组织与农村自治组织、农村民间力量之间形成合作、商议、共赢的关系，支持和保障农民行使民主自治权利，更加注重听取农民的意见。农村民主协商治理机制认同乡镇政府与村民委员会指导、支持、帮助与协助的关系，同时，致力于在乡镇政府与村民委员会之间建立协商机制，村民委员会的"指导"不能转变为"领导"，乡镇政府不能干预属于村民自治范围内的事项，不能采用打分评比和物质奖惩等形式强迫和诱导村干部服从乡镇政府的领导，应当依法引导村级组织，与村级组织平等对话。农村民主协商治理机制重视农村民间力量的发展，进一步整合农民的意愿，增加农民影响农村公共事务的力度，不断推进农村治理主体的多元化，同时，在各种民间力量之间形成对话机制，增加共识。更为重要的是，民主协商治理机制具有更大的灵活性，各地可以根据自己的实际，不断创新民主协商形式，并把这些新的形式与相对稳定的"乡政村治"政治架构衔接，深化村民自治。

第二节　提升农民政治水平是农村治理机制变革的内源动力①

农民政治水平提升的目标之所以非常重要，乃因其涉及农民内心深层的政治认知与政治信念，也关系到农民参与新农村建设的基本内在动力。然而，此方面的问题在以往的农村发展研究中却被忽略。影响农村民主协商治理机制优化的因素为数不少，而我们挑选以往较为忽视的农民政治水平提升作为重要的研究对象。在一定意义上，农民是否具有最低限度的政治能力，即是否有能力发起并参与关乎农民自身利益的民主协商是农村治理变革是否取得成效的标准。

第一，农民具有明确的利益意识和权利观念是农村治理机制变革的基本前提。托克维尔认为："对付政府滥施权力的唯一保证就是公共教育。"② 当农民在利益的引导下试图影响农村集体决策时，农村才会有真实的民主协商。

第二，农民组织能力是农村治理机制变革的重要方面。农村治理的重要方面是农村社会力量的加强，是政府与农村社会力量的合作治理。相比原子化的农民，组织起来的农民对决策更有影响力，在与其他社会集团的博弈中更容易取得有利地位。农民以组织形式进行协商参与，农民利益得到了有效整合，农民利益表达更加理性。农民组织还是提升农民合作意识、妥协精神、参与能力的载体。参与各种团体的农民能够拥有更多的社会资本，这将有益于农村协商治理的开展。

第三，农民公共利益观念是农村治理机制变革的核心要素。农村治理的目标是要实现农民利益，即实现农民的共同利益。协商治理能够取得成功的重要方面在于能通过协商达成利益一致。一般而言，只有农民

① 该部分内容作为课题阶段性成果《以农民政治水平的提升促进农村民主协商治理机制的优化》的一部分发表，载《当代世界与社会主义》2014 年第 4 期，此处略作修改。

② ［法］托克维尔：《旧制度与大革命》，冯棠译，商务印书馆 2012 年版，第 200 页。

在公共利益上获得基本的共识，摆脱自私自利的狭隘主义观念，他们才有可能在一些具体问题上消除分歧，进行谈判和妥协，为公共利益付出一定的努力。如果任凭物质主义文化和自我为中心的极端个人主义侵蚀具有约束力的集体传统和价值观念，那只能导致农村社会矛盾加深，农村民主协商失败。

第四，农民具有一定的参与能力是农村治理机制变革的关键因素。农村治理向协商的变革需要农民的广泛参与，农民参与的有效性取决于三个方面：一是以自主意识和理性思维为基础的农民参与意识，这是农民参与民主协商的内在动力，没有这种意识，农民就只能是臣民而不可能成为公民；二是以政治责任感、政治效能感和政治认同感为核心的政治参与能力，这是促使农民将参与意识转化为参与行为的直接动力，如果农民不认同民主价值和规则，不相信自身的民主能力，没有政治责任意识，他们就会疏离政治；三是以熟悉民主程序、具备一定的法律素养和沟通协商艺术为基础的政治参与技巧，缺乏这种技能，农民就难以有效地与别人沟通、合作。参与意识、参与能力和参与技巧是农村协商治理得以正常运行的基本要求。

第五，农民具备一定的政治技能和政治常识是农村治理机制变革的必要条件。作为农村治理主体的农民必须拥有一定的政治技能，这是农民在协商中理性表达和对话交流的前提。同时，农民只有具备基本的政治文化素养，才能对人和事有着起码的态度和评判，参与身边的事务和村庄的发展，民主协商中的公共理性才能得以体现，协商才能从多样的观点和意愿中形成有利于公共利益的决定。

总之，农民政治水平的全面提高将有助于农村民主协商治理机制的运行和延续。只有参与协商的农民具备一定的政治能力，能够影响公共政策，农村公共政治的合法性才能得以真正确立，民主决策中的精英主义倾向才能受到抵制。同时，农村治理机制运行所造成的压力和机会也影响着农民的政治水平。

第四章

当前中国农村民主协商治理机制运行的现状分析：以随机个案为基础①

一直以来，人们把关注点主要放在了农村民主协商治理机制的典型上，如浙江温岭的民主恳谈会等，却忽视了对农村民主协商整体发展状况的把握，这必将影响农村民主协商的深入开展。因此，我们要全面和客观地说明农村民主协商治理机制的运行状况，找寻存在的问题，探讨农村民主协商治理机制对农村治理成效的实际影响。

第一节　农村民主协商治理机制运行现状描述

20世纪90年代以来，党和政府不断推动农村民主协商治理机制建设，涌现出一批创新典型，但各地发展程度相差很大。为了全面反映农村民主协商机制的发展状况，课题组在山东、山西、广东、广西等地选取了经济发展程度、城镇化水平和文化历史风貌各异的30个村庄，由经过调研培训的该村政治学专业大学生进行现场观察和访谈调查。课题组将调查获得的第一手资料进行比照，从中选择3个具有一定代表性的案例进行剖析。

一　山东省A村

山东省A村民主治理徒有其表，协商因素基本不存在。在被调查的30个村庄中，18个村庄的情况与此相似。

---

① 该部分内容作为课题阶段性成果《我国农村民主协商治理机制的实际运行及优化路径分析——以山东、山西、广东省三个村庄的个案考察为基础》的一部分发表，载《中国行政管理》2014年第9期，此处略作修改。

山东省 A 村位于城市西郊，交通非常便利。全村约 400 户，人口 1700 多人，耕地面积 2000 亩左右，主要种植小麦、玉米和花生。2013 年集体经济收入为 1500 万元，农民人均纯收入约 8000 元。由于该村地理位置优越，经济发展非常迅速，城镇化水平很高，曾多次被市委、市政府命名为先进党支部及文明农村。然而，据村民反映，2011 年村委会换届选举之时，现任村委会主任贿赂选民并成功当选，上任后依靠强大的经济实力和人脉关系实际掌控了该村的发展方向，村支书权力有限。虽然村民代表会议和村民会议形式仍然存在，但作用甚微，涉及村民利益的大事主要还是由村委会决定。以土地转让为例，村委会效仿一些城中村的做法，希望出让本村土地，便以种种利益引诱村民代表同意这一决定，很多村民敢怒不敢言。据村民反映："村里老是卖地，等地卖完，村里以后怎么办？村里的人各顾各的，想反对村委会的决定难啊！"可见，山东省 A 村政治权力主要集中在村委会主任手里，村民自治流于形式，农村民主协商建构的基础薄弱。

二 山西省 B 村

山西省 B 村比较注重村民自治制度建设，但制度运行非常不规范；村庄中出现了微弱的民主协商因素，但文化和社会基础严重不足。在被调查的 30 个村庄中，10 个村庄的情况与此相似。

山西省 B 村位于县城东南百里，是历史文化名村。村南有煤矿和火车站，交通便利，资源丰富。全村 232 户，770 口人，耕种着 580 亩土地。村民的主要收入来源于耕种和外出务工，2013 年村民人均纯收入为 7000 元左右，处于城镇化过程中。然而，让生活在这里 20 多年的大学生调查员感到惊讶的是，平时非常亲切的乡里乡亲一听到调查的话题涉及"民主""权力"等词汇，都退避三舍，甚至说："姑娘，这跟我们没关系，你也别为难我们！"历经周折，访谈调查从村民代表会议开始。该村村民代表由村民小组推选产生，村民代表占村民代表会议成员的 68.75%，文化程度均在初中以上。2013 年，村委会主任召集了两次村民代表会议，就土地开发和村里卫生问题进行商议和讨论，达成了基本共识，通过举手做出决策。然而，村民代表会议的决策权力是不完整的，该村村支部书记年近 70 岁，村委会主任权力很大，在一些问题上可以左右村民代表的意见，甚至不经过村民代表会议讨论就实施某项决策。例如，在没有经过村民代表会议讨论的情况下，村委会主任就组织人员修路，并企图提高天然气的使用价格。该村农民没有成立民间组织，只是按照上级的要求成立了村务监督委员会、纪检监督小组，制定了村民询问制度和民主评议党员及两委干部制度，但作用不大。可以看出，村民代表会议具有一定的作用，村民代表会议成为农民民主协商的平台，村民代表并不是简单地表达偏好，而是互动和讨论，但是该村的民主协商因素很微弱，村庄权力相对集中。

三　广东省 C 村

广东省 C 村村民自治制度比较完善，运行机制健全，村民自治体系中出现了一些民主协商因素，提高了农村治理成效。在被调查的 30 个村庄中，只有个别几个村庄与该村类似。

广东省 C 村位于市区北 6.5 公里，西面临江，交通便利。耕地 200亩，主要农作物有水稻、甘蔗、黄麻等，土地主要由村中的老年人耕作，大多数年轻人外出务工，村庄城镇化水平不高。该村由 27 个自然村组成，村型较大，村情复杂。为了能够更好地反映村民意愿，村庄积极发挥村民小组会议和村民小组代表会议的作用，尊重各村民小组就本村组事务做出的决定。村民小组代表会议由村民小组长负责召集，每年召开 2—3 次。村民小组代表由小组成员推选产生，参会代表就每项议程发表意见，采用举手或者投票的方式做出决定。村民小组每年还要召集一次村民小组会议。2014 年 1 月 31 日，大学生调查员亲身经历了一次村民小组会议。会议由全体村民小组成员自愿参加，就 6 个议题进行了充分的讨论。一是买卖 X 岭的问题。X 岭是村民集体财产，村中一些人贪图眼前利益，企图以欺骗、贿赂的手段鼓动村民委员会卖掉 X 岭，村民小组会议就此问题展开讨论。村民小组长首先发言，他说："所有卖地致富的农村最后都会落入人贫地贫的下场。"一位村里的积极分子以自己艰难的打工经历告诉村民拥有土地的重要性。大部分村民给他们鼓掌欢呼。极少数想卖地的村民只是在私下里嘟囔几句，见没有什么希望就离开了会场。会议通过举手投票决定不卖 X 岭。二是关于土地耕作方式的变换和乡村规划。由于利益分歧比较严重，村民讨论未果。三是关于村民小组组长和村民小组代表人选问题。首先，村内积极分子讲话，介绍村民小组长这几年的业绩，其次，另一位村民小组长候选人发表竞选演说，并承认现任村民小组长非常称职。最后，会议主持人问村民是否同意现任小组长连任，大部分村民举手赞成。会议还宣布了事先由村民推选的村民小组代表。四是关于村民小组村务财物公开问题。对此，村民都持赞成态度。五是关于环境和自来水供应问题。村内积极分子希望村民出资处理垃圾，并安装粪便清理系统和自来水供应设备，村民反应冷淡。六是关于募集 19 万资金用于公共工程修建事项。由于资金额度较大，村民没有达成共识。总之，该村村民自治制度的运行机制已经建立，民主协商与村民小组会议和村民小组代表会议机制相连接，村民自治得以进一步深化。但是，我们仍然可以发现该村民主协商机制处于初建阶段，程序很不规范。

第二节　农村民主协商治理机制运行现状分析

调查发现，我国农村治理民主协商机制正处于初建阶段，存在着诸多问题，主要表现在：农村治理主体结构不合理，农村民主协商治理主体是不平等的；村民缺乏理性分析能力，村民的民主法律意识欠缺；农村协商民主发展的制度供给不足，代表制、村民自治与民主协商的整合存在难度；民主协商共识的效力常常低于村级组织决定的效力；农民利益分歧较大，难以达成共识；乡镇政府的态度不积极，农村基层干部的政治威信受到质疑。

一　大部分村庄尚未形成民主协商治理机制

调查中发现，大部分村庄普遍选择威权治理机制。威权治理机制是政治权力相对集中的治理形式，很容易引发干群矛盾和贪污腐败现象，与民主化趋势背道而驰。以山东省 A 村为例，村主任对广大农村正在萌生的以维护集体利益为价值取向的民主协商治理因素视而不见，毫不犹豫地选择了独揽大权的威权治理机制。村党支部在治理中的领导作用在利益面前丧失，村民代表也成了村委会主任实现自己利益的工具，原子化的村民无力影响农村决策，农村治理权力落在村委会主任个人手中，治理主体的互动关系根本不存在。该村土地流转过程掩藏着暴利，而民主协商治理机制的缺失和村民民主意识的淡漠，给村干部捞取暴利提供了巨大的空间。

二　少数村庄初步建立了民主协商治理机制

在山西省 B 村和广东省 C 村，以村民代表会议和村民小组会议为主要形式的民主协商治理机制初步显现出来。B 村村民代表产生规范，具有一定的议事能力。在土地开发等涉及村民利益的重大问题上，村民代表能够进行面对面的对话和商议，通过举手表决形成决策。在 C 村，由于村型较大，与村民利益相关的重大事项，都要召开村民小组会议讨论。在村民小组会议上，村中见多识广的积极分子积极参政，引导村民小组会议做出正确决策。这些做法，无疑使农村治理主体更加多元，便于形成治理合力。各治理主体的关系并不是单纯的上下级关系，村民在村民代表会议和村民小组会议中表达的意见和建议得到一定程度的尊重。农村决策权力分散和下移，决策经过讨论和商议，更好地维护了农民的切身利益。

三　已经建立的农村民主协商治理机制很不完善

从案例看，大部分农村民主协商治理机制非常不健全。一是农村治理主体单一。农民没有建立以农民参与为主、以满足农民各方面需要为目标的民间组织，因而无法成为有实际影响力的治理主体。农村治理的权力主要掌握在乡镇党政组织、村两委、村民代表和农村精英手中，农村治理主体的平等互动关系没有完全建立。二是农村民主协商治理机制的规范性很差。普遍存在基本程序不清晰，协商内容和范围不确定的现象。三是农村民主协商治理机制中的平等性得不到保证。很多村民没有参与民主协商的机会，只能通过代表表达自己的意愿；很多参与者在利益和权力的诱惑和威胁下，不敢表达自己的真实想法。四是农村基层党组织在民主协商中的领导作用不明显。一些农村基层党组织习惯了威权治理形式，要么扼杀和控制民主协商，要么听之任之。五是农村民主协商制度化水平很低。由于民主协商制度构建严重滞后，民主协商治理的主体、程序、责任等规范还不清晰。

第五章

影响农村民主协商治理机制运行的因素分析

协商民主虽然发轫于西方，但它传入中国之际恰逢我国改革开放之时，作为民主政治的一种模式，因应了我国政治民主化的浪潮。协商民主重在顶层设计，行在基层实践。因此，自 20 世纪 90 年代以来，为了适应农村市场化改革和基层民主实践的发展，中国特色农村民主协商在一些地区如火如荼地发展起来，出现了诸多的实践模式，涉及民主选举、民主决策、民主管理、民主监督各个方面。这些基层民主协商实践极大地缓解了农村治理的危机，增强了民主的真实性和有效性。但长期以来，中国农村在城镇化、市场化、现代化的巨大冲击面前，面临着许多实际的困难和问题，极大地制约了农村民主协商治理机制的完善和发展。在经济方面，农村相对贫困的状况依然存在，不同地区、不同行业、不同阶层之间的收入差距不断扩大的趋势没有得到根本改变；在政治方面，农村村民自治制度发展出现了瓶颈，无法适应农民日益高涨的民主需求，干群关系紧张，群体性上访事件频繁发生；在文化方面，封建迷信死灰复燃，各种黑恶势力和邪教组织猖獗一时，农民的政治认同感、政治信任度有待提高。

第一节　农村经济发展相对落后和不平衡

经济发展水平与民主政治的关系是人们一直关注的话题。即使不承认经济发展水平与民主政治建设存在一一对应关系，民主政治建设需要一定的经济条件也是毋庸置疑的。协商民主是广泛参与型民主形式，对经济发展水平和发展成果分布提出了较高要求。"严重贫困的群众，根本无法获知参加公共事务的足够信息，对公共事务进行有效的讨论，进行有效率的组织，并接触他们的代表。"①

一　农村经济发展相对落后

我国重农的传统由来已久，但这种重农传统片面地重视农业生产，忽视甚至漠视了农民的利益，这使得中国虽然以农业大国著称，但历朝历代都不能有效解决农民的温饱问题，农民的权利更无从谈起。近代以来，中国农村也被迫卷入了现代化的进程中，但这种进程绝非田园牧歌般优美，在西方帝国主义的压迫之下，农村社会开始走向衰败和分崩离析，相对于其他群体，农民处于弱势地位。新中国成立后，国家通过计划经济体制、户籍管理制度、人民公社制度等，为工业化提供了巨额积累，形成了城乡二元阻隔的结构，拉大了城乡差距。改革开放以来，家庭联产承包责任制极大地提高了农业生产力，农民的生活水平和生产条件都得到极大的改善，农村的面貌也发生了翻天覆地的变化。但从总体上看，农村生产力发展水平比较低下，生产方式相对落后，农民相对贫困的状况没有得到根本改变。农村还存在着大量的贫困人口，加之农村的社会保障制度不健全，农民面临着养老、医疗等巨大的压力。因此，在这种经济状况下，农民无力、无暇顾及村庄的公共利益。

农村发展的相对落后可以从农村债务问题得到充分印证。无论是发达地区还是欠发达地区，债务问题普遍存在，沉重的乡村债务成为制约农村各项事业发展和民主协商治理机制正常运行的关键因素。沉重的债务使农村办公条件得不到改善，甚至连工资也不能正常发放，导致基层政府工作人员牢骚满腹，工作积极性不高，有困难无人解决，有矛盾无人化解；沉重的债务负担也使基层政府无力举办一些公共工程和公益事业，农村发展和农民利益得不到基本的保障；更有甚者，在一些经济不发达地区，由于集体经济的落后，使得一些基层政府巧立名目地向农民征收各种各样的税费以维持乡镇政府的正常运转，增加了农民负担，激化了干群矛盾。

二　农村经济发展不平衡

农村发展不平衡、农民分化等问题也给农村民主协商治理机制的优

---

① ［美］科恩：《论民主》，聂崇信等译，商务印书馆1988年版，第111页。

化带来一定困境。一是村庄分化。中国农村分布地域广阔，距中心城市的距离不一样，非农化的水平也不同，由此出现了所谓的城中村、镇中村、工业村和农业村四种类型，不同类型村庄治理环境存在着很大的差异，也面临着不同的问题，给农村民主协商治理机制提出了多样化的要求。二是农民分化。在市场经济大潮的冲击下，由于每个人把握机遇的水平和各种条件不同，在农村出现了农民阶层分化。农村社会的分化促使农民职业选择多样性和收入来源多元化，促使各个阶层的权利意识，民主意识不断提升，也导致农民所拥有的经济、组织、社会及教育资源具有很大的差异，使得农民利益多元化及利益整合难度加大，也影响到农村民主协商的参与性和平等性。

第二节　农村政治制度和机制不健全

农村民主协商治理的目的是实现农民共同利益的最大化，达成善治，但民主协商的前提条件是农民能够自由、平等地参与协商的全过程，这样才能促使政府与农民一道形成公共权威，维护农民利益。目前，农村基层民主制度建设相对滞后，难以适应广大农民群众日益扩大的参与要求，也无法将农民政治参与纳入制度化、法治化的轨道，影响了农村民主协商治理机制的优化。

一　农村民主制度不健全

农村民主协商作为治理的一种模式，只有在健全的民主制度下运行才能富有成效。改革开放以来，虽然我国农村的民主制度建设有了很大进步，但无论是成文制度还是运行机制都仍然存在很多不尽如人意之处，进而制约着农村民主协商治理机制的构建与完善。

（一）现有的基层民主选举制度不完善

农村民主协商作为一种新型的民主模式不是对基层民主选举的否定，而是必要的补充和超越，它以选举民主制度的完善为前提和基础。由于农村民主选举相关法规没有得到很好的贯彻执行，贿选、干预、操纵选举现象频繁发生，造成很多农民认为农村民主选举不能真正反映自己的意愿，也不相信"选举"出来的农村干部、人大代表和"推选"

出来的村民代表，故而以消极的态度对待农村公共事务，逐渐远离政治，使得农民协商主体意识和能力不足，民主协商难以推行。选举制度的不完善还导致缺乏民意基础的乡村干部、人大代表和村民代表不愿意积极推进乡村治理机制的创新，由他们所主导的协商更多地流于形式，难以收到成效。

（二）现有的农村民主决策、民主管理和民主监督制度不完善

除了民主选举外，村民自治的主要内容还应包括民主决策、民主管理和民主监督三个方面。从农村民主制度的实际运行看，乡镇人民代表大会制度、村民代表会议制度、村务公开制度、村务监督制度等都很不健全，形式化现象严重，这就使以这些制度为基础构建民主协商治理机制困难重重。

（三）农村民主协商制度建设相对滞后

农村民主协商虽然受到了我国政界的高度关注，但与农村民主协商相关的制度规范尚不完善。一是缺乏关于协商会议召开、协商议题选定、民主协商程序、协商结果处理等的具体规定，使得民主协商无法可依，变成可做可不做的事情。二是一些民主协商形式与其他村级制度难以有效衔接，如民主恳谈会与乡镇人民代表大会、村民代表会议之间的关系缺乏明确的规定，导致民主协商共识与民主决策制度之间脱节。

二　农村治理主体权力关系不协调

目前，在我国农村治理体系中，主要存在着由乡镇政府行使的行政管理权、由村民委员会行使的自治权、由村党组织行使的政治领导权和一些新型农民组织和广大农民行使的公共或公益事务的参与权。多种权力主体的政治参与为农村民主协商治理注入了新的活力，夯实了农村民主协商的基础，但现有农村治理主体权力关系的混乱给农村治理带来了许多问题。因为农村民主协商治理必须建立在各治理主体职责清晰的基础上，唯有如此，才能保证多元主体之间关系的协调，形成治理的合力，否则就容易造成多元主体之间的内耗甚至互相拆台，引发治理危机。

（一）乡镇政府行政管理权与村民委员会自治权之间的关系不协调

我国宪法和有关法律规定，乡镇政府与村民自治组织之间是指导与

被指导的关系，但现实生活中，乡镇政府要么以自治为名对村民委员会的工作不闻不问，要么就以发挥指导作用为由对村民自治事务指手画脚；而村委会不是以自治权来抵抗或消解政府的干预，就是事事听命于乡镇政府，成为乡镇政府的下级机构，失去了应有的自治权力。乡镇政府和村民委员会权力关系混乱，无法成为分工不同的平等协商主体，引发"乡政"和"村治"之间的矛盾。

（二）村党组织领导权和村民委员会自治权之间的关系不和谐

长期以来，由于实行党的一元化领导，很多村级组织的权力实际上由党支部甚至村支书一人掌握，一些村党支部或支书凭借着对这些资源的权威性分配给组织或个人带来更多的利益。村民自治制度的实施开始打破党的一元化领导的格局，逐步形成了二元分立的农村社会权力结构。基于组织和个人两方面利益的考虑，一些村党支部尤其是村支部书记必然会围绕着村庄内部权力和治理资源的控制权与村委会进行博弈，在实践中形成了强党支部弱村委会、强村委会弱党支部、强党支部强村委会、弱党支部弱村委会等村治模式。村党组织和村民委员会是村庄民主协商的重要主体，二者关系不和谐，必然给农村民主协商治理带来隐忧。

（三）农村体制内组织与新型组织之间的关系不顺畅

随着农村经济和农村基层民主的发展，一些农民组织因满足农民某种现实需要而迅速发展起来。这些组织为农民利益代言，提出政策建议，参与村政规划与监督，承接和执行专项乡村治理事务，引导乡村秩序和社会风气，在多元农村治理中发挥着越来越大的作用。这些新型农民组织参与农村治理，在一定程度上必然会对原有的农村权力格局形成强烈的冲击，导致体制内组织与新型组织之间出现各种矛盾和摩擦。

三　农村民主协商治理机制自身存在局限性

任何民主形式都不是十全十美的，都有自身的局限性，协商民主也是如此。正是因为协商民主有着难以克服的缺陷，使得它尽管在西方古已有之，但始终没有受到重视。现在西方人谈论协商民主，也仅仅是为了纠正代议制民主的缺陷。我国农村民主协商治理机制的不完善也与其自身的问题有关，且面临的问题更为严峻。

（一）农村民主协商主体的理性与能力有限

协商主体的理性和协商能力是民主协商得以运行的保障，而要使参与者具有这种理性和能力，需要对其进行技术、人文等多方面的教育，这在教育比较发达的国家都存在着相当的困难，再加上现在的社会变得越来越复杂，更使得协商主体普遍面临着知识贫困和能力不足的问题，制约着民主协商的发展。这种知识危机在我国广大农村表现为：有些人不能准确地表达自己的利益诉求，甚至不明白别人表达的目的何在；有些人对一些问题缺乏理性的思考，难以通过充分的论证说服别人接受自己的观点。这一切必定会对我国农村民主协商的发展产生一定的负面影响。

（二）农村民主协商共识很难达成

协商的目的就是在尊重不同利益差异的基础上，通过妥协达成共识，实现公共利益的最大化。但在农村民主协商的过程中，由于农村利益分化严重，参与协商的主体可能会对议题表现出不同的态度并难以调和，这必然会导致民主协商不欢而散、无果而终，与农民切身利益相关的公共产品和公益事业无法举办，影响到农村的发展和稳定。

（三）农村民主协商推行范围存在局限性

讨论、对话往往受到人数的限制，当民主协商主体人数太多时，民主协商将耗费大量的人力、财力、物力及时间，还容易导致人们之间难以进行严肃和坦诚的对话，对话成了目的而非协商的手段，导致协商的质量和效率下降。我国农村人口较多，虽然分布在每个村庄，但是民主协商也很难在全村范围内举办，协商的民主性和平等性难以得到保证。

第三节　农民政治文化水平较低

农民的政治文化水平主要是指农民在政治生活中表现出来的政治认知、政治情感、政治心理、政治评价程度。较高的政治文化水平是优化农村民主协商治理机制的关键因素，其原因在于以下三个方面：一是有助于提高农民发起和参与民主协商的积极性和创造性；二是有助于提升农民发起、参与、影响协商的能力与技巧，使农村民主协商机制能够正常运转；三是有助于整合农民的政治认知，使农民具有基本的政治认同，形成推动民主协商发展的合力。农民政治文化水平提高，意味着农民不断接受与民主协商相容的政治文化，为农村民主协商的健康运作提供动力。当前，我国农民政治文化水平偏低，影响了农村民主协商治理机制的正常运行。

一　农民政治参与积极性比较低，不利于协商的民主性

农民政治参与积极性是农民对农村政治过程施加影响和履行其政治角色的积极态度，是农民政治文化水平的集中体现。农村民主协商以利益相关方的充分参与、平等协商为前提，农民政治参与积极性在农村民主协商中扮演着重要角色，而当下农村普遍存在的现实问题却是农民的政治参与积极性比较低。在农村调查中发现，一些村民对政治话题抱有很强的抵触心理，认为这与自己无关；大多数村民对于村里的重大事务不愿意或不敢提出自己的意见，只是一味从众。影响农民参与的原因有六个方面：一是出于利益比较的结果，一些农民认为参加政治事务费时费力不划算，不如挣钱来得实惠；二是一些农民认为只有自己首先富裕起来，才能在农村公共事务中享有一定的话语权；三是一些农民出于求稳求安的心态而有意无意地回避政治话题，不愿意得罪人；四是一些农民政治效能感低下，认为自己人微言轻，参与不参与政治没什么两样；五是一些农民受传统政治思维习惯的影响，远离政治事务；六是一些农民存在着"搭便车"的心理特点。

二　农民政治自主性较差，依附性较强，不利于协商的有效性

每个参与协商的人都能平等、真实、充分地表达自己的意见是民主协商良性运作的前提。受几千年传统生产方式和传统文化的影响，中国的农民依然具有很强的依附心理，这既表现为对家庭、家族、宗族的依赖，也表现为对行政权力的依赖。在访谈中，我们观察到一些农民经常提到"上边"两个字，在他们看来，农村干部是高高在上的权威人物，由这些人参与的乡镇人民代表会议和村民代表会议不可能真正代表村民的利益。政治依附心理反映到民主协商中就是农民不敢表达自己真实的意见，一味迎合农村干部，协商的有效性受到一定影响。

三　农民政治信任度不高，合作程度偏低，不利于协商的共识性

政治信任主要指个体在政治生活中所感受到的开放、合作和容忍的态度。民主协商不仅需要每个人能表达自己的意见，还必须尊重和包容其他人的不同意见，并通过合作协商或适当的妥协让步来达成共识，拒绝非此即彼的零和博弈。但中国的传统生产方式和传统文化使得中国农民的信任范围非常狭小，往往仅仅停留在亲人和熟人之间，难以产生西方社会那种基于法律、契约之上的普遍信任。农民政治信任度低，使得农村民主协商难以达成共识，即使达成共识也难以真正实施。

第四节　农民组织化水平不高

所谓农民组织化是指农民为了更好地实现、保护和促进自身的利益而自愿结合成各种组织的行动和过程。"如果没有一个社会组织，它愿意并且能够为我们所珍视的观念和价值大声疾呼，除非我们正好非常富有，或者非常有名，否则，我们就很难让很多人听到我们的主张，也很难影响政治决策。"[①]这充分说明一个组织对表达和维护其成员利益的重要性。组织是通向政治权力的必由之路，也是政治稳定和政治发展的基础。提升农民的组织程度，使其以组织的形式参与协商是农村民主协商治理机制不断完善的社会基础。首先，农民组织化程度的提升有助于优化农村民主协商治理体系。农村民主协商治理体系就是运用讨论、协商的方式维护公共秩序、促进公共利益的协商主体、协商制度和协商程序。农民组织的建立可以促进农村治理体系的优化，使农民以组织的形式表达自身的利益，提高对政策的影响力。其次，农民组织化程度的提升有助于培养农民的现代公民素质，从而提升民主协商的效能。以农民的自主和理性参与为前提的各种农民组织，可以重建农村社会联系的基础，使农民认识到自己是社会公共生活的一个重要成员，从而积极参与民主协商。组织成员之间的互相帮助和互相支持也可以极大地增强农民

---

① ［英］阿米·古特曼等：《结社：理论与实践》，吴玉章、毕小青译，生活·读书·新知三联书店 2006 年版，第 1 页。

的归属感、凝聚力，这有助于农民在民主协商的过程中，多站在对方的立场上考虑问题，适时调整自己的利益偏好，进而达成协商共识。最后，农民组织化有助于提升农民的话语权，降低协商成本。相对力量薄弱的个人而言，组织的力量是巨大的。农民以组织的形式参与协商可以极大地改变个体参与协商所造成的利益表达琐碎、利益综合困难、不为其他人所重视的情形，提高协商的质量。农民以组织的形式参与协商，还可以节约大量的人力、物力和财力，降低协商成本。改革开放以来，虽然在某些地区、某些领域农民的组织化程度有了一定的提高，但是农民整体的组织化水平依然偏低。

一　新型农民组织发展缓慢

改革开放以来，农村实行了家庭联产承包责任制。由于村民自治组织的不完善，难以为个体农民提供所需的公共产品和公共服务，单靠农民甚至农户个体难以应对农业生产和农民生活的压力，这就使得在传统社会中发挥巨大作用、在计划经济体制时代受到巨大冲击的家族或宗族性组织得到一定程度的恢复和发展。家族或宗族组织在农村治理中发挥着双重的作用：一方面，家族组织在满足农民生产、生活方面发挥着一定的作用，能促使农民以组织的名义参与政治生活，增强政治影响力；另一方面，家族和宗族势力介入到政治生活中，不可避免地影响到政治生活的公正性，进而影响到民主协商治理机制的优化。"传统的家庭结构是中国现代化进程中的一个障碍，滋生出裙带关系，或者阻碍强有力的中间组织的形成。"① 近年来，适应农村发展的新形势，一些以产业为主导的新型农民专业合作组织有所发展，但这些组织依然以本乡本土为主，地缘性和行政性色彩浓厚。建立在农民自主、自治、自愿基础上的现代农民组织发展缓慢、形式单一、规模较小，农村民主协商的组织基础缺乏。

二　农民组织行政化现象严重

社会组织的基本原则就是自愿性和自治性，但目前我国的农民组织

---

① ［美］吉尔伯特·罗兹曼主编：《中国的现代化》，陶骅等译，上海人民出版社1989年版，第501页。

表现出浓厚的行政色彩。村民自治组织的兴起虽然具有一定的自发性，但更大程度上则是国家自上而下的制度安排，其目的就是填补国家权力退出农村之后的空白，维护农村的秩序。因此，村民自治组织的行政色彩比较浓厚，自治性不足。在党内民主和基层选举不完善的情况下，村党支部作为农村基层党支部受乡镇党委的直接领导，必须贯彻上级党委的意志，其下属的妇联、共青团等组织也同样要毫无条件地接受上级党组织的领导。各种类型的农民经济组织是适应市场经济发展需要而成立的，但由于处于发展的初期，内部治理结构不完善，也存在着对村两委或乡镇政府的依赖。

三　农民组织内部治理结构不完善

一个组织能量的大小，既与其规模大小有密切的关系，更受其治理水平高低的影响。现代农民组织要在法律框架下，健全以章程为核心的法人治理机构，设立严格规范的决策、执行和监督治理结构，通过有效的权力制衡机制加深组织成员与集体行为的利害关系，降低监督成本，逐步克服组织成员的"搭便车"现象。从我国农村组织的实际看，这种法人治理结构尚未建立起来，因此影响了农民组织作用的发挥。

第六章

农民政治水平现状及影响评估：以问卷和访谈数据为基础

农民政治水平是农民在政治生活中所能达到的高度，是广大农民通过公共权力实现权利和利益的能力，是农民在政治关系、政治组织、政治行为、政治文化、政治伦理和政治发展等方面表现出来的综合能力。如果把政治理解为对价值的权威型分配，那么，农民政治水平就集中表现为从公共权威中获得自身所偏好的价值和资源的能力。农民政治水平影响每个农民的政治行动，关系到农村政治关系的和谐、农村政治结构的合理、农村民主自治的完善，也关系到农村民主协商治理机制能否良性运转。更重要的是，农民政治水平关乎农民利益能否得到真正实现，关乎农民的幸福和农村的稳定。

长期以来，学界对农民政治水平研究较少，而且研究结论过于理论化和简单化。已有的农民政治水平研究成果普遍认为，农民政治能力较弱。这种观点不无道理，但过于片面和武断。农民政治水平内涵非常丰富，为了能够更加准确地评估农民政治水平，课题组拟从多个角度切入。同时，课题组采用实证方法获取第一手资料，使理论演绎和实证研究相互补充、相互印证，从而更加鲜活和客观地反映农民政治水平。

第一节　调查地点和研究方法

我国农村幅员广阔，各个村庄自然状况差异较大，传统资源各具特色，经济发展程度参差不齐，积累的矛盾各不相同，农村发展呈现出明显的不均衡特征。由于各方面条件的限制，2014 年，我们选择了几个具有代表性的村庄进行了调查。基于课题组对被调查村庄的承诺，我们用字母代替村庄名字。

N 村地处山东省东部，地理位置优越，北望黄海，南临机场，绕城公路沿村南而过，是交通枢纽。该村兴建于明末清初，文化底蕴深厚，数百年来人才辈出，曾对胶东文化产生过巨大影响。该村现有 1300 多户，人口 4000 多人，区域面积 8000 亩，其中 2000 多亩用来种植大樱桃，是远近闻名的樱桃之乡。村民主要通过打工、个体经营、种植樱桃等获得收入，2013 年农民人均纯收入为 10000 多元。通过厂房、公寓楼、土地租赁和市场收费等项目，2013 年村集体收入可达到 300 多万元。该村村民代表 59 人，分为 13 个村民小组。2002 年，该村已经改为社区，但实际还是按照村庄运作，农民身份没有改变。目前，该村正在筹备旧村改造，农民将告别传统的民居搬进楼房。

Y 村地处湖北省北部，交通便利。全村共 8 个村民小组，2000 多人。村庄主要种植小麦、水稻和玉米，村庄主要农产品有大白菜、菠萝、大树菠萝等。村内主要资源包括石膏、高岭岩、雌黄。村内有曲酒厂、面粉加工厂、石材料厂等企业。2013 年村庄集体收入为 5 万元，农民人均纯收入为 7000 多元。

D 村地处内蒙古自治区东部，依山傍水，风景宜人，交通便利。该村现有人口 3000 多人，耕地面积 2000 多亩，以玉米种植为主。2013 年，村集体经济收入 10 万多元，农民人均纯收入 6000 多元。村内主要资源为芒硝、胆矾等。村内有路面砖厂、油墨厂等企业。

P 村地处甘肃省西北部，距县城 25 公里，省道横穿而过，交通非常便利。全村现有 300 多户，1100 多人，耕地面积 2700 多亩，以玉米种植为主。2013 年，村集体经济收入达 7 万余元，农民人均纯收入 5000 多元。村内建有 7000 多平方米的农产品集贸市场。村庄正着力发展以玉米制种、番茄加工、畜禽养殖为主的特色产业。

之所以选择上述村庄作为我们进行农民政治水平调查的对象，是因为：一是这几个村庄都是典型的农村，以农业为主要产业；二是这几个村庄地处中国的东、西、南、北四个方位，经济发展水平存在一定差异，城市化程度各不相同，能够在一定程度上反映中国农村的整体情况；三是这几个村庄是大学生调查员的家乡，调查员没有语言障碍，与调查对象沟通方便，真实程度较高。

　　课题组招募了40名大学生调查员，他们是山东省、湖北省、甘肃省和内蒙古自治区籍的高等院校政治学与行政学专业大二本科生，具有较强的沟通能力和合作意识，专业基础知识扎实，共分成了4个调查小组。

　　该调查主要运用问卷形式获取第一手资料，采用等距离抽样方法。首先，根据户籍册顺序将村民编号，然后，每隔6个抽取一个样本，这种选择样本的方式比随机抽样更具有代表性。本次调查共发放问卷600份，回收问卷450份，有效问卷430份，有效回收率71.7%。因为一些农民文化水平不高，问卷问题比较专业，调查对象难以独立完成问卷填写，因而，大学生调查员向调查对象逐一讲解每个问题，在获取调查对象对问题的真实想法之后填写问卷。问卷回收之后用社会科学统计软件包SPSS进行数据的统计分析。由于调查问卷采用的是一问一答的方式，寻求简单明了的表述，难以表达农民丰富的政治心理和反映农村鲜活的政治实践。为此，课题组设计了8个访谈话题，每个调查小组就其中2个话题对农民进行面对面随机访谈。访谈结束后，各调查小组撰写访谈报告。无论是问卷调查还是访谈调查，我们都要求调查员保留完整录音，这既方便调查员整理数据，也能防止个别调查员投机取巧和弄虚作假，保证调查数据的真实可靠性。为了全面了解这几个村庄的政治、经济、文化状况，调查员还召开了村民代表座谈会，对村庄的权力结构、选举程序、农民组织等进行了解。我们希望，调查问卷、个别访谈和座谈会所获得的资料和数据能相互印证。

　　在调查过程中，我们遇到了很多困难。首先，农民政治水平调查涉及权力结构、政治监督、民主自治等比较敏感的政治话题，调查对象担心调查数据泄露，顾虑重重，不愿意讲出自己的真实想法。有的调查对象害怕得罪乡村干部，一位调查对象说："不能得罪那些当官的，否则，以后的事情就不好办了！"有的调查对象抱着多一事不如少一事的想法，一位调查对象说："自己过自己的日子，别的事情我们不愿意管，也管不了！"其次，农村是"熟人社会"和"半熟人社会"，农民对陌生人信任度很低，调查拒访率较高，问卷有效回收率较低。尽管如此，带队老师和大学生调查员克服种种困难，尽量与调查对象真诚沟通，最终获取了较为真实的第一手资料。

我们深知，农村政治生活复杂，农民政治水平不均衡，仅凭430份问卷、8份访谈报告和4份座谈会记录很难准确反映农民政治水平状况，也不太可能提出具有普遍意义的科学解释，但我们的研究能够为普遍的理论和解释增添丰富的资料和参考。

第二节　调查对象的基本特征及分析

如表6-1和表6-2所示，除个别项目外，问卷调查对象的基本特征与调查样本的整体情况非常吻合，可以作为调查对象样本进行分析，分析结果具有一定的参考价值和说服力。

表6-1　　　　　　　　问卷调查对象的基本特征

变量	分类	频数	比率（%）
性别	男性	205	47.67
	女性	225	52.33
	共计	430	100.00
年龄	18—29岁	30	6.98
	30—39岁	93	21.63
	40—49岁	101	23.49
	50—59岁	111	25.81
	60岁—	95	22.09
	共计	430	100.00
文化程度	小学及以下	198	46.05
	初中	140	32.56
	高中	74	17.21
	大专及以上	15	3.48
	未作答	3	0.70
	共计	430	100.00
政治面貌	党员	33	7.67
	非党员	392	91.17
	未作答	5	1.16
	共计	430	100.00

表 6 - 2　　　　　　　　　　问卷调查对象的基本特征

变量	分类	频数	比率（%）
职务	村干部	6	1.40
	村民代表	12	2.79
	个体户	28	6.51
	私企老板	1	0.23
	教师	1	0.23
	普通村民	370	86.05
	其他	12	2.79
	共计	430	100.00
打工	打过	159	36.98
	没有	266	61.86
	未作答	5	1.16
	共计	430	100.00
2013 年家庭纯收入（元）	0—9999	117	27.21
	10000—19999	97	22.55
	20000—29999	88	20.47
	30000—39999	28	6.51
	40000—49999	11	2.55
	50000—	46	10.70
	未作答	43	10.00
	共计	430	100.00

　　关于访谈对象（如表 6 - 3 和表 6 - 4 所示），课题组在每个村庄访谈了 1 位村干部、1 位村民代表、2 位村民、1 位村会计或者村务监督委员。调查员就课题组事先设计好的问题与他们进行面对面交谈，倾听来自各个方面代表的声音，并力争原汁原味地记录他们的谈话。除个别访谈对象大唱赞歌和应付了事外，大部分访谈对象能够与调查者真诚交流，真实反映农村实际情况和内心的想法。访谈内容弥补了调查问卷无法反映的问题，厘清了课题组成员心中的一些疑惑，加深了课题组成员对农民政治水平的了解。基于对访谈对象的尊重，我们没有透露他们的真实姓名。

表 6 – 3   访谈对象的基本特征

访谈对象	年龄	性别	文化程度	政治面貌	家庭纯收入 2013 (万元)
N 村干部 A	50	男	大专	党员	50
Y 村干部 B	33	男	初中	党员	3
P 村干部 C	44	男	高中	党员	4
D 村干部 D	56	女	初中	党员	6
N 村代表 A	63	男	初中	党员	3
Y 村代表 B	59	男	初中	党员	2
P 村代表 C	54	男	初中	群众	3
D 村代表 D	58	女	高中	群众	4
N 村会计 A	56	男	初中	群众	3
Y 村会计 B	51	男	小学	群众	5

表 6 – 4   访谈对象的基本特征

访谈对象	年龄	性别	文化程度	政治面貌	家庭纯收入 2013 (万元)
N 村村民 A	57	男	小学	群众	2
N 村村民 B	32	男	大专	群众	10
Y 村村民 C	68	女	初中	群众	4
Y 村村民 D	51	男	小学	群众	6
P 村村民 E	51	女	初中	党员	2
P 村村民 F	42	女	初中	群众	3
D 村村民 G	38	女	小学	群众	7
D 村村民 H	46	男	初中	群众	7
P 监督 A	71	男	初中	党员	4
D 监督 B	68	男	初中	群众	3

第三节 调查情况及分析

农民政治水平是一个综合性概念,农民政治水平的调查和分析需要从多个角度展开。一般情况下,农民政治水平的测度可以从农民利益维护水平、农民权利实现水平、农民组织水平、农民制度水平、农民政治参与水

平、农民认知水平、农民情感水平、农民评价水平、政治道德水平等方面
展开。如果农民在多个方面表现不佳，就可以得出农民政治水平较低的结
论；如果农民在多个方面均表现较好，就可以说明农民政治水平较高。当
然，实际情况非常复杂，课题组设计的问题不可能面面俱到，得出的结论
也需要进一步验证。在分析中，我们还要引入"农民政治贫困"的概念，
以便于考察农民群体是否存在政治贫困问题。当有些团体不能有效运用机
会以有利于该团体和成员的方式影响政治过程，这种能力失灵的现象被称
为政治贫困。当农民政治贫困现象发生时，他们就无法在政治生活中发挥
作用，并且被排除在公共生活之外或者他们的意见长期得不到重视。

一　农民利益维护水平

人们生存离不开各种需求，利益是源于人们的社会化需求，人性的
基本方面是对利益的追求。农民利益维护水平主要表现为是否具有明确
的利益意识和为实现利益而采取有效手段的能力。农民利益维护水平与
农民其他方面的政治水平相辅相成。为了研究方便，我们设计了几个问
题进行调研分析。

表 6 - 5　　　　您上次民主选举把选票投给了谁？（最多选三项）

变量	频数	占总回答人次的比率（%）	占全部样本的比率（%）
有经济能力的	66	13.15	21.85
维护自己利益的	114	22.71	37.75
按照领导要求	3	0.60	0.99
随大流	13	2.59	4.30
随便投的	6	1.20	1.99
党员	5	1.00	1.66
主持正义的	185	36.85	61.26
人品好的	70	13.94	23.18
有文化的	9	1.79	2.98
自己家族的	1	0.20	0.33
给自己好处的	4	0.80	1.32
不知道	26	5.17	8.61
合计	502	100.00	166.22

（一）农民利益维护意识

改革开放以来，以民主选举为主要内容的村民自治制度在农村实行，在绝大多数村庄，农民都拥有了按照自己意志选择当家人的机会。农民的利益维护意识可以通过农民选举时的投票意向反映出来。如表6-5所示，虽然大部分调查对象没有明确表示把选票投给了能够维护自己利益的人，但他们的投票意向可以间接反映出他们具备一定的利益维护意识。调查数据还显示，仍有9.57%的调查对象选择了"按照领导要求""随大流""随便投的""不知道"。这说明极少部分农民还不珍惜手中的民主选举权利，没有把民主选举权利当成农民主张其共同利益的法定资格。

（二）农民利益维护能力

农民利益维护水平不仅表现在利益意识上，更重要的是农民能够为自己的利益采取行之有效的合法行动。如表6-6所示，虽然大部分农民都有明确的利益意识，但相当一部分农民不知道采取怎样的合法方式维护利益。

表6-6　　　如果您的土地权益受到侵犯，您会采取什么办法？（最多选三项）

变量	频数	占总回答人次的比率（％）	占全部样本的比率（％）
法律解决	116	21.72	27.10
找区政府	90	16.85	21.03
上访	49	9.18	11.45
忍受	80	14.98	18.69
打仗	4	0.75	0.93
找媒体	6	1.12	1.40
找熟人	7	1.31	1.64
占着地	2	0.37	0.47
不知道	102	19.10	23.83
其他	78	14.62	18.22
合计	534	100.00	124.76

【访谈记录】6-1

访谈对象：N村村民A

他说："咱农民没什么文化，也没什么靠山，能忍就忍，不愿意惹麻烦，实在忍不下去，就和他们拼命。"

【访谈记录】6-2

访谈对象：D村村民代表D

他说："当我的自身利益受到侵害时，我只能忍受，就是忍气吞声，谁都不愿意得罪村干部，毕竟我已经这么大年纪了，很多事情都已经看得开了、想得开了！"

【访谈记录】6-3

访谈对象：N村村民B

他说："我要是遇到不公平事情，能不理会就不理会，有时间多出去赚点儿钱，有钱了，就没人敢欺负了，实在忍不下去就去找政府闹。"

为了进一步考察农民能否为自己的利益而采取切实有效的行动，我们在问卷中设计了"如果您发现乡村干部处事不公道，您怎么办"这一问题，表6-7中，调查对象选择"忍受"的比例很高，占总回答人次的比率为27.90%。选择"不知道"和"其他"的调查对象共计占总回答人次的比率为38.41%。由此可以看出，农民的利益维护能力较低。

表6-7　　如果您发现乡村干部处事不公道，您怎么办？（最多选三项）

变量	频数	占总回答人次的比率（%）	占全部样本的比率（%）
法律解决	45	9.66	11.28
找上级政府	54	11.59	13.53
上访	38	8.15	9.52
忍受	130	27.90	32.58
打仗	2	0.43	0.50
找媒体	7	1.50	1.75
找熟人	10	2.15	2.51
自己抵制	1	0.21	0.25
不知道	102	21.89	25.56
其他	77	16.52	19.30
合计	466	100.00	116.78

二 农民政治认知水平

从政治学角度分析，政治认知是政治主体对政治生活中各种人物、事件、活动及其规律等方面的认识、判断和评价，即对各种政治现象的认识和理解。① 政治认知由认知者、被认知者和情境三个方面组成，政治认知是这三者交互作用的心理过程。在现实政治生活中，人们对各种政治现象必然要产生一定的心理反应，从而形成较为稳定的政治认知。政治认知是政治文化的基础部分，与政治情感、政治评价等共同构成政治文化的内容。政治文化在政治发展中扮演着重要角色，全面、准确和自主的政治认知有助于促进政治发展。

农民政治认知水平是农民对于政治体系的运作、对政治领导人物和现行法律政策等可能具有的知识程度，是农民政治认识的重要组成部分。现代政治生活都有一套复杂的政治体系，农民要融入政治生活，就要具备相应的政治知识和政治信息，获得更多的认知渠道。农民的政治认知水平与农民的政治行为选择密切相关，进而深刻影响着农村民主制度的运行。农民政治认知水平的提升将提高农民政治参与的积极性和行使民主权利的能力，使农村民主机制有效运转起来；相反，农民政治认知水平的低下会严重降低农民参与政治的主动性，制约农民行使民主权利的能力，进而使农村各项民主制度沦为摆设。

（一）农民对国家领导人、乡村干部、村民代表的认知

表 6 - 8　　　　　　　　中央有个李克强，他是干什么的？

变量	频数	比率（%）	累积比率（%）
国家主席	10	2.33	2.33
国务院总理	299	69.53	71.86
不知道	121	28.14	100.00
合计	430	100.00	

---

① 王浦劬：《政治学基础》，北京大学出版社 2006 年版，第 253 页。

表 6 - 9　　　　　　　　您知道您所在地的乡镇长是谁吗？

变量	频数	比率（%）	累积比率（%）
知道	55	12.79	12.79
不知道	370	86.05	98.84
未作答	5	1.16	100.00
合计	430	100.00	

表 6 - 10　　　　　　　　您知道您村村主任是谁吗？

变量	频数	比率（%）	累积比率（%）
知道	380	88.37	88.37
不知道	50	11.63	100.00
合计	430	100.00	

表 6 - 11　　　　　　　　您知道您村村民代表都是谁吗？

变量	频数	比率（%）	累积比率（%）
知道	260	60.75	60.75
不知道	168	39.25	100.00
合计	428	100.00	

根据上面的数据，我们可以发现，农民对党和国家重要领导人以及村干部的认知程度较高，对村民代表的知晓程度次之，而对乡镇干部了解甚少。具体而言，第一，由于国家重要领导人新闻曝光率较高，农民从电视中可以了解相关知识；第二，与农民利益密切相关的事务主要由村级组织办理，村委会主任和调查对象相邻而居，平时接触较多；第三，从法律上讲，村民代表是由村民推选产生的农民利益代表，是村庄的政治活跃分子，农民理应对他们了解更多。然而，调查数据显示的结果说明，由于村民代表的选举程序和功能发挥存在一定问题，很多村民不了解村民代表；第四，乡镇政府主要领导经常更换，住在城市，很少到村庄走访，更谈不上与农民协商，与村里联络较多的是包村干部。乡镇干部脱离群众，这不仅不利于农村干群关系的改善，也容易造成村庄信息歪曲、截留现象的发生。

（二）农民对法律和政策的认知

农民对与自身密切相关的法律、政策的了解情况也是考察农民政治认知水平的重要方面。令人遗憾的是，《村组法》从试行到现在已经20多年，可竟然有86.28%的调查对象还不太了解（见表6-12）。农民不了解自己的政治权利和农村政治体系的运作规范，这必然会影响农民民主权利的行使和农村民主政治建设。农村土地流转政策与农民利益关系非常密切，近年来，农村土地流转速度加快，调查对象对此问题应该有所了解。调查结果显示，只有33.49%的调查对象回答"知道"（见表6-13）。可见，农民对事关农民利益的法律和政策了解程度不高。

表6-12　　　　您了解《中华人民共和国村民委员会组织法》吗？

变量	频数	比率（%）	累积比率（%）
非常了解	8	1.86	1.86
很了解	10	2.33	4.19
比较了解	41	9.53	13.72
不太了解	371	86.28	100.00
合计	430	100.00	

表6-13　　　　　　　您知道国家的土地流转政策吗？

变量	频数	比率（%）	累积比率（%）
知道	144	33.49	33.49
不知道	286	66.51	100.00
合计	430	100.00	

（三）农民对权利和权力来源的认知

只有绝大多数农民都能懂得干部的权力来自人民以及农民的权利源于法律的授予，农村民主自治制度才能真正落到实处；否则，农民就不能理直气壮地行使手中的政治权利，无法对政治权力运作过程进行有效监督。调查表明（见表6-14和表6-15），大部分农民对政治权力的来源具有基本的认知，只有少部分农民能够正确理解权利的来源。

表 6-14　　　　　　您认为农民的权利是哪里来的？

变量	频数	比率（%）	累积比率（%）
生来就有的	87	20.57	20.57
政府给的	162	38.30	58.87
法律给的	80	18.91	77.78
不知道	94	22.22	100.00
合计	423	100.00	

表 6-15　　　　　　您认为村干部的权力是哪里来的？

变量	频数	比率（%）	累积比率（%）
百姓给的	281	66.12	66.12
政府给的	76	17.88	84.00
法律给的	7	1.65	85.65
不知道	61	14.35	100.00
合计	425	100.00	

（四）农民政治认知渠道

一般而言，政治认知渠道越多、越畅通，农民掌握的政治信息越丰富。调查表明（见表 6-16），农民主要通过电视广播了解国家大事。表 6-17 表明，农民对乡镇事务了解的途径比较分散，主要为"日常聊天""广播""宣传栏""村民大会"等途径。其中，选择"日常聊天"的占总回答人次的比率相对较高，为 23.20%，而高达 46.40% 的调查对象表示对乡镇事务不了解。这表明农民很难通过正式渠道获取乡镇事务的信息。表 6-18 显示，农民主要通过"日常聊天"的方式获取村中大事的信息。

表 6-16　　　　您是通过何途径知道国家大事的？（最多选三项）

变量	频数	占总回答人次的比率（%）	占全部样本的比率（%）
电视广播	353	64.07	84.25
报纸杂志	84	15.25	20.05
日常聊天	51	9.26	12.17
村干部传达	13	2.36	3.10

续表

变量	频数	占总回答人次 的比率（%）	占全部样本 的比率（%）
网络	30	5.44	7.16
其他	20	3.62	4.77
合计	551	100.00	131.50

表6-17　　　您是通过何途径知道乡镇事务的？（最多选三项）

变量	频数	占总回答人次 的比率（%）	占全部样本 的比率（%）
村民大会	17	3.94	4.35
广播	76	17.63	19.44
日常聊天	100	23.20	25.58
宣传栏	27	6.27	6.91
其他	11	2.56	2.81
不了解	200	46.40	51.15
合计	431	100.00	110.24

表6-18　　　您是通过何途径知道村里大事的？（最多选三项）

变量	频数	占总回答人次 的比率（%）	占全部样本 的比率（%）
村民大会	36	7.30	8.98
广播	126	25.56	31.42
日常聊天	165	33.47	41.15
村务公开栏	46	9.33	11.47
其他	120	24.34	29.93
合计	493	100.00	122.95

　　从上面的分析看，农民获得政治信息的途径已经多元化，大众传媒的政治传播作用逐渐增强，网络等新的传播方式出现，但网络没有成为主要的信息传播途径，小道消息在农村政治信息传递过程中依然占据极其重要的位置。因此，必须进一步推动信息渠道正规化和多元化，一是拓宽农村政务和事务公开形式；二是加强网络在农村信息传播过程中的作用，加强对网络的引导和监管；三是减少容易引起信息歪曲的小道消息传播。

综合有关政治认知的分析，在农民政治认知渠道多元化的同时，农民政治认知水平并未得到大幅度提升。究其原因，第一，长期以来，我国发展战略偏于物质主义取向，基层政府和乡村干部不重视农民教育问题，历史上曾经有过的"农民夜校""识字班"等行之有效的教育形式逐渐消失；第二，一些农村基层干部认为农民知识越多越不好管理，实行愚民政策；第三，农民忙于生计，忽略了自我提高和自我完善；第四，农村政治规范与农村政治制度的实际运行状况差异较大，农民缺少在政治实践中学习法律和政策的机会，难以在政治实践中增加对政治体系的了解。要认识到，政治实践是农民习得各种政治知识的大课堂，要通过村民自治和民主协商治理实践传播民主、协商和自治等政治理念，开阔农民的政治视野，提升农民的政治认知水平。要进一步拓展农民获取政治知识的正式渠道，让农民以较低的成本来方便和快捷地获取各种有益的政治知识。

三 农民政治情感水平

农民的政治情感是农民发自内心的心理体验，受农民政治认知的影响，也受农民利益满足程度和思想认识的影响。农民政治情感直接影响农民的政治行为选择，左右农民的政治评价，而且还可能发展成为一种稳定性的感情，影响农民的政治认同。每个农民的思想观念和利益满足程度存在差异，他们的政治情感水平各异，我们只能通过调查数据从总体上反映农民的政治情感水平。

我国绝大多数农民热爱祖国，对祖国抱着赞赏的态度，农民对祖国的政治情感水平较高，农民对自己的家园也有着较强的亲近感（见表6-19和表6-20）。

表6-19　　　　　　　　作为中国人您自豪吗？

变量	频数	比率（%）	累积比率（%）
有	365	84.88	84.88
没有	29	6.74	91.62
说不清	34	7.91	99.53
其他	2	0.47	100.00
合计	430	100.00	

表 6 - 20　　　　　　您对您所在的村庄有感情吗？

变量	频数	比率（%）	累积比率（%）
有	359	83.49	83.49
没有	39	9.07	92.56
说不清	32	7.44	100.00
合计	430	100.00	

为了进一步考察农民对村庄的感情，我们设计了"农民是否关心村庄的未来发展"这一话题。绝大多数农民表示关心村庄的未来发展，回答"非常关心""很关心"和"比较关心"的比率共计达到77.67%（见表6 - 21）。可以看出，农民关心家乡的发展和进步，期待家乡更加美好。农民对村庄发展和农民前途的信心会深深地影响农民对村庄的情感，对村庄发展失望的情绪会减少农民对家乡的热爱之情。调查表明，调查对象回答"很有信心"和"比较有信心"的共计达到59.53%（见表6 - 22）。比较而言，农民对村庄发展的信心程度低于农民对村庄未来发展的关心程度。

表 6 - 21　　　　　　您关心村庄的未来发展吗？

变量	频数	比率（%）	累积比率（%）
非常关心	154	35.81	35.81
很关心	111	25.81	61.62
比较关心	69	16.05	77.67
不太关心	95	22.09	99.76
不知道	1	0.24	100.00
合计	430	100.00	

表 6 - 22　　　　　　您对您村的发展有信心吗？

变量	频数	比率（%）	累积比率（%）
很有信心	153	35.58	35.58
比较有信心	103	23.95	59.53
信心不大	95	22.09	81.62
没有信心	72	16.74	98.36
不知道	7	1.64	100.00
合计	430	100.00	

农民在困难时是否愿意找村组织帮助，反映出农民对村组织的信赖

之情。52.56%的调查对象表示在遇到困难时会向村两委求助（见表6-23）。大部分农民之所以信赖村组织，主要源于他们对农民利益的维护，如果他们践踏农民权益或者对农民利益视而不见，农民有困难时是不会求助于他们的。还要看到，仍有46.51%的农民表示"不会"找村组织（见表6-23），这其中的原因是多方面的，但不排除一些农民对村组织的不信任因素。

表6-23　　　　　　您遇到困难时会找村组织帮忙吗？

变量	频数	比率（%）	累积比率（%）
会	226	52.56	52.56
不会	200	46.51	99.07
其他	4	0.93	100.00
合计	430	100.00	

综合农民的政治情感水平分析，可以看到，大多数农民对国家和自己的家园拥有比较深厚的情感，关心村庄的未来发展，也相信村庄的发展是有前途的，对农村基层组织具有一定的信赖之情。但是，仍有大量农民对村庄的发展前景表示担忧，对村级组织不够信赖。总体上看，当前农民的政治情感水平较高，但要特别注意未来村庄的发展问题和干群关系问题，切实维护农民的利益，如果这些问题解决不好，就会严重降低农民的政治情感水平。

四　农民政治信仰水平

政治信仰，是人们对理想的社会政治制度及其政治价值的追随和信从，是人们的价值理想在政治领域中的集中体现。从一方面看，政治信仰的价值追求似乎与现实政治生活有着某种关联，人们的信仰被认为是可以实现的，现实政治生活应该反映人们的政治信仰，如人们对社会主义、民主的信仰；从另一方面看，人们政治信仰所设定的政治价值与现实政治之间也可以没有什么联系，只是作为一种理想存在，通过这种理想，现实的政治秩序取得了理论上的合理性，如人们对宗教的信仰。①

① 刘泽华等主编：《政治学说简明读本：中国古代部分》，南开大学出版社2001年版，第377页。

政治信仰水平是人们对先进的社会制度和有益于社会发展的政治价值的自觉追求和信从程度，政治信仰水平并不体现为信仰的高度统一，而是表现为多元化的进步的政治价值观和谐相处。高水平的政治信仰对政治发展的作用表现为：一是为政治统治提供合法性来源，取得社会成员的认同和支持；二是为民族和国家的政治凝聚力和向心力服务；三是为政治稳定提供帮助和支持；四是为信仰者提供政治价值判断标准；五是为人们的政治态度和政治实践提供指导。政治信仰水平在政治水平中占据重要位置，分析农民政治水平必须要考察农民政治信仰水平。

表 6 – 24　　　　　　　　　　您信仰什么？

变量	频数	比率（%）	累积比率（%）
我信社会主义	124	28.84	28.84
我信民主	10	2.33	31.17
我信宗教	35	8.14	39.31
我什么都不信	236	54.88	94.19
其他	25	5.81	100.00
合计	430	100.00	

调查表明（见表 6 – 24），半数以上的调查对象政治信仰缺失，54.88% 的调查对象回答"我什么都不信"。此外，有 28.84% 的调查对象信仰社会主义，有 8.14% 的调查对象信仰宗教，还有极少数人信仰民主。形成这一状况的原因非常复杂，一是西方资产阶级的意识形态和价值观念对农民产生了一定的影响；二是社会主义市场经济条件下，人们的政治信仰淡化，物质主义取向明显；三是社会主义暂时处于低潮，人们的社会主义信仰动摇；四是有些党政干部贪污腐败，影响了人们对社会主义的信念；五是传统政治文化中的等级性和专制性制约了人们民主、法治信仰的形成。农村政治发展和政治变革的前提是农民政治信仰的变化，要重视农民政治信仰水平的提高。一是提高农民的幸福指数和执政绩效，让农民感受到社会主义制度的优越性；二是中国特色社会主义理论要反映农民利益；三是采用农民喜闻乐见的方式传播先进的政治理念，培育农民健康向上的政治信仰；四是提升党的政治形象，要注重党的理论与实践的统一以及党的理论与社会发展进步的统一；五是尊重

农民的宗教信仰，引导农民的宗教信仰为农村发展和农村稳定服务，坚决抑制不健康和邪恶的政治信仰在农村传播。

五　农民政治评价水平

农民的政治评价是农民对政治组织、政治角色和执政业绩等的价值判断。

（一）农民对党和国家的评价（见表6-25和表6-26）

表6-25　　　　　　　　您认为党和国家关心农民利益吗？

变量	频数	比率（%）	累积比率（%）
非常关心	217	50.47	50.47
比较关心	150	34.88	85.35
一般	32	7.44	92.79
不太关心	26	6.05	98.84
不关心	5	1.16	100.00
合计	430	100.00	

表6-26　　　　　　　　您对政府提供的公共教育、医疗保障、
养老保障等服务满意吗？

变量	频数	比率（%）	累积比率（%）
满意	311	72.33	72.33
不满意	113	26.27	98.60
不知道	6	1.40	100.00
合计	430	100.00	

就此话题，我们访问了一位大娘，她向调查员表达了对医疗、养老保障的想法。

【访谈记录】6-4

访谈对象：Y村村民C

她说："现在政策比以前好呀！以前要交各种税费，现在什么都不交了，看病能报销，政府每个月还发养老钱，虽然不多，但老百姓觉得

心里温暖。"

在与这些调查对象聊天时还发现，有些人的"不满意"主要是对政策执行过程中出现的不公平、不便利、不透明等问题不满意，而不是对政策本身不满意。农民是中国最大的社会群体，他们为中国现代化做出了巨大的牺牲，随着国家实力的增强，国家要加大惠农力度，逐步解决政策执行中出现的问题，以获得农民更大程度的认同和支持。

（二）农民对农村基层干部的评价

能否维护农民利益是农民评议农村基层干部的基本标准。调查数据表明（见表6－27），接近一半的调查对象认为农村基层干部能够真正维护农民利益。

表6－27　　　　　　　　农村基层干部能维护农民利益吗？

变量	频数	比率（%）	累积比率（%）
会	209	48.60	48.60
不会	99	23.02	71.62
说不清	122	28.38	100.00
合计	430	100.00	

【访谈记录】6－5

访谈对象：Y村村民D

谈到对村干部的评价，他说："村干部啊还行，还能为村民做点儿事，我们有事儿去找他们的时候，他们一般能接待，只要是有用的意见他们也能考虑，不过去的时候得好好跟他们说，你要是弄得跟上门闹事儿似的，人家肯定也不会给咱好脸色看。"

【访谈记录】6－6

访谈对象：N村村民B

对于村干部，这位农民讲道："村干部里面是有一些贪图小利的，光说不做的，但是总的来看还是负责任的人比较多。极少数不负责任的有，走到哪都有，但只要一把手为人比较正，下面这些人也翻不起什么浪来。我们村每人每年可以获得1200元的生活补助，我们称之为'口粮钱'，老人在获得'口粮钱'之外还可获得1800元的老人补助，村民称之为'老人钱'。这些钱的发放还是比较公平的，大家都还比较满意，但是也不能说绝对满意，毕竟只有那么点钱，不可能满足所有人的要求，人都是希望钱越多越好的嘛。"

为了进一步了解农民对农村基层组织及干部的评价，我们让调查对象评议村庄近年来的发展成效。数据表明（见表6－28），认为村庄发展成效"非常好"和"很好"的调查对象共计有27.21%，比回答"一般"的低了11.63%，认为"不太好"和"不好说"的调查对象共计占33.95%。这些数字说明农民对近年来的农村发展成效评价较低。在访谈时，一些农民认为党和国家的政策是好的，但农村干部在贯彻党和国家政策时出现了偏差，进而制约了农村发展和进步。与农民对党和国家及其政策的政治评价水平相比，农民对农村基层干部的评价水平显然低很多。

表6－28　　　　　您认为您村近年来发展成效怎么样？

变量	频数	比率（%）	累积比率（%）
非常好	24	5.58	5.58
很好	93	21.63	27.21
一般	167	38.84	66.05
不太好	113	26.28	92.33
不好说	33	7.67	100.00
合计	430	100.00	

（三）农民对生活状态的评价

为了了解农民总体的政治评价情况，我们对农民是否感到幸福问题进行了调查统计。虽然影响幸福的因素有很多，每个人对幸福的理解也不同，但一般而言，自我感觉幸福的人对国家和社会的满意度较高，政治评价水平也较高。调查发现（见表6－29），88.11%的调查对象都表示自己很幸福，有11.66%的调查对象表示自己不幸福。谈到农村社会治安、食品药品安全、生产安全等具体问题，接近一半的调查对象表示出"不满意"（见表6－30）。整体来看，农民对总体生活状态比较满意，而对农村社会中存在的很多问题不太满意。

表 6 - 29　　　　　您觉得自己幸福吗?

变量	频数	比率（%）	累积比率（%）
是	378	88.11	88.11
否	50	11.66	99.77
不知道	1	0.23	100.00
合计	429	100.00	

表 6 - 30　　您对农村社会治安、食品药品安全、生产安全等状况满意吗?

变量	频数	比率（%）	累积比率（%）
满意	218	50.70	50.70
不满意	206	47.91	98.61
不知道	6	1.39	100.00
合计	430	100.00	

（四）农民对农村基层法院的评价

虽然有很多农民没有和法院打过交道，但是他们从别人的经验和社会舆论中对法院有了一些间接认识。表 6 - 31 的数据表明，接近半数的调查对象相信法院能够公正解决问题，但仍有 20.93% 的调查对象不相信法院能够公正解决问题，有 30.70% 的调查对象不置可否。

表 6 - 31　　　　您相信基层法院能够公正解决问题吗?

变量	频数	比率（%）	累积比率（%）
相信	208	48.37	48.37
不相信	90	20.93	69.30
不知道	132	30.70	100.00
合计	430	100.00	

近年来，农村城市化进程加快，一些乡镇政府和村级组织在土地征收中以权谋私，利用土地流转大肆敛财，漠视农民的权利，一些农民与农村基层组织和干部的感情逐渐疏远，这将会导致农民政治评价水平的进一步下降。

六　农民组织合作水平

农民的组织合作水平是指农民成立、发展与完善农村民间组织的能力。农村民间组织的影响既有积极的一面，也有消极的一面。我们要不断提高农民组织合作水平，让农民自主成立、民主管理和依法运作农村民间组织，抑制农村民间组织的负面作用，释放农村民间组织在丰富农村政治文化、改善农村治理和维护农村政治稳定中的积极作用。

（一）农村民间组织的发展情况（见表 6－32 和表 6－33）

在调查过程中，当我们问及村庄是否有农民经济合作组织或者其他农村民间组织时，绝大部分的调查对象做出了否定性回答。

表 6－32　　　　　　　　您村有农民经济合作组织吗？

变量	频数	比率（%）	累积比率（%）
有	59	13.72	13.72
没有	341	79.30	93.02
不知道	30	6.98	100.00
合计	430	100.00	

表 6－33　　　　　　　　您村还有其他农村民间组织吗？

变量	频数	比率（%）	累积比率（%）
有	123	28.60	28.60
没有	288	67.98	96.58
不知道	19	3.42	100.00
合计	430	100.00	

为了深入了解农村民间组织发展状况，我们找到房子外墙上刷着"大樱桃合作社"的农户进行了解。

【访谈记录】6－7

访谈对象：D 村村民 H

在 D 村村民 H 家中，我们获知了"大樱桃合作社"的一些具体情况。他说："我创办的'大樱桃合作社'是在工商局登记注册过的，是合法的。因为创办这样一个合作组织至少要 6 个人，最低注册资本 30 万元，当时我就借了另外 5 张身份证，自己出资 30 万元。其他 5 个人虽是股东，但只是名义上的，他们不参与经营管理，所有收益都归我自己一人，那5个人只是凑数的。成立这样一个组织主要是用来卖农药，因为私人经营农药许可证很难获批，成立'大樱桃合作社'主要是使农药买卖合法化。至于其他农村民间组织，我们村根本没有，晚上大家自发地跳跳广场舞，也算不上什么组织。"

从调查的情况看，民间组织还没有在中国农村广泛建立起来，有些村庄虽然成立了农民专业合作组织，但有名无实，这些组织要么是为了应付检查，要么是为了利用国家对合作组织的扶持政策谋求好处。更甚的是，近年来，一些别有用心的人为了大肆敛财，利用合作社搞非法集资，坑害农民。

（二）农民对建立农村民间组织必要性的认识

调查数据显示（见表6－34），78.60%的调查对象明确表示非常有必要成立农民自己的组织。

表6－34　　　　　　您觉得成立农民自己的组织有必要吗？

变量	频数	比率（%）	累积比率（%）
有	338	78.60	78.60
没有	83	19.30	97.90
不知道	9	2.10	100.00
合计	430	100.00	

（三）农民的信任度

一般而言，农民既然认为有必要成立农村民间组织，他们就应该积极加入，可调查数据显示的情况并非如此。数据显示（见表6－35），56.55%的调查对象表示不愿意参加农村民间组织，有14.32%的调查对象回答"看情况"。在"您认为单干还是合伙容易致富"这一问题上，56.05%的调查对象选择了前者（见表6－36）；在是否愿意与他人合作问题上以及对村中大伙是否容易想到一起的看法这个问题上，共计有半数左右的调查对象给出了否定答案（见表6－37和表6－38）。

表 6 – 35　　　　　　　　您愿意参加农村民间组织吗？

变量	频数	比率（%）	累积比率（%）
愿意	118	28.64	28.64
不愿意	233	56.55	85.19
看情况	59	14.32	99.51
不知道	2	0.49	100.00
合计	412	100.00	

表 6 – 36　　　　　　　您认为单干还是合伙容易致富？

变量	频数	比率（%）	累积比率（%）
自己干	241	56.05	56.05
合伙干	76	17.67	73.72
看情况	102	23.72	97.44
不知道	11	2.56	100.00
合计	430	100.00	

表 6 – 37　　　　　　　　您是否愿意与他人合作？

变量	频数	比率（%）	累积比率（%）
愿意	180	41.86	41.86
不愿意	221	51.40	93.26
不知道	29	6.74	100.00
合计	430	100.00	

表 6 – 38　　　　　　　您认为村中大伙容易想到一起吗？

变量	频数	比率（%）	累积比率（%）
容易	97	22.56	22.56
不容易	197	45.81	68.37
看什么事	123	28.60	96.97
不知道	13	3.03	100.00
合计	430	100.00	

　　为什么会出现这样的情形？访谈中，一位农民谈了他的想法。

【访谈记录】6-8

访谈对象：P村村民E

"我们村庄派系斗争非常激烈。村里至少存在两个派系，一派为支持现任村委会主任的，另一派为反对现任村委会主任的，两派至今仍争斗不休，合作起来非常困难。村民之间也不太信任，很多村民对与他人合作做事不积极，担心上当受骗。"

综合上面的分析，我们可以看到，农村民间组织发展水平低下。其实，制约农村民间组织发展的因素还有很多，主要包括：第一，农村基层政府对农村民间组织引导、扶持和监督不到位。在中国，农村民间组织虽然算不上新生事物，但农民缺乏在市场经济条件下规范运作农村民间组织的相关知识，缺少启动农村民间组织的资金，而农村基层政府没有给予应有的引导和资金方面的支持。当有些农村民间组织实施违法行为或骗取国家政策优惠时，政府监督和法律监督不到位，农民利益受到损害。第二，农村基层干部的政治素质有待提高。在发展农村民间组织问题上，有的农村基层干部对国家发展农村民间组织的政策所知甚少；对违法运转的农村民间组织视而不见；对合法运行的农村民间组织强行干预。正是由于这些问题，农村民间组织的发展出现了偏差。第三，农民素质需要进一步提升。农村民间组织的发展要依靠广大农民的努力，但有的农民仍然非常保守，对成立农村民间组织这类新生事物不感兴趣，缺乏合作所需要的信任、妥协、协商精神。因此，要积极发挥对农村基层组织的扶持、引导和监督作用，重视农村基层干部的教育和培训，更要培养农民的公共精神和自立意识。

七　农民政治道德水平

这里的政治道德是广义上的，主要是指某一个群体或者阶级的道德。农民政治道德关注的是农民在政治生活中以一定的社会道德调整人与人之间的政治关系的道德现象。

（一）农民的公共意识

农民对待村里公共事务和公益事业的态度能够反映出农民的公共意识（见表6-39）。

表 6 - 39　　　　　　　　　如果您支持村里干某个事，是因为什么？

变量	频数	比率（％）	累积比率（％）
只要对自己有利就行	61	14.22	14.22
对村里有利，对我也有利	286	66.67	80.89
对我没害处，而对村里有利	68	15.85	96.74
对我有坏处，但对村里有利	7	1.63	98.37
不知道	7	1.63	100.00
合计	429	100.00	

当公共利益与个人利益发生冲突时，农民的态度又如何？如表 6 - 40 所示，有 42.66％ 的调查对象愿意做出让步，有 36.83％ 的调查对象持观望态度，17.95％ 的调查对象明确表示"不愿意"。当进一步问及"您不赞成村民大会决定时会怎样"时，接近半数的调查对象回答"执行"，而 18.29％ 的调查对象拒绝执行，还有 37.05％ 的调查对象视情况而定（见表 6 - 41），这和上面的数据相互呼应、相互印证。总的来看，接近半数的农民能够以公共利益为重；有超过 30％ 的农民游移不定；有接近 20％ 的农民不会为了集体利益而放弃个人利益。

表 6 - 40　　　　　　　　　您愿意为集体利益做出让步吗？

变量	频数	比率（％）	累积比率（％）
愿意	183	42.66	42.66
不愿意	77	17.95	60.61
看什么事	158	36.83	97.44
不知道	11	2.56	100.00
合计	429	100.00	

表 6 - 41　　　　　　　　　您不赞成村民大会决定时会怎样？

变量	频数	比率（％）	累积比率（％）
执行	181	42.99	42.99
不执行	77	18.29	61.28
看情况	156	37.05	98.33
其他	7	1.67	100.00
合计	421	100.00	

（二）农民的正义观

正义是道德的核心和支柱，人类的很多美德都需要正义感支撑。柏拉图把正义列为古希腊的"四主德"之一，而亚里士多德则把正义当作美德的全部。①

正义既表现在思想层面也表现在行为上，农民在选举时的价值取向能够从一定程度上反映出农民对待正义的态度。面对村干部的选择，数据表明（见表6－42），大部分农民具备了正义观念。如表6－5所示，在上一次村民委员会选举中，有36.85%的调查对象把选票投给了"敢于为村民主持正义的人"，有13.94%的调查对象投给了"人品好"的人。数据还显示，有22.71%的调查对象看重的是"能维护自己利益的人"，有13.15%的调查对象更在意候选人的经济能力。

表6－42   您认为哪种人最应该当选村干部？

变量	频数	比率（%）	累积比率（%）
有经济头脑的人	50	11.79	11.79
能为村民办事的人	245	57.78	69.57
正派的人	80	18.87	88.44
大姓家族的代表	6	1.42	89.86
其他	43	10.14	100.00
合计	424	100.00	

（三）农民的民主观念

从词源学上讲，民主就是人民的权力或统治，是人类社会共同追求的价值目标。20世纪80年代以来，中国农村实行了村民自治制度，确立了发展农村基层民主的政治方向。农民的民主素质是完善农村基层民主的关键因素，是否主张民主也成为考察农民政治道德水平的重要方面。

民主决策是农村基层民主的核心内容，农民对村中大事如何决定的

---

① 亚里士多德认为，所有美德中唯有正义被认为是与人为善，因为正义关联到我们的邻人，正义主张做有利于他人的事，不管他人是统治者，还是同伴。参见智邦《中外名人跟你说伦理道德》，花城出版社1994年版，第131页。

看法最能反映农民的民主意识。如表 6－43 所示，45.35% 的调查对象主张村中大事应该由"村民商议决定"，排在第一位；19.30% 的调查对象主张村中大事应该由"村民代表决定"，排在第二位；而选择"村支书决定""村主任决定""村党支部决定""村委会决定"的共计为17.91%。由此观之，经过 20 多年的农村基层民主政治建设，大部分农民已经具有较强的民主决策意识。

表 6－43　　　　　　　　　您认为村庄的大事怎样解决好？

变量	频数	比率（%）	累积比率（%）
村民商议决定	195	45.35	45.35
村委会决定	43	10.00	55.35
村党支部决定	19	4.42	59.77
村民代表决定	83	19.30	79.07
村支书决定	10	2.33	81.40
村主任决定	5	1.16	82.56
其他	75	17.44	100.00
合计	430	100.00	

（四）农民的主体意识

历史唯物主义告诉人们，人民群众是推动社会发展的主要力量。广大农民是新农村建设的主体，农村发展既要依靠农民主体作用的发挥，又要以农民的利益为中心。农民是否具备主体意识不仅关系到农民责任观念的树立，而且关系到农村基层民主政治建设的成败。表6－44 显示，51.40% 的调查对象认为普通老百姓是微不足道的，11.63% 的调查对象"说不清"，只有36.74% 的调查对象认为只强调领导的作用是不对的。那么，农民又是如何看待村庄发展中干部和群众的作用呢？超过一半的调查对象仍然认为村庄的发展关键在于村干部，普通村民的作用不大，而且还有12.12% 的调查对象"说不清"，只有36.13% 的调查对象不同意"村庄好不好，关键在村干部"（见表6－45）。

表6-44 国家好不好，关键在领导吗？

变量	频数	比率（%）	累积比率（%）
是	221	51.40	51.40
不是	158	36.74	88.14
说不清	50	11.63	99.77
未作答	1	0.23	100.00
合计	430	100.00	

表6-45 村庄好不好，关键在村干部吗？

变量	频数	比率（%）	累积比率（%）
是	220	51.28	51.28
不是	155	36.13	87.41
说不清	52	12.12	99.53
未作答	2	0.47	100.00
合计	429	100.00	

由此看来，无论是从国家层面看，还是从村庄角度看，农民的主体意识都很弱。形成这种现状的原因是非常复杂的，其中，传统封建文化的影响和权力过分集中的政治体制的塑造是主要的因素。要进一步落实农村基层民主制度，扩大农民政治参与，开展民主协商，让农民在实践中感受到自身在国家大事和村庄事务中的影响力，提高农民的政治功效感。

综合有关农民政治道德水平方面的数据，我们可以看出，大部分农民已经树立了较强的公共意识，但大部分农民不会为公共利益牺牲个人利益或者对为公共利益牺牲个人利益持观望态度；大部分农民看重正义的价值，但仍有接近一半的农民在行为选择中并不以正义为取向；大部分农民确立了民主意识，但大部分农民的主体意识较弱。可见，改革开放以来，农民政治道德意识不断加强，但要把农民的道德意识转化为行为还有很长的路要走。

八　农民政治参与水平

表 6-46　　　　您参加村民委员会选举的原因是什么？

(最多选三项)

变量	频数	占总回答人次的比率（%）	占全部样本的比率（%）
村民权利	127	33.42	42.33
希望自己人当选	135	35.52	45.00
响应村干部号召	34	8.95	11.33
村里给好处	34	8.95	11.33
随大流	25	6.58	8.34
不知道	25	6.58	8.34
合计	380	100.00	126.67

（一）农民政治参与动机理性化水平

农民政治参与理性化程度可以通过农民投票动机表现出来。从表 6-46 看，调查对象政治参与的动机多种多样。为了能够深入了解农民参与选举的动机，我们访问了 N 村村干部 A、N 村村民代表 A 和 P 村村民 F。

【访谈记录】6-9

访谈对象：N 村村干部 A

谈到选举，村干部 A 有些兴奋，他说："村民委员会选举竞争非常激烈，村里分成两派，选举之前都分头做工作。2004 年选举时，村委会主任仅以一票的优势当选，每一票都很重要。很多选民都是为了自己支持的候选人能够当选而参选的。"

【访谈记录】6-10

访谈对象：N 村村民代表 A

"选举是公民的权利和义务。选举时要把票投给能为村民办事的，村里每年福利开支很大，没有能力是不行的，现任的村委会主任非常能干，我给他投了一票。"

【访谈记录】6-11

访谈对象：P村村民F

"上一次村民委员会选举时，村里干部动员咱去投票，领导信任咱，咱得听领导的，要不这样，以后在村里办事就不容易了。再者说，别人都去投，咱也得随大流。"

从前面的数据和访谈记录看，少数调查对象希望通过参与选举给自己支持的候选人投上一票，这是一种能够支撑农民自主参与的理性动机。为了"村里给好处"而投票是一种利益动机，但这种动机是被动的、外在的，无法成为支撑农民参与选举的持久性动机。至于为了"村民权利"而投票，这是一种听起来冠冕堂皇的动机，是为了提高参选率而选择的动员口号。这一动机往往与高度的动员型政治参与相伴，"而在公民的主动性参与中，这一动机却并不占主导地位"①。历史也告诉人们，仅凭某种高尚的信念进行政治参与，是无法实现政治参与的稳定性和持续性的，有时可能会出现政治参与热情高涨，有时可能又会陷于政治冷漠。选择这一动机的调查对象自主意识不强，没有从自身利益出发进行理性的思考，当然不排除个别调查对象在口头上的权利动机之下掩盖着利益动机或者确实具有很强的权利意识。选择"响应村干部号召"说明有些调查对象缺乏选举的自主意识，处于动机模糊和权力服从状态，"随大流"的选择更是如此。从总体上看，农民政治参与动机的理性化程度不高。

（二）农民政治参与行为制度化水平

农民政治参与行为制度化意味着农民通过合法途径从事政治参与行为。

1. 农民对政治参与制度的认同

人们是否认为自己拥有合法途径反映和维护自己的合法利益，能够在一定程度上反映人们对政治参与制度的了解和认同程度。调查数据表明（见表6-47），高比例的调查对象认为自己没有维护自己合法权益的途径，这说明农民要么不了解合法参与渠道，要么不认可这些合法参与途径。农民之所以不认同这些政治参与制度，主要是因为这些政治参与渠道不够畅通，农民很难通过这些正规渠道维护自己的合法权益。

---

① 陶东明、陈明明：《当代中国政治参与》，浙江人民出版社1998年版，第209页。

表6－47　　您认为您有合法途径反映和维护自己的合法利益吗？

变量	频数	比率（%）	累积比率（%）
有	220	51.40	51.40
没有	198	46.26	97.66
不知道	10	2.34	100.00
合计	428	100.00	

2. 农民政治参与行为选择

农民政治参与制度化程度可以通过农民利益受损时的行为选择表现出来。

如表6－48所示，大部分农民在利益受到侵害时，会选择制度化政治参与行为维护自己的权益。7.86%的调查对象选择了"上访"，选择"上访"并不意味着就是通过非法途径维护权利，但有些农民"上访"往往伴随着过激的非法行为。共计有11.49%的调查对象选择了"跟上级闹"和"报复对方"的非法途径。有24.40%的调查对象选择了"忍耐"，这些人往往对现有政治参与制度感到失望，认为通过合法途径维护权利的成本过高或者希望不大。另外，还有5.24%的调查对象选择了"其他"，如打仗、找熟人帮忙等。可以看出，面对权益损害，接近一半的调查对象或者忍耐顺从，或者直接采用非制度化参与行为维护权益。

表6－48　　　　当您的权益受到损害时，您的态度是？

(最多选三项)

变量	频数	占总回答人次的比率（%）	占全部样本的比率（%）
寻求法律帮助	133	26.81	30.93
找村干部反映	120	24.20	27.91
忍耐	121	24.40	28.14
上访	39	7.86	9.07
跟上级闹	40	8.06	9.30
报复对方	17	3.43	3.95
其他	26	5.24	6.05
合计	496	100.00	115.35

就此问题，我们与 N 村村干部 A 进行了面对面交谈。

【访谈记录】6－12

访谈对象：N 村村干部 A

他说："2004 年烟台市上访情况比较严峻，我们村也在上访，不知道你们听没听说过，我们村上访的群众把市政府的门都砸了，把人给打了，参与上访的村民人数达到 1000 多人。"

表 6－49　　　　　　　　　您村亲戚关系对选举有影响吗？

变量	频数	比率（%）	累积比率（%）
很大	129	30.00	30.00
一般	222	51.63	81.63
没有	65	15.12	96.75
其他	14	3.25	100.01
合计	430	100.00	

家族是影响农民政治参与行为选择的重要因素。我们调查的 Y 村村民主要由一个大姓构成，其他小姓势力很小。大姓内部的亲缘关系存在远近，人们在投票时往往选择与自己亲缘关系比较近的候选人，并期待以后能得到亲戚的特殊照顾。表 6－49 显示，认为亲戚关系对选举有"很大"影响的占 30.00%，亲戚关系对选举的干预在对 Y 村村干部 B 的访谈中得到了证实。

【访谈记录】6－13

访谈对象：Y 村村干部 B

谈起上一次村民委员会选举，这位村干部滔滔不绝地说："虽然我们村村民委员会选举程序非常规范，但农村情况非常复杂，一些农民的亲戚观念很重，村民委员会选举无法摆脱亲戚观念和人情关系的影响。"

家族和亲戚关系介入到选举等政治活动中，容易导致农民平等观念和正义理念的丧失，造成农村基层民主制度的扭曲，引发农村治理矛盾和问题。

行贿和请客送礼等是人格化的政治参与形式。虽然我们在问卷中设计了这个问题，但很多调查对象都笑而不答。在与 P 村村干部 C 的交谈中，他谈到了请客送礼现象，但这一现象发生在平常生活中，很难与礼尚往来区别开来，比较隐晦。

【访谈记录】6-14

访谈对象：P 村村干部 C

"现在实行的村干部选举制度比以前的上级任命制度好，村干部要和群众搞好关系，不能眼睛只往上面看，否则，老百姓不给你投票。但选举制度也不是没有弊端，想当村干部的为了得到更多支持，平时就采取各种拉关系的方法，如送礼、请客等，村干部当选后还要用自己的权力维护这些关系，不敢大胆和公正地办事，影响了村庄的团结和发展。"

其实，只要是候选人或其代理人以金钱、实物等方式改变了选民的投票取向，使投票人将票投给这一候选人，就是贿选。也就是说，只要存在采用物质方式交换选票的行为，无论其成功与否，都可以界定为贿选。但在农村生活中，贿选取证非常困难，农民生活在熟人社会，不愿意得罪乡里乡亲。当然，出现贿选现象并不绝对是坏事，这说明农民手中的选票具有了一定的价值。贿选的存在也说明，农民还不够珍视手中的选举权，往往为区区小利就出卖了自己的选票。一些人不择手段竞选村干部，表明农村民主管理还不够完善，村干部可以用手中权力牟取各种私利。总之，贿选破坏了候选人之间的公平竞争，是对弱者权利的侵害，是政治生活中的不健康现象，必须依法严格管理。

综合上面的分析，无论是农民对政治参与制度认同状况，还是农民政治参与行为选择状况，都说明农民政治参与行为制度化水平不容乐观，家族、行贿等在政治参与中的影响依然存在。要在不断完善农村政治制度的同时，把农民政治参与纳入制度化的轨道，尽量减少和抑制非制度化的政治参与现象。

（三）农民政治参与形式多样化水平

农民政治参与形式多元化是指农民采用多种多样的方式影响政治生

活。20 世纪 80 年代末，农村村民自治制度的实行给农民政治参与形式的进一步拓展提供了政治机遇，农民可以通过选举参与、决策参与、管理参与和监督参与等形式影响农村政治决定。

1. 选举参与

村民委员会选举是农村村民自治的窗口，农民通过投票选举自己的当家人已经成为农村基本的政治规则和政治现实。

第一，参与村民委员会选举。

如表 6 – 50 所示，91.38% 的调查对象认为该村村民委员会是民主选举产生的，上级任命村干部的时代已经过去了，村干部的权力来源于村民的授予。69.77% 的调查对象参与了上一届村民委员会选举（见表 6 – 51）。仍有 30.23% 的调查对象没有参加上一届村民委员会选举，这一数字比村委会上报给相关部门的参选率数据低很多。一些人没有参加选举的原因很复杂，有的人认为选谁都一样，有的人觉得自己的选票没有用。

表 6 – 50　　　　　　　您村村委会是民选的吗？

变量	频数	比率（%）	累积比率（%）
是	392	91.38	91.38
不是	16	3.73	95.11
说不清	21	4.89	100.00
合计	429	100.00	

表 6 – 51　　　　　　　您参加上一届村委会选举了吗？

变量	频数	比率（%）	累积比率（%）
参加了	300	69.77	69.76
没参加	130	30.23	100.00
合计	430	100.00	

村民委员会选举程序比较规范，参选者中的 80.33% 认为自己了解候选人并能在多个候选人之间自由选择（见表 6 – 52）。70.23% 的调查对象认为民主选举投票是有作用的（见表 6 – 53），调查对象的政治功效意识较强。

表 6 - 52　您是否了解候选人并能在多个候选人之间进行自由选择？

变量	频数	比率（%）	累积比率（%）
是	241	80.33	80.33
不是	25	8.33	88.66
说不清	34	11.34	100.00
合计	300	100.00	

表 6 - 53　　　　　　您认为民主投票选举有作用吗？

变量	频数	比率（%）	累积比率（%）
有	302	70.23	70.23
没有	83	19.30	89.53
不知道	45	10.47	100.00
合计	430	100.00	

我们还可以通过访谈记录了解上一次村民委员会选举的一些情况。

【访谈记录】6 - 15

访谈对象：D 村村干部 D

"我们村村民委员会选举按照上级规定定期举行，选举程序非常规范，否则，一旦选民提出程序问题，选举就作废了。在选举过程中，我们先由村民代表选出村民选举委员会7人；然后，通过预选选出村民委员会成员候选人7人；最后，投票选出村民委员会主任和委员共5人。"

【访谈记录】6 - 16

访谈对象：D 村村务监督委员 B

谈到上一届村民委员会选举，这位村务监督委员滔滔不绝地说："在选举之前，村委会要制定村民委员会选举章程，由村民代表会议通过。第一轮是推选7位候选人，和海选一样。然后从这7职中选出5职，这次投票要标注主任、副主任和委员，在都过半数的情况下谁票多谁就当选主任。村委会是5职，有2职与村支部交叉，一个是村主任与书记，另一个是妇女主任与支部委员。选举程序是规范的，两派竞争很激烈。"

对村干部和村务监督委员的访谈进一步证实，农村村民委员会选举依法进行，已经走上了正轨。村民通过选举投票达到了参与村庄政治生活的目的，村庄政治精英必须通过竞争村民手中的选票获得村干部的资格，村民委员会的政治合法性得到了加强。

第二，参与村党支部选举。

根据《中国共产党农村基层组织工作条例》的规定，村党支部是党在农村的基层组织，是党在农村全部工作和战斗力的基础，是村各种组织和各项工作的领导核心，村党支部由党员大会选举产生。近年来，随着村民自治制度的实行，为了获得更多群众的政治认同，一些地方村党组织在选举时引入普通农民推荐环节，采用"两推一选"的方式，即先由全体村民推选，党员推选，然后再由党员大会正式选举。"两推一选"的实行解决了村党组织群众授权缺位的问题，取得了与村民委员会同样的群众基础，巩固了村党组织的领导核心地位。在 N 村，村党支部成员先由全体村民推荐，再由全体党员选举，票数必须达到全部党员的半数以上，这是把"两推一选"转变为"一推一选"的做法。

【访谈记录】6 - 17

访谈对象：N 村村会计 A

"上一次村支部选举先由老百姓推选，老百姓推选的支部候选人人数多，有 10 多个人。然后，由党员选出支部的 5 职，票数都要在半数以上。我们村是大村，100 多个党员都参加了选举。最后，由这 5 个人选出支部书记。"

第三，参与区县或乡镇人民代表大会代表选举。

参与区县或者乡镇人民代表大会代表选举是农民法定的政治权利，是农民采用制度化方式影响国家政治生活的主要途径，但在实际运作中，农民的这项重要权利往往成为虚设（见表 6 - 54）。

表 6 - 54　　　您参加上一届区县或乡镇人大代表选举了吗？

变量	频数	比率（%）	累积比率（%）
参加	45	10.74	10.74
没参加	374	89.26	100.00
合计	419	100.00	

【访谈记录】6–18

访谈对象：Y 村村会计 B

谈到区县或乡镇人大代表选举，这位村会计有点儿激动，他说："乡镇人大代表候选人是上面指定的，有的认识，有的不认识。村里派人拿着票箱子挨家挨户地投票，走走过场就是了。虽然是差额，大家都明白最后一个是被差掉的，选了也白选，干脆就不选了。投票时，有的选票让选民自己填写，有的选票干脆由组长统一填写。我说的是实话，只能在这里说说。"

综合选举参与的数据，我们可以看到，农民选举参与主要体现在村民委员会选举上，农民的选票起着举足轻重的作用。农民对村党支部选举的参与主要体现在选举候选人上，农民的选票起到推荐作用，但不是决定性的作用。农民对区县或者乡镇人大代表选举的参与只是一个形式，农民的选票无足轻重。

2. 决策参与

民主决策是村民自治的重要内容，是农民行使民主权利的集中体现。村民会议、村民代表会议、村民小组会议是村民行使民主决策权利的主要形式。《村组法》规定，涉及村民利益的重要事项，必须要由村民会议讨论决定才可办理；在人数较多的大村或者居住分散的村庄，可以召集村民代表会议，讨论决定由村民会议授权的事项；属于村民小组的公共事务以及公益事项的办理，由村民小组会议依法讨论决定。因此，村民会议、村民代表会议和村民小组会议的召集和运行状况集中体现了农民决策参与水平。此外，在有些村庄，农民可以通过听证会、民主恳谈会等形式参与村庄事务的决策。

第一，参与村民会议。

村民会议由本村18周岁以上的村民组成，是村民直接行使民主权利的组织形式，具有鲜明的直接民主特性。在调查中发现，绝大部分调查对象认为自己所在村庄的村民会议只有在选举时才召开（见表6–55），平时并不召集开会。据一位村干部讲，该村人口太多，召集村民会议非常困难。村民会议主要是选举新一届村民委员会成员，并不就涉及村民利益的重要事项进行讨论，也不征求村民对村中事务的意见和建议。数据显示，认为自己从未在村民会议上提过意见或建议的调查对象共计92.00%（见表6-56）。

表6-55　　　　　　　您村村民会议多长时间召开一次？

变量	频数	比率（%）	累积比率（%）
三个月一次	5	1.16	1.16
半年一次	5	1.16	2.32
一年一次	18	4.19	6.51
三年选举时	398	92.56	99.07
其他	4	0.93	100.00
合计	430	100.00	

表6-56　　　　　　　您在村民会议上提出过建议吗？

变量	频数	比率（%）	累积比率（%）
提过	11	3.67	3.67
没提过	276	92.00	95.67
其他	13	4.33	100.00
合计	300	100.00	

第二，参与村民代表会议。

数据表明（见表6-57），只有60.75%的调查对象知道谁是村民代表，38.32%的调查对象不知道村民代表是谁，这意味着虽然存在村民代表制度形式，但一些村民似乎不太关注。正如表6-58所示，只有23.26%的调查对象会向村民代表反映意见。

表6-57　　　　　　　您知道谁是村民代表吗？

变量	频数	比率（%）	累积比率（%）
知道	260	60.75	60.75
不知道	164	38.32	99.07
没有	4	0.93	100.00
合计	428	100.00	

表 6 – 58　　　　　　　　您会向村民代表反映意见吗？

变量	频数	比率（%）	累积比率（%）
反映	100	23. 26	23. 26
不反映	160	37. 21	60. 47
未作答	170	39. 53	100. 00
合计	430	100. 00	

村民代表理应代表村民的意志参与决策，很多村民不向代表提出意见和建议，村民代表会议决策的合法性就会受到质疑。表 6 – 59 的数据表明，25. 12% 的调查对象认为村民代表会议没什么作用，29. 76% 的调查对象对村民代表会议的作用不清楚。

表 6 – 59　　　　　　　　您认为村民代表会议有用吗？

变量	频数	比率（%）	累积比率（%）
有作用	194	45. 12	45. 12
没作用	108	25. 12	70. 24
不清楚	128	29. 76	100. 00
合计	430	100. 00	

看起来，我国农村普遍建立了村民代表会议制度，但村民代表会议制度的运作很不规范，只有少部分村民会向村民代表反映意见或建议。村民代表会议的功能主要表现在沟通信息和上传下达方面，其决策功能没有充分发挥出来。

第三，参与村民小组会议。

村民小组会议由本小组 18 周岁以上的村民组成，讨论决定属于村民小组的公共事务和公益事项，是村民影响本小组政治决定的另一种直接民主方式。从表 6 – 60 的数据可以看出，80. 93% 的调查对象在村民小组会议上没有提出过意见或建议，村民小组会议这一直接民主形式发挥作用有限。

表 6 – 60　　　　　　　　您在村民小组会议上提出过意见吗？

变量	频数	比率（%）	累积比率（%）
提过	45	10. 47	10. 47

变量	频数	比率（%）	累积比率（%）
没有提过	348	80.93	91.40
没召开过	32	7.44	98.84
未回答	5	1.16	100.00
合计	430	100.00	

第四，参与"一事一议"。

筹资筹劳是为了兴办村民直接受益的集体生产生活等公益事业，经"一事一议"民主程序确定的由村民出资出劳的行为。村中是否就筹资筹劳举办"一事一议"以及村民或户代表的参与情况体现了村民对村中事务的影响力。

调查发现，绝大部分调查对象认为没有举行过"一事一议"（见表6-61）。据某村村干部解释，"一事一议"程序非常复杂，上级政府检查非常严格，所以就从未举办过。

表6-61　　　　　　　　　您村有过"一事一议"吗？

变量	频数	比率（%）	累积比率（%）
有过			
没有过	411	95.58	95.58
不清楚	19	4.42	100.00
合计	430	100.00	

第五，参与基层政府和村里的民主协商会议。

近年来，一些地方官员和村干部为了提高决策的合法性和缓解各种社会矛盾不断探索新的民主形式，出现了民主恳谈会、听证会、干部接待日等民主协商治理形式。这种新的民主形式是对选举民主、多数代表民主的补充和超越，更加接近民主的本质，有利于进一步实现民众的民主决策权利。然而，调查表明，农民对这种新的民主协商治理形式感到非常陌生，97.67%的调查对象都没参加过各种民主协商会议（见表6-62），高达84.19%的村民认为村中关系到村民利益的大事不会让村民讨论商量（见表6-63）。

表 6 - 62　　　　　　　您参加过民主协商之类的会吗？

变量	频数	比率（%）	累积比率（%）
参加过	4	0.93	0.93
没参加过	420	97.67	98.60
其他	6	1.40	100.00
合计	430	100.00	

表 6 - 63　　　　　　　关系村民利益的事会让村民协商吗？

变量	频数	比率（%）	累积比率（%）
会	49	11.40	11.40
不会	362	84.19	95.59
不清楚	19	4.41	100.00
合计	430	100.00	

第六，农民对参与决策的评议。

为能够从总体上了解农民对决策参与的看法，我们考察了村民意见是否能够影响村里决策这一问题。67.21%的调查对象回答"不能"，这一数字与回答"不清楚"的数字相加达到89.30%（见表 6 - 64），这说明农民在决策参与方面的总体水平不高，大部分农民处于决策参与之外。那么村里的大事究竟是如何决定的呢？表 6 - 65 的数据表明，回答"村民代表会议决定"的调查对象为37.62%，回答"书记和主任决定"的为28.97%。为了进一步弄清农村的决策机制，我们对村民代表进行了访谈。

【访谈记录】6 - 19

访谈对象：P 村村民代表 C

"村里要做什么事一般由村书记提出来，我们村书记和村主任是一个人兼任的。村两委会对村书记的想法进行商议，然后把具体的实施意见提交给村民代表会议，由村民代表会议讨论通过。村书记很能干，村民代表和村支书关系好，当然支持村书记。"

从对这位村民代表的访谈得知，P 村实际上是村书记说了算。一方面，村书记非常有能力；另一方面，村民代表之所以能够当选离不开村书记的支持，村民代表不会反对村书记的提议，村民代表会议只不过是一个形式。

表 6 – 64 村民意见能够影响村里的决策吗？

变量	频数	比率（%）	累积比率（%）
能	46	10.70	10.70
不能	289	67.21	77.91
不清楚	95	22.09	100.00
合计	430	100.00	

表 6 – 65 村里的大事是怎样决定的？

变量	频数	比率（%）	累积比率（%）
村民大会	3	0.70	0.70
村民代表会议决定	161	37.62	38.32
村两委	48	11.21	49.53
书记和主任决定	124	28.97	78.50
其他	92	21.50	100.00
合计	428	100.00	

综合决策参与的数据看，农民的决策参与权利还没有得到很好的实现，农民无法通过村民大会、村民代表会议、村民小组会议、"一事一议"、各种基层政府和村里的民主协商会议等进行充分的决策参与，除村民代表会议发挥一定作用外，其他各种民主决策机制要么没有建立，要么成为摆设。

3. 管理参与

依照村民自治相关规定的要求，村民要共同制定村民自治章程，并依照村民自治章程管理村中事务。管理参与就是村民参与村民自治章程制定活动以及村中事务的管理。

第一，参与制定村民自治章程。

村民是否参与制定章程和章程是否发挥作用是管理参与能否实现的集中体现。数据显示（见表 6 – 66），认为该村"没章程"和"不清楚"的占大多数，认为"有章程"的只占43.72%。在调查过程中，调查员在 N 村某家墙上发现了村规民约，据说是村里发的，因为时间长了，所以好多人已经忘记。在这些回答"有章程"的调查对象中，92.55%没有参与章程的制定（见表6－67）。41.49%的调查对象不知道是怎么制定的，回答"全体村民制定的"只占3.72%（见表6－68）。共有71.28%认为章程实际"没有作用"和"不清楚"（见表6－69）。

表6－66　　　　　　　　您村有村民自治章程或村规民约吗？

变量	频数	比率（%）	累积比率（%）
有章程	188	43.72	43.72
没章程	78	18.14	61.86
不清楚	164	38.14	100.00
合计	430	100.00	

表6－67　　　　　　　　您参与制定村民自治章程了吗？

变量	频数	比率（%）	累积比率（%）
参与过	12	6.38	6.38
没参与过	174	92.55	98.93
不记得	2	1.07	100.00
合计	188	100.00	

表6－68　　　　　　　　村民自治章程是怎样制定的？

变量	频数	比率（%）	累积比率（%）
上级制定的	30	15.96	15.96
全体村民制定的	7	3.72	19.68
村民代表通过的	64	34.04	53.72
村委会制定的	9	4.79	58.51
不知道	78	41.49	100.00
合计	188	100.00	

表6－69　　　　　　　　章程有作用吗？

变量	频数	比率（%）	累积比率（%）
有作用	54	28.72	28.72

变量	频数	比率（%）	累积比率（%）
没作用	88	46.81	75.53
不清楚	46	24.47	100.00
合计	188	100.00	

可见，大部分农民不知道村民自治章程的存在，村民自治章程也不是村民集体制定的，有的村委会只是按照上级的要求下发过简单的村规民约，但没有发挥作用。

第二，参与村庄管理。

村民参与村庄管理的形式多种多样，村民可以通过向村干部、村民代表提出意见、建议来参与村里的日常管理，也可以通过建立村务监督小组或者民主理财小组参与村里的财务管理。

调查数据显示，83.26%的调查对象都没有向村干部提过意见或建议（见表6-70），只有少部分调查对象会向村民代表提意见（见上表6-58）。表6-71的数据表明，35.35%的调查对象认为，如果提意见，村干部和村民代表也不会理睬，只有25.58%的调查对象认为村干部会认真考虑。据此可以看出，村民以提意见和建议的方式参与村庄民主管理还没有真正落到实处。近年来，一些村庄建立了村务监督小组，但知道有这个机构的调查对象还不足一半（见表6-72）。在回答"有"村务监督小组的200位调查对象中，只有18.00%的调查对象认为这个小组能有些作用（见表6-73）。

表6-70　　　　　　您是否向村干部提过意见或建议？

变量	频数	比率（%）	累积比率（%）
提过	67	15.58	15.58
没提过	358	83.26	98.84
不记得	5	1.16	100.00
合计	430	100.00	

表 6 – 71　　　　　　　　　如果您提意见，结果会怎样？

变量	频数	比率（％）	累积比率（％）
认真考虑	110	25.58	25.58
不予理睬	152	35.35	60.93
不知道	168	39.07	100.00
合计	430	100.00	

表 6 – 72　　　　　　　　　您村有村务监督小组吗？

变量	频数	比率（％）	累积比率（％）
有	200	46.62	46.62
没有	54	12.59	59.21
不知道	175	40.79	100.00
合计	429	100.00	

表 6 – 73　　　　　　　　　您村村务监督小组管事吗？

变量	频数	比率（％）	累积比率（％）
管事	36	18.00	18.00
不管事	105	52.50	70.50
不知道	59	29.50	100.00
合计	200	100.00	

为了了解村务监督小组运行的情况，调查员访问了 P 村村务监督小组成员。

【访谈记录】6 – 20

访谈对象：P 村村务监督委员 A

当我们问起村务监督小组的有关情况时，这位村务监督委员会委员告诉我们："我们村每个村民小组有 3—4 名村民代表，个别的村民小组有 5 名代表，一共 53 名代表，村务监督小组就是这些村民代表采用无记名投票的方式选举的。村务监督小组成员共计 3 个人，会计兼任村务监督小组成员。村务监督小组的职责是监督村里一切进出财务。村财务并不掌握在村里，咱们村花的每一分钱都得经过上级政府，所有的账目也得上报。村里头要做什么事儿，首先要把规划方案做出来，设计图拿出来，然后向上面申请，通过了以后资金才能批给你。因为每个月要给上面报账，小组成员每个月都要在报账前查看账目，如果账目合格就盖章。近年来账目没有不合格的，我们3人从未有过分歧。"

从数据分析和访谈记录可以看出，村民自治章程只是摆设，大部分农民都不参与村里的日常管理，村务监督小组形式化严重，农民的管理参与权利还有待进一步落实。

4. 监督参与

村民的监督参与是指村民行使监督权利的行为，是确保村民意志实现的重要保障，是落实村民自治制度的前提。村民行使监督权利的条件是村民的知情权，没有知情权就没有监督，所以，村务公开是落实村民监督参与的关键。为了确保村干部认真履职，有的村还建立了民主评议机制。

第一，村务公开。

从数据中可以得知（见表6-74），认为该村村务"不公开"的和"不知道"是否公开的共计占调查对象的70.00%，只有30.00%的调查对象认为村务是公开的。可见，村务公开工作流于形式。出现这一问题，有很多原因，其中，很多村民不关心村务公开是重要因素之一。表6-75的数据显示，有47.79%的调查对象都不关心村务公开。

表6-74 您村村务、财务公开吗？

变量	频数	比率（%）	累积比率（%）
公开	129	30.00	30.00
不公开	149	34.65	64.65
不知道	152	35.35	100.00
合计	430	100.00	

表6-75 您关心村务、财务公开吗？

变量	频数	比率（%）	累积比率（%）
非常关心	61	14.22	14.22
很关心	78	18.18	32.40

变量	频数	比率（%）	累积比率（%）
比较关心	85	19.81	52.21
不关心	205	47.79	100.00
合计	429	100.00	

【访谈记录】6-21

访谈对象：D村村民G

谈到村务公开，他说："村务公开就那么回事，有时候村里会在村务公开栏贴一张财务方面的表格，一般都看不太懂，即使看懂了也没什么用，哪个领导也不会把花费一笔一笔地公布出来。"

访谈的结果让我们进一步了解到了村务公开的真实情况，大部分村庄村务公开工作不到位，很多村民不关心村务公开。

第二，民主评议村干部。

民主评议村干部是村民监督村干部的有效机制，是村干部必须面对的行为约束机制。表6-76的数据显示，42.19%的调查对象不知道村里存在民主评议机制，34.73%的调查对象认为不存在这种机制。"没参加过"和"不记得"民主评议的调查对象达91.16%（见表6-77）。

表6-76　　　　　　您村每年对村干部民主评议吗？

变量	频数	比率（%）	累积比率（%）
评议	99	23.08	23.08
不评议	149	34.73	57.81
不知道	181	42.19	100.00
合计	429	100.00	

表6-77　　　　　　您参加过民主评议吗？

变量	频数	比率（%）	累积比率（%）
参加过	38	8.84	8.84
没参加过	330	76.74	85.58
不记得	62	14.42	100.00
合计	430	100.00	

【访谈记录】6-22

访谈对象：Y 村村民代表 B

"村里按照上面的要求建立了民主评议制度，每年都要评议一次，村民代表参加评议，村里人多，不可能让所有人都参加，大家也不太当回事，上面要求就应付一下。"

可见，有的村庄即使建立了民主评议制度，也没有起到应有的监督作用。

第三，农民的民主监督意识和民主监督能力。

为了获得更多的信息，调查组在问卷中补充了几个问题。表6-78的数据表明，67.21%的调查对象认为应该对乡村干部进行监督，这表明农民已经具备基本的民主监督意识。然而，大部分农民的民主监督意识似乎并没有转化为民主监督行为。如表6-79所示，当对村干部有意见时，42.33%的调查对象选择"放在心里"，还有4.88%的调查对象表示"听村干部的"，选择"向有关部门反映"和"直接找该干部解决"的共占33.49%。同时，在表6-80中，明确表示对乡村干部"不监督"的高达90.47%。那么，为什么农民具有一定的监督意识却不能付诸实际呢？表6-81和表6-82的数据表明，有42.55%的调查对象不知道该如何监督乡村干部，15.13%的调查对象认为不用监督村干部，还有28.84%的调查对象害怕得罪领导。

表6-78　　　　您认为老百姓应该对乡村干部监督吗？

变量	频数	比率（%）	累积比率（%）
应该	289	67.21	67.21
不应该	36	8.37	75.58
不好说	104	24.19	99.77
不知道	1	0.23	100.00
合计	430	100.00	

表6-79　　　　您对村干部有意见会怎么办？

变量	频数	比率（%）	累积比率（%）
向有关部门反映	27	6.28	6.28
直接找该干部解决	117	27.21	33.49

变量	频数	比率（%）	累积比率（%）
听村干部的	21	4.88	38.37
放在心里	182	42.33	80.70
其他	83	19.30	100.00
合计	430	100.00	

表6-80 您对乡村干部进行监督吗？

变量	频数	比率（%）	累积比率（%）
监督	39	9.07	9.07
不监督	389	90.47	99.54
不回答	2	0.46	100.00
合计	430	100.00	

表6-81 您认为老百姓应该怎样监督村干部？

变量	频数	比率（%）	累积比率（%）
村务公开	44	10.40	10.40
干部民主评议	38	8.98	19.38
村务监督小组监督	48	11.35	30.73
不用监督	64	15.13	45.86
其他方式	49	11.59	57.45
不知道	180	42.55	100.00
合计	423	100.00	

表6-82 您怕得罪乡村干部吗？

变量	频数	比率（%）	累积比率（%）
怕	124	28.84	28.84
不怕	289	67.21	96.05
不回答	17	3.95	100.00
合计	430	100.00	

可见，监督意识转化为监督行为是复杂的过程，监督功效感、监督责任感、监督成本等都是非常重要的影响因素。当农民觉得监督成本过

高或功效感不强时，农民的监督意识向监督行为的转化就会出现问题，而且，当农民不知道如何监督时，这一转变就变得更加困难。

总之，村民自治制度的实行拓宽了农民政治参与渠道，农民可以通过多种方式影响政治生活，但是农民政治参与水平还很有限。一是改革开放以来，农民政治参与理性化水平有所提升，但非理性化现象大量存在。二是农民制度化的参与形式较少，非制度化参与行为给农村社会稳定造成严重影响。三是农民政治参与形式多元化趋势出现，但农民政治参与主要体现在参加村民委员会选举方面，选举参与之外的各种制度化的参与形式在运行中都大打折扣。简言之，农民政治参与理性化、制度化水平有待提升，农民政治参与形式多元化尚未真正落实。

第七章

农民政治水平的影响因素：理论分析

从系统论的角度，我们可以把政治看成一个系统，与政治系统同处一个社会中的经济、文化社会组织等子系统就形成了政治系统的社会内部环境，这些子系统自然就成为政治系统在整体中运行的限制因素和约束条件。同时，政治系统内部的各种要素之间相互影响、互为条件。所以，分析农民政治水平就要关注各种相关因素及其对农民政治水平的影响机理和实际作用。

第一节　农民教育与农民政治水平

教育有广义和狭义之分：广义的教育实际上是一种人类整体精神的升华，诸如在道德、科学、文化等的传承和提升行为，也是人类文明的传递，泛指能够增长人的知识水平、改造人的精神品德、开发人的思维能力、提升人的身心素质等的一切活动；狭义的教育主要指有特定指向和规划的教育，即施教者根据社会的需求，有目标、有组织、有计划地对受教者的整体素质施加影响，把他们培养成适应社会需要的人的活动。从以上定义可以看出，教育的本质就是培养人的活动。由于教育定义的不同，教育的分类也不尽相同。广义的教育包括国民教育，即我们通常所说的学校教育体系，还包括家庭教育以及各种形式的社会教育；狭义的教育仅仅指的是学校教育。

一　农民教育对农民政治水平的影响

一般而言，受过良好教育的人，见多识广，更有机会和条件学习和实践政治技能。教育也有助于培养人们的自信、自制和表达能力，增强他们的责任感和参与意识。美国学者奥尔森指出:"一个人越是有知识,他越是了解政治体系,越是关注政府利益,对政治问题了解得越透彻,对他将要参与的政治活动准备得就越充分。"① 教育在某种意义上是一个传播与宣传社会的主流价值观念和意识形态的过程,它能够控制、引导一定社会的发展趋势,不断地影响人,使人们接受主流的社会政治意识形态,形成适应于一定社会政治环境的政治理念与政治认同。一个国家的政治发展水平很大程度上取决于该国的教育水平。一国教育普及的范围越广泛,公众的知识技能与精神品德水平就越高,其国民就越能认识民主的意义,在政治生活中就越能真正地实现民主的功能,对政治问题和政治现象就越能有理性的分析。另外,教育也是形成正确的社会意识和社会舆论的重要保障。特别是现阶段,我国的政治民主化尚处于制度建设阶段,各种问题及矛盾比较突出,各方面的利益难以实现全面的平衡,导致民众在一些政治问题上的认识出现偏差。教育能够帮助民众提高其参与政治的技能并学习基本的政治规则,进一步影响公众的政治意识与政治行为,避免不必要的社会冲突及各种政治不稳定问题。

农民教育是当前农村政治生活的重要环节,其对于农村政治体系的正常运作具有独特的功能和作用。农民教育可以通过正规的或者是非正规的形式,依靠特定的政治机构、社会组织、其他群体的推动,来传递相关政治信息,完善农民的政治人格,提高农民的政治思维水平,改善农民的政治行为。

(一) 农民教育可以帮助农民塑造基本的政治人格

自律性、自主性、开放性等是现代农民应该具备的基本政治人格,唯此,农村政治系统的维系才能建立在一个更为坚实的基础上,才能形成现代意义上的动态稳定。农民教育的目的就是以人为本,充分发挥农民的潜质,培养农民的现代政治人格。

在农民教育的具体内容中,道德教育往往是一个非常重要的基础内容,农民教育主要是为了帮助农民了解正确的社会道德观念和社会主义核心价值观体系,为形成自律的人格聚集知识,为形成健全的人格奠定

---

① Marvin E. Olsen, "Three Routes to Political Party Participation", *The Western Political Quarterly*, Vol. 29, No. 4, Dec. 1976.

坚实的基础。

农民教育通过一定的组织和群体，以多种方式和渠道向农民传播现代政治常识、政治信念、政治意识、政治价值观和政治规范等，农民不断地吸收、接受和转变这些政治信息，提升政治自我，改善政治行为，从而逐步形成自主的、开放的政治人格。

可见，农民现代政治人格的培养依赖于农民身心素质的提高，而教育在其中起到了决定性的作用。

（二）农民教育可以帮助农民提高政治思维能力

政治思维是政治主体对客观政治现象的能动反映，是政治主体根据现实的思维素材进行加工、整理从而形成理性认识，并据此提出解决政治问题方法的主观意识活动。农民具备基本的政治思维能力是民主政治生活得以正常开展的最为本质的要素，具体表现为农民在基层的民主选举、管理、决策等方面及其他有关农村政治、经济、文化发展的各方面能独立发表见解，依据现有的政治路线、方针、政策做出正确的选择，这也是农民作为农村政治生活主要参与者的突出体现。

然而，由于中国两千多年农业社会的影响，很多农民因循守旧，对新生政治事务、政治观念不愿接受，无法理性思考农村政治问题的解决办法，政治思维水平无法适应现代政治生活的要求。农民教育水平的提高可以提升农民的自我认知以及政治观察力，让广大农民认识到自己是政治生活的参与者，积极获取各种政治信息，突破原有的守旧思维对农民思想的束缚。农民教育还可以帮助农民改善政治理念，促使广大农民主动参与到农村政治生活中来，认真思考农村政治问题，努力探索农村政治发展途径。

（三）农民教育可以帮助农民形成正确的政治价值取向

政治价值取向是指主体基于自己的基本政治认知与思维，在面对或处理各种政治关系、政治对立、政治行为、政治规范、政治思潮时所持有的基本立场、观点和看法以及所表现出来的基本倾向与偏好。政治价值取向不仅是心理层面的，而且还可以外化于行为表现，其突出作用是决定、支配主体的政治立场选择，因而对主体及与之相关的政治生态环境均有重大影响。政治价值取向往往是对某一时期特定的政治状况的反映，一定的政治制度环境会对一个人价值取向的形成产生重要影响。此外，政治价值取向的形成与教育有着密切的关系。

随着改革开放的深入，农民开始离开世代居住的农村进城务工。面对城市中各种社会文化的冲击，农民群体开始呈现出不同的政治信念、不同的道德水平，农民价值取向的激进与保守并存，而且他们政治目标的多元化与趋同性交织在一起。这虽然可以看作是社会的一种进步，但也应看到，如果不能理性地对待复杂的政治价值取向，尤其是随着无中心、无秩序的"多元型"政治理念的泛滥，农民会变得无所适从，甚至成为别有用心者的工具。现今农村基层民主选举中的贿选、家族选举等问题，说明一些农民对基层民主的意义并不了解，也表明很多农民缺乏基本的政治价值取向。此外，由于受现有政治经济环境的影响，一些农民摆脱原有传统观念的束缚，立足于现实，讲求实惠，其价值取向具有鲜明的实用主义色彩，其结果就有可能导致农民对个人利益看得过重，忽视集体和国家的利益，甚至会损害集体和国家利益去追求个人利益，从而使农村民主政治建设出现各种不正常的现象。

当前农民的政治价值取向，一方面是整个社会发展与转型的过程中，特定的政治经济环境所塑造出来的；另一方面是忽视农民教育的引导作用而形成的。特定政治环境所形成的农民政治价值取向未必符合社会政治发展的方向，未必符合建设社会主义民主法治社会的要求，未必符合当前中国农村民主治理的要求。因此，就必须要重视农民教育对政治价值取向的引导作用。农民教育可以从当代农民的实际情况出发，尊重其基本的政治权利的同时，引导其进行正确的政治价值选择。现实中，农民不能客观地看待现今社会中的各种不正常现象，在认识上出现偏差，正是农民教育中缺乏自由、民主、平等、公正等现代政治理念所导致的。

（四）农民教育可以帮助农民学习基本的政治知识

政治知识是对人类政治理论与实践的总结，也是人们从事政治行为的指南。政治知识帮助农民提高政治认知水平，把握政治规律，进而培养农民分析政治问题与现象的独特思维能力，并最终形成自己的政治立场、观点。在政治实践过程中，农民通过政治知识的运用，积累政治经验，提高自身参与政治生活的技能。总之，对于农民来说，不可或缺的政治知识是他们融入农村政治生活的前提，也是完善农民政治人格的必要条件。

政治知识只能是在后天的主动学习中获得，在与不同的政治角色的交往中不断地理解和吸收，因此农民教育是农民获取政治知识的重要途径。

（五）农民教育可以帮助农民提高政治行为水平

提高农民的政治行为水平通常有两种方式：一是有针对性的教导，如宣传政治系统的基本构成、组织方式和运作模式，使农民获得参与政治系统、行使政治权利的一般知识，掌握基本的参与操作技能；二是通过各种直接或间接的政治活动，使农民在参与中了解和熟悉政治行为的基本技能和要求。

因此，大力普及发展教育，一方面可以培养具有现代政治理念的农民，使他们认识到自己处于一定的政治环境之中，要通过政治行为影响政治决定，对党组织、政府、村民自治组织等做出的大政方针、具体决策等要积极支持与配合，并在参与过程中维护自己的政治权益；另一方面可以提高他们参与各种政治活动的技能，包括村务管理、投票选举、信访活动等。

二　当前农村教育现状与农民政治水平

农民政治水平的提高依赖于农村教育的发展，而农民教育的发展，同样也依赖于各种资源的投入，包括人力、财力、物力。考察农民教育状况对农民政治水平的影响，必须立足于我国当前的社会经济发展状况，实事求是地分析农民教育现状，才能得出较全面的结论和正确的认识。

（一）农民正规教育总体水平依然滞后，限制了农民政治水平的提高

改革开放以来，随着市场经济的不断发展及农村财富水平的提高，农村正规教育有了一定程度的发展，农民的整体文化素质获得显著的提高，文盲/半文盲的比率不断降低，农村劳动力平均受教育年限不断增长。但是，农村劳动力总体平均受教育年限水平未达到九年义务制教育的程度，与发达国家相比还有很大的差距。要看到，我国农村文盲的绝对数仍然很大，农民教育是一个长期而艰巨的任务。目前，我国农村教育资源严重短缺，主要表现为师资的缺乏和基础设施的不足，尤其是西

部农村教育资源更加有限，庞大的农村人口基数使得本就有限的教育资源更为单薄。

教育总体水平依然滞后的条件下，农民在现实中所表现出来的政治水平也不会很高。由于基本素质和认知水平的限制，农民对政治问题、政治事件、政治制度、政治程序等方面的理解就可能只停留于表面，甚至容易被他人所误导，不能以正确的政治价值观和政治思维去认识相关的事件和问题，这也正是现实生活中某些农村群体性事件发生的原因。另外在农村基层民主选举当中，农民不具备相关的政治技能和政治知识，或者对民主选举的程序和意义认识不足，这些都会导致农村基层民主选举出现各种各样的问题。

（二）农民教育的从属性，制约了农民政治水平的提高

改革开放以来中国取得了举世瞩目的成绩，但也应该看到，很多事关国计民生的重大制度改革仍相对滞后，农民教育也面临着同样的问题。农民教育在社会主义新农村建设过程中具有决定性、前导性、大局性的作用，大力发展农民教育，提升农村劳动力整体素质，提高农民参政议政的水平，是解决当前农村各种问题的关键所在。不过由于种种原因，农民教育本身并没有得到应有的重视。一是由于城乡二元结构没有彻底突破，农民在教育方面没有享受到应有的国民待遇。二是基层政府的短视，使得农村教育在争取政策倾斜以及利益分配中都得不到重视，甚至在有些地区相关财政资金挪作他用。三是我国农村社会保障体系还不规范，存在着保障标准依然徘徊于低水平、社会参与度水平不高、政府相对不重视、覆盖面较窄等各种问题，农民只能疲于为生存而奔波，教育难以提上日程。

由于教育的从属性，农民往往在政治生活中观察政治现象，或者从自己的亲身体验当中理解政治行为。在农村新旧体制转型过程中，各种政治观念交织在一起，农民很容易被误导，从而对基层的民主选举、民主决策等失去兴趣。

（三）农民教育目标缺乏准确定位，难以提高农民政治水平

农民教育不同于其他教育，应将实用性与知识性相结合，不仅要传授一般的科学文化知识，还要引导农民学习农业知识和政治技能，这就决定了农村基础的正规学校教育与农村职业、继续教育之间要相互结合。

长期以来，农村正规的学校教育套用城市普通教育的模式，与城市学校教育相比，农村学校教育明显处于弱势，在国家实行统一高考制度的情况下，农村大学生的入学率大大低于城市。即便如此，"应试教育"及"学而优则仕"的教育价值观在农民中依然占主导地位，农村孩子只能通过应试教育走向城市，走入城市之后无论好坏，他们都不愿意再流回农村，加剧了城市与农村的二元对立。而依靠教育走出去的农村孩子毕竟是少数，绝大多数的农村孩子苦读多年被城市拒之门外，很多农村家庭因教育支出而负债累累，所以这些失败者对自己所生活的农村产生了怨恨，对农村政治生活不感兴趣。农民职业教育以及继续教育，受既有体制以及农业现代化等诸条件的制约，依然比较落后。农村基层政权、文化站、广播站、村图书馆的作用没有得到有效发挥，严重影响了农民政治素质的提高。

第二节　经济发展与农民政治水平

经济和政治作为社会功能实现的具体表现形式，相互之间具有一定的协调性和耦合性，即经济会影响政治，政治也会影响经济，没有完全脱离政治的经济发展，也没有完全脱离经济的政治持续。经济和政治在稳定的社会结构下虽然都可以相对独立地发展，但肯定存在着相互之间的一种依赖和支持，最起码经济要为政治提供必要的物质基础。政治学者大都倾向于经济发展与政治民主是紧密相连的观点。"一个国家越富裕，它准许民主的可能性就越多。"①

一　经济发展与政治水平

政治水平总是受到具体的历史条件和特定的社会环境制约，一个社会的经济、政治、文化、教育的发展水平，决定了该社会总体政治水平的程度。人们的行为永远不可能超越社会历史发展所提供的可能范围，他们只能在一定的客观的、不能任意而为的前提和条件下进行实践。

---

① ［美］西摩·马丁·李普塞特：《政治人——政治的社会基础》，张绍宗译，上海人民出版社1997年版，第27页。

（一）经济发展能够为政治水平的提高奠定基本的物质技术基础

经济是物质资料生产与再生产的过程，是一切人类社会活动产生和发展的物质基础，农民政治水平的提高也是如此。要提高农民政治水平，农民需要接受良好的教育，也要参与到政治实践过程当中，而政府还要发放各种政治学习材料，发动基层干部参与到农村基层民主政治过程中。这些活动都需要消耗一定的人力、物力、财力、信息、权威等资源，这就是农民政治水平提升的成本，没有一定资源的投入，就不可能获得农民政治水平的显著提升。但可用的资源，并不是无限的，总要受到经济总量、财政实力等经济发展程度的限制。因此，政治水平不可能超越经济发展所提供的物质条件，经济发展与政治水平的提高必定相伴相行。

（二）经济发展能够为政治水平的提升提供基本的利益驱动

在传统社会中，由于物质生活的相对贫困，人们没有时间也没有精力过问政治，政治对人们来说，远不如面包来得实际，更不用说花费一定的资源去提升政治水平。同时长期的贫困也使人们"形成了一种深刻的保守主义，这种保守主义对环境的变革怀有恐惧，安于现状"①。

随着经济的发展、物质生活水平的提高，人们对于社会公共事务和自身权利关心也在不断地增加。这一现象可以从马斯洛的需求层次理论当中得到解释，即当人们的低层次需要得到满足以后就会进一步产生较高层次的需求，比如说情感的满足、自我价值的实现等。当温饱问题解决以后，人们的兴趣和需要必然会转向政治领域。经验研究也证实了这一点：当经济发展到一定水平的时候，公民参与政治的期望得到极大的加强，选民各种偏好的充分表达等现象将会接踵而来，政治水平的提升也在情理之中。

经济的发展为社会成员提供了更多的可分配的资源，但资源无论怎样分配都不可能同时满足所有人的需要，往往是一部分人从中获得了较多的利益，另一部分人却不能从中获取利益或损失了原有的利益。要提高自己在物质利益分配中的能力，就要参与到社会政治生活当中，表达自己的政治诉求，实现自己的利益。

---

① 邓伟志：《变革社会中的政治稳定》，上海人民出版社1997年版，第133页。

（三）经济发展能够为政治水平的提升提出更高要求

经济发展加剧社会结构的分化和利益的多元化，一方面表现为劳动分工和专业化程度大大加深，从而使人们的利益多样化；另一方面表现为随着人类生产能力和生活水平的提高，人们的利益内容不断更新，在原有利益基础上又产生了新的利益要求。在经济发展的过程中，必然伴随着大量的社会组织、团体的产生和发展。这些以利益为基础形成的组织集团，为了实现和维护这些形形色色的利益，必然会参与政治事务。经济发展有助于人们在共同利益的基础上建立联系，寻求合作。同时，经济和社会的发展也会造成社会群体之间的紧张关系，新团体的出现又会威胁现存团体的利益，增加了不同群体之间的冲突。这种冲突反过来又强化了群体意识，进一步刺激和推动群体采取集体行动来保护自己的利益和要求。无论是政治合作还是集体行动，组织化的过程都对政治水平的提升提出了更高要求。

需要补充的是，经济发展不断扩张政府的经济职能及社会职能，政府对社会生活的影响领域极大地扩展，影响程度不断加深，影响强度空前提高，从而使各社会集团、社会阶层、社会组织等把实现自身利益的目光集中投向于政治权力和政府，组织起特定社团影响政府决策，在这一政治过程当中，人们的政治水平必然得到提升。

（四）经济发展能够为政治水平的提升扫除障碍

经济发展为撼动和消解旧的思想体系、行为习惯、基本规范与观念等提供了前提，为不断培育新的思想理念、行为准则开拓了社会空间。市场经济的发展，能够使原有自然经济形成的人身依附与主仆关系和心态逐步走向瓦解，使得逐渐成长的具有独立意识的人们更倾向于通过政治程序、政治规则来增进和保护自身利益。这实际上说明经济发展为政治水平的提升扫除了旧体制、旧观念、旧文化的制约和束缚。

（五）经济发展能够为政治水平的提升培养进取精神

在市场经济条件下，每个人的物质利益及社会评价的高低，与他为社会提供的劳动及其质量联系在一起。经济和社会环境的这种变化，必然会导致人们思想层面上的不断变化，有助于强化社会成员的责任心，不断培养人们积极开拓、创造革新的意识，消解小农经济带来的不思进取、保守的心态。人们积极进取的精神在政治上的表现，就是对政治的看法和态度转为积极。

（六）经济发展能够为政治水平的提升提供更广阔的空间

经济本身所表现出来的是一种物质利益关系，在发展过程中全社会将逐步形成一种大多数人投身其中的物质交换关系，这就会极大地加强不同地区、单位及社会成员之间的横向联系，彻底打破旧的封闭、孤立、隔绝的状态。整体、普遍、多维度、多层次的交往将会大大提高人们思维的广度与深度，使之从不思进取、守成的状态中走出来。这一方面有助于各种新的观念冲破社会的种种阻隔、封锁，从而在全社会得到传播和普及，并逐步渗入到人们的深层心理结构之中；另一方面也推动着人们在共同利益和目标的基础上形成联合，这种联合反过来又会加强人们的政治意识。

首先，经济发展带来了资源的增加，人们有了更多的选择机会。经济发展使人们的职业选择多元化，无论是农民还是城市居民都从这种自由选择中拓展了视野。

其次，人们活动空间的扩展实际上与自由选择的出现是同步的。对于农民来说，随着经济的发展，他们可以不再局限于从事农业的生产，也会有经商的自由。在国家政策允许、支持和扶持下，农村当中乡镇企业、私营企业也会发展起来。农民工开始进城，从事建筑商业以及其他服务性产业等，农民在城市里也可以找到自由的活动空间。农民自由选择与自由活动空间相结合，就有可能导致中国农村政治结构变革，进而为农民政治能力的提升开辟广阔的空间。

最后，自由选择与自由空间出现的结果，就是相对独立的经济力量的形成。这些相对独立的经济力量，在其日常经营活动中，也逐渐积累组织资源，从而形成了各种组织力量。所有这一切都说明，整个社会政治系统的配置结构，已经出现多种结构与多种利益主体相结合的局面。这些组织和利益主体要维护自身利益，必然要提高自身参与政治进程及政治结构的水平。

二　当前农村经济发展现状与农民政治水平

由经济发展与政治水平的关系可以断定，农民政治水平深受农村经济发展现状的影响。改革开放以来，农村经济取得了前所未有的成就，但农村经济发展水平不高的状况并未从根本上转变，农村经济发展现状成为制约农民政治水平提高的因素之一。

（一）农村总体经济发展水平不高限制了农民政治水平

从农林牧渔业总产值来看，改革开放以来，我国农林牧渔业总产值增长较快，不过与同期国内生产总值相比较而言，还存在一定的差距，农村总体经济发展水平仍然较低。

经济发展为政治系统提供了物质技术基础；交通通信技术的进步密切了人们之间的联系，为他们更大范围的合作创造了前提；传播手段的发展加快了信息的流动，扩大了信息传播的范围。这些由经济发展和技术进步带来的变化都为政治范围的扩大奠定了物质基础。如果农村经济总体发展水平不高，那么农民政治参与必定受到物质条件的制约，农民也就难以提高政治水平。

（二）农村相对收入水平不高减弱了农民提升政治水平的动机

2012年，农村居民家庭人均纯收入为7916.6元，农村居民家庭平均每人食品消费支出2323.9元，占其人均纯收入的29.35%；城镇居民家庭人均可支配收入为24564.7元，城镇居民家庭人均食品消费支出6040.9元，占其人均可支配收入的24.59%。[1] 从各自人均收入的绝对数量来看，农村居民的人均收入在同一时期明显落后于城镇。在整个社会生活水平得到提高的环境中，农民就其整体而言，属于收入较低的、相对贫困的群体。食品方面的需求在农民的需求结构中仍然占据很大比重。

由于受到成本和精力的限制，社会公众的政治行为一般比较侧重于眼前的、可落实的利益追求，更关注与自身权益密切相关的事务，大多数公众会有选择地参与政治进程。对于农民而言，物质生活或者说生存的需求是当前他们生活的主要部分，他们没有精力或者时间去参与与收入或利益无关或者关系不大的政治活动，这必然会影响农民政治水平的提高。

（三）农村市场化程度不高遏制了农民政治水平的提升

在市场经济快速发展的今天，新农村、新农民如何与市场对接、如

---

[1]　中华人民共和国国家统计局：《国家数据》（http：//data. stats. gov. cn）。

何适应市场规则，成为很现实的话题。现今，农民市场观念不强、农村相关制度滞后、基础设施建设薄弱、贸易流通环节的不畅、市场规则的不完善等影响着农村经济发展的速度。一是土地流转及使用的市场化程度不高。就土地产权角度而言，目前我国实行的是所有权和经营权相分离，经营权由农户行使并承担相关责任，村集体的农民对集体的土地平等拥有所有权的产权制度。由于农户独立行使经营权，可以对土地生产经营活动独立决策，因此对经营的土地既可以采取集约经营和精耕细作，也可以采取粗放经营和原始作业，还可以进行短期化行为的掠夺式经营，这使得农户效益、环境效益、社会效益难以协调统一。土地流转制度也不规范，一些地方采用行政手段，直接收回农民的土地承包权，搞强制性的土地流转。现行土地征用制度对农民明显不公，征地范围过宽，滥用土地征用权，土地征用对农民的补偿过低。二是农村经济组织化程度低。从农业生产经营的组织特点来看，我国目前实行的是以农户为单位的小规模分散组织模式。从农民参与市场组织化程度上看，直到今天，我国真正意义上的农民合作经济组织并没有在现实中完全实现，各种合作经济组织在为农民提供各种服务方面发挥的作用还十分有限。各种类型的农民专业合作组织普遍存在组织容量小、包含范围狭窄、经济能力不强、内部制度不完善和时间稳定性差等问题。三是劳动力流动受到限制。改革开放以后，农民被允许进城，但受现代化、工业化、城镇化水平以及城市经济改革因素制约，城市和农村的非农产业吸纳农村劳动力的能力十分有限，大批农业劳动力被束缚于土地上，滞留在农村，凭借自然资源而获得收益的状况仍然没有得到彻底改变。农民增收主要依靠市场化的方式，即所支配要素的自由流转。但目前我国的户籍制度把全国人口分成城市人口和农村人口，进城的农民不能享有和城市居民同等的就业和子女教育等方面的权利，导致农民仍缺乏公平交易劳动的条件。劳动力的自由流动还受到许多或隐或现的因素的限制，降低了他们在城市中和雇主讨价还价的能力，难以在城市中真正地落地生根，导致同工不同酬及农民只能从事那些繁重的卖苦力的或者技术含量低的工作等问题。

市场经济的发展有利于破除旧体制、旧观念对人们所造成的束缚，有利于自由、平等、竞争、法治等先进理念的传播。市场经济体制的不健全使得本就因身份的不同而导致的不公扩大，农民原本存在的心理落差变得更大，被剥夺的感觉加深，阻碍了农民政治水平的提高。

（四）农村公共产品的缺乏影响了农民政治水平的提升

教育、医疗及社会保障等本是应该由政府提供的公共产品和服务。按照现代政府理念，基层政府的基本职能应该是提供公共产品和服务，但是我国乡村财政普遍紧张，难以承担起提供公共产品和服务的责任。在基础设施建设方面，农村的教育、医疗、通信、水利灌溉、交通等条件落后，不能满足农民的基本生产生活需求，许多基础设施不是由政府来承担成本，而是由农民出钱出力自己建设起来的。在公共物品管理上还存在更为严重的问题，农民自己集资提供自身需要的公共产品，那么，这些产品就该由提供者所有，而实际上农民自己提供的公共产品却不由自己说了算。由于公共物品供给体制方面的原因，农村教育、医疗及社会保障等严重不足，导致农民因病致贫、因病返贫及因教育致贫等严重后果。这些现象导致农民对政府及政治失去兴趣，甚至产生片面、偏激的看法。

第三节　农村社会组织与农民政治水平

农村社会组织是由农民在自愿的基础上自行组织成立的具有社会性质的团体，或者是在政府鼓励、帮助下创立，但主要参与主体依然是农民，维护的也是农民自身利益。当然有时候农村社会组织常与农村非政府组织、农村非营利组织、农村民间组织等词语交替使用，这些不同称谓之间并无实质的不同，只是从不同角度来强调农村社会组织某一方面的特征。

一　社会组织与政治水平

社会组织的出现有效拓展了公共空间，增加了可选择的社会资本，比如相互信任、联系等，有利于政治水平的提升。

（一）社会组织的目标性为提升政治水平提供了可能性

社会组织以特定的利益作为自己的物质基础，这种特定的利益有两种形成的路径和方法：其一，它是在社会成员之间各种各样的社会关系基础上形成的。在社会生活中人们根据不同的社会特征和需求形成各种各样的社会关系，这些社会特征包括年龄、性别、职业、收入、居住区域、特定社会经历和身份资格等。而形形色色各不相同的组织利益就是在这些关系基础上形成的。其二，它是在社会成员对同一社会问题的共同兴趣和看法基础上形成的。在社会生活中，处于不同社会关系中的成员对于涉及自身利益的某些社会问题也会形成共同的要求和看法，并在此基础上形成共同的利益。社会组织这种利益形成的方式，往往使社会组织的目标和利益要求更单一、具体，表现为：它或者是某一部分特定对象成员的利益要求，而不是全体社会成员的切身利益；或者是社会成员围绕某一特定社会问题形成的利益，而不涉及全部社会问题。因此对于组织内部的成员来说，共同利益目标是直接的、具体的、特定的。社会组织的这种目标性显然能够促进内部成员学习相关政治知识和提升参与水平。

（二）社会组织的利益取向为提升政治水平提供了可能性

在市场化的过程中，原有计划经济时代的阶层不断分化，而现代新兴阶层不断崛起，社会中间阶层不断发展，各阶层成员之间的社会流动不断扩大。随着社会的变迁，社会整体的利益结构开始向多元化利益结构转变，社会利益变得多样化和复杂化，利益竞争扩大，利益矛盾显化。为了更好地维护自身利益，各社会阶层不断谋求成立各种组织，积极进行政治参与，在这一过程中，组织内部成员的政治水平也会得到提升。

（三）社会组织的特定组织形态为提升政治水平提供了可能性

社会组织是成员按照特定规则形成的，表现为社会系统中的组织和制度实体。组织的实体性表现为两个方面：一方面是与外部主体之间的关系，另一方面是组织内部的结构性。组织具有自己独特的意志形成机制，其意志与其成员的意志实现了分离，组织意志要以一定的方式予以表达和实现，其活动和行为显然都是围绕一定目标进行的。但组织必须通过内部成员之间的互动去实现目标，而这种互动不是杂乱无章没有规则的，组织成员及其所在的部门要各司其职，要按照既定规则有序的行动，唯此，才能外化出组织整体的行动。因此，从最松散、最具有临时性的组织到最严厉、最持久并发挥作用的组织，都具有特定的结构形态。社会组织的内部结构在不同的社会政治背景下有所不同。组织的成员构成一般要遵循自觉自愿的原则，即成员可以根据自己的需要和偏好自愿参加或者退出特定社会组织，在组织相关事务范围内，成员具有名义和实质的平等权利，并承担特定的义务。同时，组织成员可以拥有多种社团的成员身份。可见这种特定的组织形态有利于成员自身政治水平的提高。

（四）社会组织的集体行为为提升政治水平提供了可能性

社会组织具有集体性，主要表现在以下几个方面：一是成员构成具有社会性。除了某些特定的社会组织之外，组织内部并不要求自己的成员具有不同于其他组织成员的独特性，而是要求其成员具有特定的利益性，并能够履行该组织所规定的权利和义务，因此社会组织的成员具有广泛的公共性。二是服务于特定的群体利益。实现特定的群体利益是社会组织活动的出发点，在实际社会政治生活中充当特定群体利益的代表者，是社会组织的基本政治角色。三是社会组织的目标、方针、活动方式及其内部组织构成，均由组织内的成员通过一定的程序和规则来决定。

社会组织的这种特征，一是在外部表现为成员的集体行为；二是社会组织还为其成员提供有关行业、本社团内部成员以及其他具体问题的信息或材料，因为社会组织能否动员内部成员实现集体行动，能否使外部的政府官员等政策的决定者接受其观点，在很大程度上取决于这些相关资讯的数量和质量；三是社会组织可以通过社团活动，使其成员理解和掌握政治理论和政治技巧，成为组织成员提高政治水平的重要途径和中介。一方面，组织成员通过社会政治生活以及组织内部的各种活动，来熟悉掌握政治生活的基本规范和技巧；另一方面，社会组织也以特定的政治理念和政治行为影响其成员，因此不同的社会组织会形成不同的政治人格。

二　当前农村社会组织现状与农民政治水平

近年来，我国农村社会组织发展迅速，为农民政治能力的提升提供了重要平台。但我们也看到，由于农村社会组织存在的种种问题，使其提升农民政治能力的作用无法得到充分的发挥。

（一）农村社会组织的非正式化对于农民政治水平的提升具有不确定性

中国现行的社会组织管理体制的特点可以概括为"归口登记、双重负责和分级管理"。这种社会组织管理的基本模式，是条块分割的行政管理模式以及国家控制的具体表现。在这种背景下，农村社会组织的发展异常艰难，主要表现在有许多机构对于无任何利益可得的社会组织抱有自生自灭的想法，农村社会组织想找到一个挂靠单位十分困难；另外，农村社会组织的成立需要有一定的注册资金，还对办公场所以及人员有一定的要求，这就增加了成立农村社会组织的难度。目前，农村专业经济合作协会等社会组织得到了政府各级部门的重视，各地政府纷纷出台政策降低这类组织成立的限制条件。严格的限制政策导致其他社会组织成立难度较大，使很多组织以非法状态存在，农村中合法的社会组织只占一小部分。

部分农村社会组织非法或者是非正式的存在状态，使其很难参与到正规的政治过程和政治活动当中，那么，对于参与到农村社会组织的农民而言，其政治水平的提升就具有了很大的不确定性。

（二）农村社会组织的软结构性不利于农民政治水平的提升

社会组织的结构性，也就是其组织性，是社会组织的一个非常重要的特征。主要表现在以下两个方面：一是有正式的组织机构和管理体制；二是有成文的章程制度以及固定的人员。社会组织必须有制度化的正式组织形式，必须有常规的运行机构和管理规则，并独立开展日常性的活动。社会组织需要通过各种内部要素的相互协调来维持组织的生存发展。

农村社会组织的软结构性，具体表现为内部治理机制不健全以及管理能力不足。农村社会组织大多数都缺乏正式的决策机构，虽然其中不乏部分农村社会组织是以全体成员共同协商的方式来进行决策，但总体上农村社会组织缺乏民主决策的机制和制度上的保证。另外，一些农村社会组织内部管理混乱和无序，在人力资源规划、资金往来控制及组织规章制度建设等方面非常落后。

当前农村社会组织存在的家长作风以及公信力的下降，不利于组织成员参与到社会组织决策当中，不利于成员通过采取集体行动实现社会组织的目标，不利于组织成员通过社会组织来维护和实现自己的利益诉求，当然也就很难期望农民通过参加农村社会组织的活动来提高政治水平。

（三）农村社会组织的性质、目标的模糊性难以多方面促进农民政治水平的提升

现今农村存在的大量的社会组织，在产权性质和法律地位等方面还存在着严重的问题。农村社会组织的类型、职能各有不同，作为社团、公司、合作社等分别在民政局和工商局登记。个别的农村社会组织有好几块牌子，对外开展业务的时候用公司，向政府寻求政策优惠的时候用协会，而与农民打交道的时候就用合作社。各类农村社会组织的命名规则和可活动范围的界定并没有一致的标准可遵循，容易发生混淆。

农村社会组织内部机制的不完善及其定位的模糊性，导致很多农村社会组织的性质发生改变，有些农村社会组织逐渐演变成既得利益集团。例如，有的农村社会组织的管理者利用非法手段，或者操纵农村选举，或者直接侵占自然资源，变成了使用非法手段的灰色集团。有些农村社会组织变成了封建迷信组织。农民参与到这些社会组织当中，政治能力得不到应有的提高。

（四）农村社会组织的行政化倾向打击了农民提高政治水平的积极性

农村社会组织是发源于农村社会，通过自下而上的组织方式形成的草根组织，应该具有独立性和自主性。即农村社会组织在制度上和结构上独立于政府之外，并不在国家的政治和行政体系范围之内，而是生活在一定区域中的农民根据他们不同的兴趣、意志、利益、愿望自发组建的社会组织，是具有独立的判断能力和决策机制的组织。农村社会组织的组建，并不是根据国家政权的形式自上而下构建起来的，更多的是靠广大农民通过横向的网络联系与坚实的社会基础形成的。

但实际情况是，政府掌握着农村社会组织发展所需的重要资源，政府在处理与农村社会组织之间的关系上往往处于强势地位，很多农村社会组织都希望与政府保持良好的关系，以获得发展所需的各种项目支持，进而导致农村社会组织具有强烈的行政化倾向。另外，农村社会组

织在有关收入、人员、管理者的身份等方面带有不同程度的行政色彩，严重影响了农村社会组织的自主性和非政府性。这种情况使得农民参与农村社会组织的积极性不高，农村社会组织的影响力受到限制，也无法通过自身的行动来维护农民的利益，不利于农民政治水平的提升。

第四节　农村民主政治建设与农民政治水平

农民政治水平是农民在政治生活中所达到的高度，农村民主政治建设是农民提高政治能力的助推器，是农民提升政治水平的训练场，是农民展示政治水平的大舞台。

一　民主政治与政治水平

民主政治的本意实际上就是为了保护公民政治权利的实现，如果公民的政治权利无法实现，或者残缺不全，那么民主制度所提倡宣传的人民当家做主实际上就成了一句空话。所以，一方面，民主制度要求公民在政治生活当中，要有自由选择权利和独立的政治人格，能够以自己的自由意志对一切政治问题、政治行为、政治规则做出自己的判断；另一方面，民主制度要求公民所享有的政治权利是平等的，这种平等并不因为个体的差异而有差别，不存在任何特权和等级差别。要充分保障公民基本的政治权利有很多的限制因素，其中之一就是公共权力，因为在某种意义上公共权力始终是由少数人来行使。因此，民主制度必须在程序和体制上有所安排，以各种行之有效的手段来制约和规范公共权力的行使。为了充分行使自己的政治权利，监督公共权力的行使，公民应当要积极提高政治水平和政治参与程度。同时，民主政治制度的不断完善也为公民政治水平的提升提供了制度保障。

（一）民主政治建设能够为政治水平的提高提供一个自由的空间

民主政治制度在具体程序上，主要体现为以下几点：一是任何公共事务在做出决策前必须由有关人员进行自由的讨论；二是以民主投票的方式，采纳多数人意见形成决定；三是即使通过多数的方式做出的决定也能够进行修改；四是要充分保护少数人的权利。所以，在完善的民主制度之下，即使是少数人也同样能够找到实现政治权利和锻炼政治能力的空间。

（二）民主政治建设能够为政治水平的提高提供基本的动力

一方面，民主政治的实质就是人民当家做主，人民可以自主地决定自己的事务和前途命运，它不仅从政治理念、政治价值上，还从政治实践、政治行为、组织形态上肯定了国家和政府手中的政治权力实际上都是人民授予和委托的，用以实现人民的利益。因此，人们就能够更加积极地参与到政治选举、政治管理以及政治决策当中去。

另一方面，民主政治不但表明人民的根本利益得以实现，而且也意味着人民能够全面地参与各种社会政治活动，可以自由地表达自己的要求、建议等。这些有利于打破当前社会业已存在的压抑、不满的气氛，有利于人民主动性、创新性、进取性的形成，能够促进个体在整个政治参与活动中不断地提高自身素质。

（三）民主政治建设能够为政治水平的提高指出方向和目标

民主是人们追求美好生活、寻求幸福的主要手段和方法，与其他的政治价值理念诸如公平、正义等一样，是人们在社会中得以存在和自强不息的精神力量，也是人们在艰难困苦中指引方向的明灯。民主的核心精神是自利、利他，在维护自身政治权利的同时，也要维护其他个体的政治利益，必须有合作、隐忍、妥协的精神，因为民主的理念以"天赋人权"等启蒙思想为前提，在理论上直接否定现实社会当中业已存在的等级制度、贵贱差别，强调每个个体的独立与自由。民主作为一种现实的制度选择，是实现和维护人人平等、自主独立等价值理念有效的形式和途径。因此，无论是作为目的还是手段，民主都是人们所追求的目标，对人们实际政治追求、政治行为具有指导意义，为人们政治水平的提高指明了方向。

二　农村民主政治与农民政治水平

以试行村民自治为开端的农村基层民主政治建设，经过了多年的实践，推动了我国政治体制改革的进程，丰富了我国社会主义民主的内容和形式，提升了农民政治水平。但是，农村基层民主政治的发展并非一帆风顺，还存在很多问题，不利于农民政治水平的进一步提高。

（一）农村村民自治制度的不完善减少了农民政治水平提升的途径

在当前农村社会，民主选举的法律化、规范化、制度化程度较高，总体情况令人满意。可是，民主决策、民主管理、民主监督的规范化、法律化、制度化程度却不尽如人意，不利于农民充分参与农村政治生活，提高政治水平。

农村民主决策的主体应该是广大的村民群体。但农村自治实践表明，村民的民主决策出现了法定主体地位和实际主体地位之间不一致的现象，民主决策权利实际上被虚置架空。当前农村大部分地区的民主决策权依然掌握在村干部和村庄精英手中，农民无法通过民主决策实践学习政治技能和锻炼政治能力。

村级事务的管理，应该是全体村民共同享有的基本权力范畴，不应该成为少数村干部独享的权力，唯此，村民的利益诉求才能得以实现和维护。村民的民主管理主要体现在制定村规民约上，但村规民约以及自治章程并非村民共同制定，只是挂在墙面上，在村务管理当中发挥的作用不明显，并没有形成村干部和村民日常政治生活中的基本思维习惯和行为方式。村民无法在农村民主管理实践中培养对村庄的感情，提高自治能力和参与水平。

任何权力都需要必要的制约和监督，否则公共权力就成为少数人谋取私利的一个工具，村民自治也不例外。村民自治当中的民主监督本应具有广泛的群众性和直接参与性，体现出直接民主的特点。在实践中，农村民主监督主要指的是村务公开、财政监督、群众评议、民主罢免等。这四种基本的民主监督实践，需要广大农民精诚合作、相互沟通、退让妥协，最终实现对村级公共权力的制约和限制。但是，由于农村民主监督制度落实不到位，民主监督的作用无法有效释放，农民的合作、协商、评价水平也就难以得到提高。

（二）农村民主法治化水平不高切断了农民政治水平提升的法律保护

当前中国农村民主政治建设还存在着很多不和谐的现象，这种不和谐现象的背后蕴含的是权利与义务、权力与责任在现实中的模糊性。为了保证国家对农村社会的有效管理和落实农民的民主权利，农村基层民主的法律化、制度化不可或缺。从当前农村实际情况看，农村基层民主的法治化建设非常落后，法律缺位、有法不依、执法不严、违法不究现象大量存在，农民法律意识不强。法治化的滞后给农村民主政治建设带来了不确定性，农民参与农村政治生活的积极性受到影响，农村政治水平的提高无法得到法律稳定性的庇佑。

（三）农村民主协商的不充分模糊了农民政治水平提升的方向

民主协商是有关民主的原则、程序、沟通方式和决策的创新，能促进公共决策的合法性和社会的安定。农村民主协商要想形成基本共识，必须经过充分的讨论，通过倾听、对话和沟通等手段和方式，有妥协、有退让、有牺牲，才会尽可能多地促进公共利益。从政治发展的角度来看，民众参与是农村基层民主的发展方向和迫切要求，民主协商则是实现参与者良性互动的关键，更接近民主的本质，更能使参与者获得充分的民主锻炼。因此，民主协商是当前农村民主政治发展的基本方向，农民政治水平提高的关键是加强协商水平。提升农民协商能力不能纸上谈兵，协商能力的提高只能在农村民主协商实践中实现。从目前农村的情况看，民主协商仍停留在典型试验阶段，绝大部分村庄尚未建立民主协商机制，无法引领农民提高启动协商、参与协商、影响协商结果的能力。

第八章

农民政治水平相关因素的实证分析：以问卷调查和面对面访谈数据为基础

探究影响农民政治水平的主要因素，不能仅凭借理论上的想象和推论，还需借助与此相关的农村社会调查，既可以进一步验证理论分析的结论，又可以增加对该问题细节的认识。通过农村社会调查，我们试图了解以下问题：农民的经济水平、文化程度、政治面貌等因素对农民政治认知水平、政治参与水平、政治组织水平等是否有影响？经济因素是否是影响农民政治水平的核心因素？文化因素与农民政治水平的关系是否密切？还有什么其他因素与农民政治水平相关性较强？

第一节 调查对象和研究方法

与农民政治水平现状的调查一样，农民政治水平相关因素的调查于2014年在我国东部、西部、南部、北部的 N 村、Y 村、P 村、D 村展开，与农民政治水平现状的调查同时进行。调查分析以问卷数据为主，访谈记录只作为参考。

在问卷分析中，调查组将调查对象的性别、年龄、政治面貌、文化程度、在村里的身份、是否外出务工、去年家庭纯收入等因素与考察农民政治水平的相关问题进行了交叉分析，并试图比较这些因素与农民政治水平的相关性程度。通过分析，课题组期待能够了解影响农民政治水平的主要因素，并进一步了解这些因素对农民政治水平的影响程度。

问卷分析使用了 SPSS 系统，调查组的结论主要参考显示统计学意义的 P 值①。我们知道，在结论中判断什么样的显著性水平具有统计学意义，难免带有武断性。P 值的结果≤0.05 虽然被认为是统计学意义的边界，但这一显著性水平却还包含着相当高的犯错率。同时，我们还参考了卡方（χ^2）数值，用于检验列联表中变量之间是否存在显著性差异，或者用于检验变量之间是否独立。为了增加科学性，我们还参考了已有的研究成果结论、访谈结果和 SPSS 系统中的其他数值。

第二节 调查情况及分析

农民政治水平的影响因素是非常复杂的，课题组假定经济因素、文化因素、政治身份因素、自然年龄因素、社会性别因素和社会流动因素与农民政治水平具有一定的相关性，其中，文化因素与农民政治水平的相关性最为密切。该研究并没有完全覆盖影响农民政治水平的全部因素，但却能够帮助人们了解农民政治水平影响因素的基本情况。

一 文化因素对农民政治水平的影响

人们通常认为，文化程度越高，政治水平就会越高。李普塞特认为："教育多半可以开阔人的视野，使他能理解宽容准则的必要性，阻止他皈依极端主义学说，提高他在选举时做出合理选择的能力。"他还补充说道："把做出民主性反应的人与其他人分开的一个最重要因素是教育。一个人教育水平越高，他越可能相信民主的价值和支持民主的实践。"② 那么，实际调查结果怎样？

（一）文化程度对农民政治认知的影响

阿尔蒙德和维巴认为，政治认知是"关于政治系统、它的角色和角色的承担者、它的输入和输出的知识以及信念"③。政治认知是对政治

---

① 专业上，P（Pearson Chi-Square）为结果可信程度的一个递减指标，P 越大，我们越不能认为样本中变量的关联是总体中各变量关联的可靠指标。P 是将观察结果认为有效即具有总体代表性的犯错概率。通常，很多科学领域中产生 P 的结果≤0.05 被认为是统计学意义的边界线。

② ［美］西摩·马丁·李普塞特：《政治人——政治的社会基础》，张绍宗译，上海人民出版社 1997 年版，第 31 页。

③ ［美］加布里埃尔·A. 阿尔蒙德、西德尼·维巴：《公民文化——五个国家的政治态度和民主制》，徐湘林等译，东方出版社 2008 年版，第 14 页。

生活中的组织、角色、关系、过程、政策等的认识，是客观世界在人们主观世界的一种反映，这种反映体现的是一种对实然的追求，人们自觉或不自觉地去努力把握政治生活的面目，并形成对政治主体，及法律、政策、权利、权力等的认识。作为政治认知对象的，主要有政治领导人、政策、法规以及其他政治常识等。通常情况下，文化程度对政治认知的影响很直接。

1. 文化程度与农民对国家领导人、农村基层干部、村民代表了解程度之间的关系

如表 8 - 1 所示，当 430 位调查对象被问及"中央有位李克强，他是干什么的"时，小学及以下、初中、高中、大专及以上文化程度的调查对象，能够明确回答李克强是国务院总理的比率分别为 60.61%、75.00%、78.38%、86.67%。从这些数字看，调查对象文化程度越高，对国家领导人的认知水平就越高。然而，SPSS 软件处理的结果显示，P 值略大于 0.05，为 0.053，统计学意义不是十分明显，文化程度与调查对象对国家领导人的了解程度之间具有一定的相关性，但这种相关性较弱。

表 8 - 1　　　　　　　　中央有位李克强，他是干什么的？（%）

文化程度	国家主席	国务院总理	不知道	合计
小学及以下	2.53	60.61	36.86	100.00
初中	2.14	75.00	22.86	100.00
高中	2.70	78.38	18.92	100.00
大专及以上		86.67	13.33	100.00
合计	2.34	69.39	28.27	100.00
$\chi^2 = 15.3318$			P = 0.053	

表 8 - 2 显示，当调查对象被问及是否知道所在地的乡镇长是谁时，小学及以下、初中、高中、大专及以上文化程度的调查对象回答"知道"的比率分别为 9.60%、12.86%、18.92% 和 26.67%。单纯看这一组数据，文化程度与调查对象对农村基层干部的了解之间似乎具有一定的相关性，然而，P 值为 0.135，远远大于统计学意义的边界线，不具有统计学意义，文化程度与调查对象对农村基层干部的了解之间的相关

性极弱。

表 8 - 2　　　　　　您知道您所在地的乡镇长是谁吗？（％）

文化程度	知道	不知道	合计
小学及以下	9.60	90.40	100.00
初中	12.86	87.14	100.00
高中	18.92	81.08	100.00
大专及以上	26.67	73.33	100.00
合计	12.85	87.15	100.00
$\chi^2 = 7.0102$		$P = 0.135$	

　　表 8 - 3 表明，文化程度与调查对象是否知道谁是村民代表之间没有相关性，相比初中和高中文化程度的调查对象，小学及以下文化程度的调查对象对村民代表的了解程度更高一些，P 值为 0.798，没有统计学意义。

表 8 - 3　　　　　　您知道您村村民代表都是谁吗？（％）

文化程度	知道	不知道	没有	合计
小学及以下	60.91	38.58	0.51	100.00
初中	60.43	37.41	2.16	100.00
高中	58.11	41.89		100.00
大专及以上	66.67	33.33		100.00
合计	60.56	38.50	0.94	100.00
$\chi^2 = 4.6168$		$P = 0.798$		

　　一般情况下，村民都应该知道本村村主任是谁，是否能够说出村主任的名字应该与村民的文化程度没有太大关系。表 8 - 4 的调查数据验证了我们的看法，P 值为 0.353，没有统计学意义。调查时发现，不知道村主任是谁的村民或者长期在外打工，或者很少走出家门，他们不关心村庄的发展和变化，不参与村庄的政治生活。

表 8-4　　　　　您知道您村村主任是谁吗？（%）

文化程度	知道	不知道	缺失值	合计
小学及以下	90.40	9.60		100.00
初中	87.86	11.43	0.71	100.00
高中	81.08	18.92		100.00
大专及以上	100.00	0.00		100.00
合计	88.32	11.45	0.23	100.00
$\chi^2 = 8.8766$			P = 0.353	

2. 文化程度与农民对法律、政策了解程度之间的关系

《村组法》从试行到现今已有 20 多年，是农村政治领域中最基本的法规之一。调查显示（见表 8-5），文化程度越高，调查对象对该法律了解越多，但相差不大。其中，高中与大专及以上文化程度的调查对象对该法规的了解程度基本相似。P 值为 0.821，不具有统计学意义。可见，调查对象对关系到自己基本政治权益的法规普遍不了解，文化程度高的调查对象也不例外。

表 8-5　　　您了解《中华人民共和国村民委员会组织法》吗？（%）

文化程度	非常了解	很了解	比较了解	不太了解	缺失值	合计
小学及以下	2.02	1.52	7.58	88.88		100.00
初中	1.43	2.86	9.29	85.00	1.42	100.00
高中	2.70	2.70	14.86	79.74		100.00
大专及以上		6.67	13.33	80.00		100.00
合计	1.87	2.34	9.58	85.75	0.46	100.00
$\chi^2 = 10.8096$			P = 0.821			

国家土地流转政策发布时间不长，但与农民经济利益密切相关，很多农村已经开始进行大规模的土地流转。从表 8-6 的数据看，当调查对象的文化程度在高中及以下时，文化程度与调查对象对该政策的了解之间的相关性很强，只是达到大专及以上文化程度时，相关性变弱。P 值小于 0.05，数据具有统计学上的意义。所以，调查对象的文化程度与调查对象对土地流转政策的了解之间具有一定的相关性。

表 8 – 6　　　　　　您知道国家的土地流转政策吗？（％）

文化程度	知道	不知道	合计
小学及以下	27. 78	72. 22	100. 00
初中	34. 29	65. 71	100. 00
高中	45. 95	54. 05	100. 00
大专及以上	33. 33	66. 67	100. 00
合计	33. 41	66. 59	100. 00
$\chi^2 = 10.0915$		P = 0.039	

3. 文化程度与农民对权力和权利来源认识之间的关系

政治的核心是公共权力，权力的来源是政治领域的基本命题。农民最熟悉的权力是农村基层干部的权力，由于各种因素的影响，农民对农村基层干部权力来源的认识多种多样。从表 8 – 7 的数据可以看出，调查对象的文化程度越高，调查对象就越倾向于认为农村基层干部的权力是老百姓给的，二者的相关性极强。P 值为 0.011，具有统计学意义。

表 8 – 7　　　　　　您认为村干部的权力是哪里来的？（％）

文化程度	老百姓给的	政府给的	法律给的	不知道	合计
小学及以下	68. 18	11. 62	0. 51	19. 69	100. 00
初中	63. 57	22. 86	1. 43	12. 14	100. 00
高中	64. 38	21. 92	5. 48	8. 22	100. 00
大专及以上	46. 67	33. 33		20. 00	100. 00
合计	65. 34	17. 80	1. 64	15. 22	100. 00
$\chi^2 = 31.7482$			P = 0.011		

权利也是政治领域的基本概念，农民对权利来源的认识关乎农民民主权利的实现和农村民主化进程的成败。表 8 – 8 显示，随着调查对象文化程度的提高，调查对象愈加倾向于认为农民的权利是法律赋予的，二者的相关性较强。P 值为 0.031，具有统计学意义。

表 8 – 8　　　　　　您认为农民的权利是哪里来的？（％）

文化程度	生来就有	政府给的	法律给的	不知道	缺失值	合计
小学及以下	17. 17	37. 37	15. 66	28. 28	1. 52	100. 00

续表

文化程度	生来就有	政府给的	法律给的	不知道	缺失值	合计
初中	20.00	45.00	15.71	17.14	2.15	100.00
高中	29.73	28.38	28.38	12.16	1.35	100.00
大专及以上	13.33	20.00	33.33	33.34		100.00
合计	20.09	37.85	18.46	21.96	1.64	100.00
$\chi^2 = 28.0416$			$P = 0.031$			

上面的分析表明，文化程度越高，农民对政治知识的了解越多。教育可以开阔农民的视野，使农民能较容易理解权力和权利的来源，增加农民对政策的了解和把握。詹姆斯·布赖斯曾写道："教育，如果说它不能使人成为好的公民，它至少使人成为好的公民变得比较容易。"[①]然而，表8-9表明，农民教育问题还没有得到应有的重视，大部分调查对象都认为村里没有组织过学习活动。很多农民对教育的态度非常消极，一位调查员在访谈记录中写下了一位村民对教育的态度。

表8-9　　　　　　您村组织过农民学习活动吗？

变量	频数	比率（%）	累计比率（%）
经常	42	9.77	9.77
偶尔	88	20.47	30.24
没组织过	282	65.58	95.82
不清楚	18	4.18	100.00
合计	430	100.00	

【访谈记录】8-1

访谈对象：Y村村民D（小学文化程度）

谈到学习，这位村民笑着说："我们都这么大岁数了，对付吃饱饭就行了，学也学不会了，拿起书就犯困。现在的大学生花了那么多钱，毕业还找不到工作，念那么多书也没什么用。"

---

① ［美］西摩·马丁·李普塞特：《政治人——政治的社会基础》，张绍宗译，上海人民出版社1997年版，第31页。

（二）文化程度对农民政治情感的影响

人们在政治生活中，面对各种政治现象不可能无动于衷。在一定的政治认知的基础上，人们会产生一定的情绪，如赞成与反对、欣赏与厌恶、希望与绝望等，这就是人们的政治情感。农民的政治情感是农民对政治对象的主观的体验和反应，主要表现为人们对于政治组织、政治人物、政治权威、政治过程等的好恶、爱憎、冷热等感情。

1. 文化程度与农民对村庄感情之间的关系

从表8-10的数据可以看出，大专及以上文化程度的调查对象对村庄的感情明显低于其他调查对象，13.33%的大专及以上文化程度调查对象回答对村庄没有感情，而且他们对自己的情感取向非常清楚。从调查中能够感受到，文化程度较高的农民走南闯北，有些农民在城市里已经购买住房，他们对村庄的依恋程度降低。可见，调查对象的文化程度与调查对象对村庄的感情之间有着一定的关系。P值小于0.05，具有统计学意义。

表8-10 您对您所在的村庄有感情吗？（%）

文化程度	有感情	没有感情	说不清	合计
小学及以下	85.35	8.59	6.06	100.00
初中	84.29	9.29	6.42	100.00
高中	77.03	8.11	14.86	100.00
大专及以上	86.67	13.33		100.00
合计	83.41	9.11	7.48	100.00
$\chi^2 = 18.1582$			P = 0.020	

2. 文化程度与农民对农村干部感情之间的关系

农民与农村基层干部感情的重要连接点是农村干部对农民利益的维护。在调查中发现，农民非常欣赏能给村民办事的农村干部，而对那些不关心村民利益的农村干部颇多微词。观察表8-11的数据可以发现，文化程度与调查对象对农村基层干部能否维护农民利益的评价之间没有太大相关性，P值远远大于0.05，不具有统计学意义。需要注意的是，大量的调查对象对该问题的回答非常模糊，这反映出很多调查对象害怕得罪农村基层干部，思想有顾虑，不愿意表达自己的真实想法。有的调查对象反映，农村基层干部的权力很大，得罪他们的结果是很严重的。

表8-11　　您认为农村基层干部能真正维护农民利益吗？（%）

文化程度	会	不会	说不清	缺失值	合计
小学及以下	48.48	22.73	28.28	0.51	100.00
初中	53.57	24.29	22.14		100.00
高中	41.89	20.27	37.84		100.00
大专及以上	46.67	20.00	33.33		100.00
合计	48.83	22.90	28.04	0.23	100.00
$\chi^2 = 10.7425$			P = 0.551		

3. 文化程度与农民民主情结之间的关系

从表8-12可以看出，针对村庄大事如何决定这一问题，调查对象的文化程度越高，越倾向于认为"村民商议决定"为好，其中，大专及以上文化程度的调查对象中的73.33%喜欢"村民商议决定"，而小学及以下文化程度的调查对象中只有35.53%喜欢"村民商议决定"。可能是选项过多的原因，P值显示没有相关性。

表8-12　　　　您认为村庄大事怎样决定好？（%）

文化程度	村民商议决定	村两委决定	村支部决定	村民代表决定	村支书决定	村主任决定	其他	缺失值	合计
小学及以下	35.53	9.14	4.06	20.30	3.55	1.02	21.83	4.57	100.00
初中	41.73	13.67	5.76	18.71	1.44	0.72	16.54	1.43	100.00
高中	51.35	5.41	4.05	21.62	1.35	1.35	10.81	4.06	100.00
大专及以上	73.33	13.33				6.67	6.67		100.00
合计	41.78	10.09	4.46	19.25	2.35	1.17	17.61	3.29	100.00
$\chi^2 = 31.2995$				P = 0.304					

上面的分析告诉我们，文化程度对农民政治情感具有一定程度的影响。一般而言，文化程度较高的农民获取的信息量较大，思维比较开阔，对城市生活有更多的体验，进而对自己家园的感情逐渐淡化。同时，这些文化程度较高的农民民主意识较强，对民主权利有着更强烈的渴望，他们希望能够参与村庄大事的决定，是农村政治舞台不可

忽视的民主力量。尤其需要提到的是，不论何种文化程度的调查对象，都对农村基层干部的评价不高，因而农村干群感情需要进一步加深。

（三）文化程度对农民政治态度的影响

政治态度的内涵有广义和狭义之分。广义的政治态度源于人们对态度的理解，从社会心理学的角度讲，广义上的"态度系统包括人们对社会事物的各种反应，分作行为本身、意向、观念（包括信念和认知）、情感反应和态度本身五种类型"①。广义的政治态度主要是指人们对政治现象的认知、情感、意向等。农民的政治态度则是指农民的政治认知、政治情感、政治行为等。狭义的政治态度是指公民在主观方面所具有的政治特征，它包括政治关心、政治效能感、政治信任、政治评价等方面。文化程度的高低，不仅与农民的政治认知相关，还与农民的政治态度密切相连。

1. 文化程度与农民对村庄关心程度之间的关系

对农民而言，政治关心集中体现在农民对自己所在村庄的关心上，很难想象一个对自己生活的家园都不闻不问的农民会关心国家的前途和命运。当问及农民是否关心村庄的未来发展时，表 8-13 数据表明，调查对象的文化程度越高，就越关心村庄的未来发展，只是高中与大专及以上文化程度之间的递增关系不太明显。P 值为 0.029，具有统计学上的意义。

表 8-13　　　　　　　　您关心村庄的未来发展吗？（％）

文化程度	非常关心	很关心	比较关心	不太关心	缺失值	合计
小学及以下	34.85	26.26	11.62	27.27		100.00
初中	27.86	25.00	25.00	21.43	0.71	100.00
高中	51.35	24.33	12.16	12.16		100.00
大专及以上	46.67	26.67	13.33	13.33		100.00
合计	35.98	25.47	16.12	22.20	0.23	100.00
$\chi^2 = 28.2687$			P = 0.029			

① 赵国友：《改革开放三十年来中国农民政治态度的走向、局限及引导》，《理论导刊》2010 年第 4 期。

　　农民对村庄的关心还体现在农民对村庄事务的了解上。从表8-14可以看到，高中和大专及以上文化程度的调查对象对村里土地流转、集体设施出租转让等村务了解的程度略高于小学及以下和初中文化程度的调查对象。但总体而言，P值不具有统计学意义，调查对象的文化程度与调查对象对村里土地流转等问题的关心之间没有很明显的相关性。

表8-14　　您了解村里的土地流转、集体设施出租转让等情况吗？（%）

文化程度	了解	不了解	合计
小学及以下	17.17	82.83	100.00
初中	16.55	83.45	100.00
高中	20.27	79.73	100.00
大专及以上	20.00	80.00	100.00
合计	17.56	82.44	100.00
$\chi^2 = 0.7692$		P = 0.943	

　　看起来，相比文化程度较低的调查对象，文化程度较高的调查对象对村庄未来发展比较关心，但是，他们的关心并没有落实到具体的村庄事务中，而是流于表面。

　　2. 文化程度与农民对村级组织信赖之间的关系

　　表8-15显示，小学及以下文化程度的调查对象和大专及以上文化程度的调查对象回答"相信"的比率低于初、高中文化程度的调查对象，P值大于0.05，不具有统计学意义。

表8-15　　您相信村级组织会在您遇到困难时帮助您吗？（%）

文化程度	相信	不相信	其他	合计
小学及以下	50.51	48.99	0.50	100.00
初中	57.86	40.71	1.43	100.00
高中	51.35	47.30	1.35	100.00
大专及以上	40.00	60.00		100.00
合计	52.80	46.26	0.94	100.00
$\chi^2 = 5.1774$			P = 0.738	

　　需要注意的是，文化程度为大专及以上的调查对象对村级组织的信

任度最低，为了弄清原因，我们进行了访谈。

【访谈记录】8-2

访谈对象：N村村民B（大专文化程度）

村民B经营了一家小型企业，谈到在企业经营遇到困难时村级组织是否会帮忙这一问题，这位私营企业主感慨地说道："这几年，企业在运营过程中遇到了很多困难，如资金、技术问题等，村级组织没有能力管，也没人愿意管，我们只能自己想办法解决。"

文化程度较高的农民不是不想让村级组织帮忙，而是村级组织的服务能力不足。

3. 文化程度与农民政治信心之间的关系

农民是否认为有途径维护自己的合法权益，在一定程度上可以反映农民对政治制度的信心和对自己政治能力的信心。从表8-16的数据看，调查对象的文化程度越高，政治信心就越强。P值为0.009，具有高度的统计学意义。

表8-16　　您认为您有合法途径反映和维护自己的合法利益吗？（%）

文化程度	有	没有	缺失值	合计
小学及以下	41.41	55.05	3.54	100.00
初中	55.71	42.86	1.43	100.00
高中	63.89	34.72	1.39	100.00
大专及以上	80.00	20.00		100.00
合计	51.17	46.48	2.35	100.00
$\chi^2 = 20.3680$			$P = 0.009$	

农民对农村发展和农民前途的信心是农民政治态度的重要组成部分。从表8-17的数据看，小学及以下和初中文化程度的调查对象回答"没有信心"的比率略高于高中和大专及以上文化程度的调查对象。P值远远大于0.05，调查对象的文化程度与调查对象对农村发展和农民前途的信心之间没有表现出相关性，统计学意义不大，数据可作为参考。

表 8 - 17　　　　您对农村发展和农民前途有信心吗？（％）

文化程度	很有信心	比较有信心	信心不大	没有信心	缺失值	合计
小学及以下	38.07	19.80	21.83	18.27	2.03	100.00
初中	32.14	27.14	22.86	17.14	0.72	100.00
高中	32.43	32.43	21.62	12.16	1.36	100.00
大专及以上	46.67	13.33	26.67	13.33		100.00
合计	35.36	24.12	22.25	16.86	1.41	100.00
$\chi^2 = 14.1105$			P = 0.590			

4. 文化程度与农民政治评价之间的关系

农民政治评价是人们对政治机构、政治角色、政治功能等进行的评价，农民政治评价影响着农民的政治行为。由于受各种因素的影响，农民政治评价表现出多元性。

从表 8 - 18 反映的情况看，大专及以上文化程度的调查对象对近年来村庄的发展成效评价较高。大专及以上文化程度调查对象的家庭经济状况相对较好，对农村经济发展和村庄经济进步感受较深。P 值小于0.05，样本具有统计学意义。

表 8 - 18　　　　您认为您村近年来发展成效怎么样？（％）

文化程度	非常好	很好	一般	不太好	不好说	合计
小学及以下	3.03	22.73	37.88	27.27	9.09	100.00
初中	7.14	17.14	45.00	25.00	5.72	100.00
高中	5.41	29.73	28.38	28.38	8.10	100.00
大专及以上	26.67	6.67	40.00	20.00	6.66	100.00
合计	5.61	21.50	38.79	26.40	7.70	100.00
$\chi^2 = 26.8841$			P = 0.043			

农民对政治体系的评价离不开农民对基层法院公正性的评价。随着调查对象文化程度的提高，调查对象对法院执法公正性的评价逐渐提高，其中，小学及以下文化程度的调查对象对基层法院公正性的评价明显偏低。虽然 P 值并没有显示出统计学意义，但数据可以作为参考（见表 8 - 19）。

表 8 - 19　　　　　　　您相信基层法院能够公正解决问题吗？（%）

文化程度	公正	不公正	其他	合计
小学及以下	42.93	20.71	36.36	100.00
初中	52.86	17.86	29.28	100.00
高中	52.70	24.32	22.98	100.00
大专及以上	53.33	40.00	6.67	100.00
合计	48.13	21.03	30.84	100.00
$\chi^2 = 14.4355$			P = 0.071	

一般而言，文化程度低的农民拥有的法律知识较少，遇到问题时很难选择理性的法律途径解决，受社会舆论影响较大。在访谈中我们获得了类似的信息。

【访谈记录】8 - 3

访谈对象：N 村村民 A（小学文化程度）

在谈到打官司这一话题时，他说："当我们的利益受到侵犯时，我们会选择忍耐或者找政府闹，不愿意打官司，打官司太麻烦，法院里又不认识人，官司很难赢。"

当前，农村社会矛盾非常复杂，文化程度低的调查对象对基层法院公正性的评价较低，遇到矛盾和问题不愿意诉诸法律，而是采取忍耐或者闹事的极端手段解决问题。

美国政治哲学家罗尔斯把正义看作是制度的头等价值。一种社会制度不管怎样有效率、有秩序，只要是非正义的，就要加以改变和废除。历史上，中国农民对公平表现出了执着的追求，历次农民起义都与农民对公平的评价有关。表 8 - 20 显示，小学及以下、初中、高中、大专及以上文化程度的调查对象认为社会"公平"的比率分别为 34.34%、42.86%、54.05%、80.00%，小学及以下文化程度认为人们的收入和地位待遇公平的比率最低。调查对象的文化程度与调查对象是否认为人们的收入和地位待遇公平之间具有明显的相关性。P 值也小于 0.05，为 0.012，具有统计学意义。

表 8 – 20　　　　　　您认为人们的收入和地位待遇公平吗？（%）

文化程度	公平	不公平	缺失值	合计
小学及以下	34.34	63.64	2.02	100.00
初中	42.86	56.43	0.71	100.00
高中	54.05	44.60	1.35	100.00
大专及以上	80.00	20.00		100.00
合计	42.06	56.54	1.40	100.00
$\chi^2 = 19.6556$			$P = 0.012$	

从社会心理学的角度看，人们的文化程度越高，心理需求层次就越高。表 8 – 21 证实，文化程度越高，调查对象对目前农村的社会治安、食品药品安全和生产安全的满意度就越低，二者的相关性很强。P 值为 0.000，具有高度的统计学意义。

表 8 – 21　　　您对农村社会治安、食品药品安全、生产安全
等状况满意吗？（%）

文化程度	满意	不满意	缺失值	合计
小学及以下	53.03	46.46	0.51	100.00
初中	52.86	45.00	2.14	100.00
高中	41.89	56.76	1.35	100.00
大专及以上	40.00	60.00		100.00
合计	50.47	48.13	1.40	100.00
$\chi^2 = 76.0317$			$P = 0.000$	

通过上面的分析得知：文化程度与农民的政治关心、政治信心有一定的相关性，与政治评价关系较为密切，与农民的政治信赖相关性不强。文化程度较高的农民对村庄未来发展比较关心，对通过合法途径维护合法权益比较有信心，对村庄发展成效和人们的收入与地位公平性的评价较高，但他们对村庄事务关心较少，对村级组织信赖程度低，对农村社会治安、食品药品安全、生产安全等状况满意度低。农村发展和进步离不开文化程度较高农民的积极带动，如果他们对村级事务的冷漠和对农村安全的担忧情形长期得不到改善，农村建设就会受到影响。而文化程度低的农民对村庄的未来发展关心程度较低，对

通过合法途径维护合法权益信心较弱，对村庄发展成效、法院的公正性以及人们收入与地位待遇公平性的评价较低。在此，文化程度较低的农民的低水平政治评价与低水平政治制度认同同时出现，非常不利于农村政治稳定。

（四）文化程度对农民政治参与的影响

学者们普遍认为，文化程度不仅影响农民的政治态度，而且会对农民的参与意识、参与积极性、参与行为等产生影响。英格尔斯曾经说过："按平均数来说，每多受一年教育，个人的积极参与度（评分范围为 0—100）约增加 0.25 分。"①

1. 文化程度与农民主体意识之间的关系

主体意识是在社会关系中人们对自身地位的认识，如果农民感受不到自己的主体地位，认为自己的作用微不足道，农民的政治参与积极性也就会受到影响。观察表 8 - 22 可以发现，当我们问及您是否同意"一个村庄的发展主要靠干部，而农民作用微不足道"这一说法时，小学及以下文化程度的调查对象表示"同意"的比率最高，高中文化程度的调查对象表示"同意"的比率最低。常理讲，大专及以上文化程度的调查对象更应该认识到农民群众的作用，但数据表显示的结果并非如此，他们可能更加现实。P 值具有统计学意义。

表 8 - 22　　您同意"一个村庄的发展主要靠干部，而农民作用
微不足道"这一说法吗？（%）

文化程度	同意	不同意	说不清	缺失值	合计
小学及以下	55.33	27.41	16.24	1.02	100.00
初中	52.86	37.86	9.28		100.00
高中	37.84	55.41	6.75		100.00
大专及以上	53.33	33.33	13.34		100.00
合计	51.52	35.83	12.18	0.47	100.00
$\chi^2 = 24.0084$			P = 0.020		

① ［美］亚历克斯·英克尔斯：《六个发展中国家的公民参与》，《美国政治学评论》1969 年第 63 期。

2. 文化程度与农民民主选举积极性之间的关系

从表 8 - 23 中可以看出，文化程度低的调查对象比文化程度高的调查对象参与选举的概率高。人们通常认为，文化程度高的人群选举积极性较高，但我们还应注意到其他因素的存在。文化程度高的农民在进行政治参与时理性程度更高，他们会认真考虑参与的功效和作用，如果他们认为投票和不投票结果都是一样的，或者谁当村干部对他来说都无所谓时，他们就会选择拒绝投票。在打工的人群中，文化程度较高的农民比文化程度低的农民多一些，他们回乡参加选举的成本较高。常年在外打工的农民逐渐融于城市，对村庄的信赖感降低，对选举的关心度下降。同时，文化程度低的人群在选举中容易受感情因素、动员因素等影响，会比较积极地投入到选举中去。P 值为0.030，具有统计学意义。

表 8 - 23　　　　　您参加上一届村民委员会选举了吗？（%）

文化程度	参加	没参加	合计
小学及以下	76.26	23.74	100.00
初中	67.14	32.86	100.00
高中	62.16	37.84	100.00
大专及以上	46.67	53.33	100.00
合计	69.86	30.14	100.00
$\chi^2 = 10.6919$		P = 0.030	

3. 文化程度与农民监督意识之间的关系

从理论上讲，农村干部的权力是老百姓给的，农民自然应当监督农村干部。在农村政治实践中，农民的监督权利没有得到真正的落实，但农民的监督意识已经基本形成。表 8 - 24 表明，除大专及以上文化程度的调查对象外，小学及以下、初中、高中文化程度的调查对象表示应当监督农村干部的比率逐步增加。大专及以上文化程度的调查对象对农村政治生活关注度较低，他们中的大部分忙于发家致富，希望有朝一日能够到城市生活和发展。P 值为 0.130，没有统计学意义，但数据分析的结果可以作为参考。

表 8 - 24　　　　　　您认为老百姓应当监督农村干部吗？（%）

文化程度	应当	不应当	不好说	缺失值	合计
小学及以下	61.11	12.63	25.76	0.50	100.00
初中	70.00	5.00	25.00		100.00
高中	77.03	2.70	20.27		100.00
大专及以上	73.33	13.33	13.34		100.00
合计	67.06	8.41	24.30	0.23	100.00
$\chi^2 = 17.5408$			P = 0.130		

4. 文化程度与农民政治功效感之间的关系

政治功效感指政治成员对政治系统输入、输出影响能力的主观感觉，是"个体认为其政治行动对政治过程一定有或能够有影响的感觉"[1]。

从表 8 - 25 的数据看，除大专及以上文化程度的调查对象外，随着调查对象文化程度的增加，调查对象的政治功效感也随之增加，调查对象的文化程度与调查对象是否认为民主选举投票有作用之间有一定的相关性。大专及以上文化程度的调查对象对村庄事务关心程度较低，对民主选举的作用重视程度不够。P 值为 0.496，数据分析结果仅作为参考。

表 8 - 25　　　　　　您认为民主选举投票有作用吗？（%）

文化程度	有	没有	不知道	合计
小学及以下	65.66	21.21	13.13	100.00
初中	72.86	18.57	8.57	100.00
高中	77.03	17.57	5.40	100.00
大专及以上	66.67	13.33	20.00	100.00
合计	70.09	19.39	10.52	100.00
$\chi^2 = 7.3789$		P = 0.496		

5. 文化程度与农民参与行为选择之间的关系

表 8 - 26 显示，当调查对象对村干部有意见时，文化程度低的调查对象向有关部门反映的比率较低，文化程度越高，这一比率越高。文化

---

[1]　Angus Campbell, Gerald Gurin, and Warren E. Miller, *The Voter Decides*, Evanston： Row Peterson & Co. , 1954, p.187.

程度低的调查对象直接找村干部提意见的比率也略低于文化程度较高的调查对象。随着文化程度的提高，农民选择"听话"和"放在心里"的概率相应降低。虽然 P 值为 0.078，大于临界值，但数据还是有一定的参考价值。

表 8 - 26　　　　　　　如果您对村干部有意见，您会怎么选择？（%）

文化程度	向上反映	找干部提意见	听话	放在心里	其他	缺失值	合计
小学及以下	2.54	24.87	6.09	44.67	20.81	1.02	100.00
初中	7.86	29.29	5.00	38.57	15.71	3.57	100.00
高中	10.96	28.77	1.37	38.36	20.54		100.00
大专及以上	20.00	33.33		20.00	26.67		100.00
合计	6.34	27.23	4.69	40.61	19.49	1.64	100.00
$\chi^2 = 29.4930$				P = 0.078			

此外，文化程度的高低与农民是否参加过村干部的民主评议、农民是否向村干部提过意见或建议、农民是否向村民代表反映过意见或建议、农民是否在村民小组会议上提过意见或建议都没有表现出明显的相关性，P 值明显大于 0.05，没有统计学意义。但是，从具体数据看，文化程度高的调查对象政治参与意识明显高一些。

总的来看，文化程度与农民政治参与之间的相关性不大。文化程度与农民主体意识具有一定相关性，而与农民监督意识、政治功效意识、参与行为选择相关性不强。与我们的预期不同，大专及以上文化程度农民的主体意识、选举积极性、监督意识、政治功效感都没有表现出优势，一方面在于他们对村庄事务关心不多，另一方面因为影响政治参与的因素是非常复杂的。当农民认为参与选举或者向有关部门反映意见没有意义时，无论文化程度高低，农民都可能会选择"放在心里"或者"听话"。政治代价感也是影响因素之一，如果农民政治参与的代价过大，他们也可能选择沉默。此外，还要综合考虑经济因素、社会因素、政治因素等。

（五）文化程度对农民合作意识的影响

为了了解农民的合作意识，我们考察了调查对象对"自己干容易致富还是合伙干容易致富"的看法。表 8 - 27 表明，调查对象的文化程度越高，经济合作意识越强，大专及以上文化程度的调查对象比小学及以下文化程度的调查对象认可"合伙干"的比例高出 37.67 个百分点，文化程度低的调查对象合作意识偏低。P 值为 0.045，具有统计学意义。

表 8 – 27　　您认为自己干容易致富还是合伙干容易致富？（％）

文化程度	自己干	合伙干	看情况	缺失值	合计
小学及以下	54.55	15.66	27.27	2.52	100.00
初中	62.14	15.71	19.29	2.86	100.00
高中	48.65	20.27	28.38	2.70	100.00
大专及以上	46.67	53.33			100.00
合计	55.84	17.76	23.83	2.57	100.00
$\chi^2 = 21.3848$				P = 0.045	

【访谈记录】8 – 4

访谈对象：N 村村干部 A（大专文化程度）

村干部 A 是一家建筑公司的老板，谈到合作问题，他颇有感触地说："市场经济条件下，仅凭自己的力量是闯不出去的。企业的发展离不开资金、技术、信息等资源，要有合作致富的意识，合伙干总比自己干容易致富。"

访谈的结果说明，文化程度越高，农民的合作意识越强。

二　经济因素对农民政治水平的影响

我们调查的收入是 2013 年农民家庭纯收入。根据实际收入情况，我们把农民分为五个阶层，即低收入（0 — 9999 元）、中低收入（10000 —19999 元）、中等收入（20000 —39999 元）、中高收入（40000—49999 元）、高收入（50000 元以上），富裕农民是指中高收入和高收入农民，贫穷农民是指低收入和中低收入农民。

已有的研究成果表明，在一个社会内部，农民政治水平随着经济地位的变化而变化。人们普遍认为，经济收入高的人群会更多地参与政治。奥勒姆指出，人的经济地位（SES）和政治参与之间存在着相当明确的关联。就是说，一个人在社会分层等级中折合为 SES 的地位越高，他的政治参与比率也就越高。① 然而，实际情况并非如此简单。

调查发现，农民收入程度相差较大（见表6－2）。表8－28表明，调查对象中的55.81%认为本村的贫富差距明显。表8－29表明，60.89%的调查对象认为富裕农民对村庄事务的影响力高于贫穷农民。数据表明，富裕农民的政治影响力较强。但要看到，影响农民政治水平的因素是多元的，经济因素与农民政治水平的关系还需要进一步分析。

表8－28　　　　　　　　　您认为本村的贫富差距怎么样？

变量	频数	比率（%）	累积比率（%）
明显	240	55.81	55.81
一般	107	24.88	80.69
不明显	59	13.72	94.41
不清楚	24	5.59	100.00
合计	430	100.00	

表8－29　　　　　　　　　您认为富裕农民对村务的影响会大吗？

变量	频数	比率（%）	累积比率（%）
会	260	60.89	60.89
不会	146	34.19	95.08
不清楚	21	4.92	100.00
合计	427	100.00	

（一）农民收入对农民政治认知的影响

人们通常认为，随着农民收入水平的提高，农民会有更多的闲暇时间了解政治知识和拓展政治视野，农民收入对农民政治认知的影响是毋庸置疑的。

1. 农民收入与农民对国家领导人、农村基层干部等了解程度之间的关系

从表8－30呈现的数据看，调查对象的收入与调查对象对国家领导人的了解没有太大相关性，但低收入的调查对象对国家领导人的关注程

_____

① ［美］安东尼·M.奥勒姆：《政治社会学导论——对政治实体的社会剖析》，董云虎等译，浙江人民出版社1989年版，第331页。

度比其他调查对象明显低一些。P 值为 0.072，统计数据不具有统计学
意义，只作为参考。

表 8 - 30　　　　　中央有位李克强，他是干什么的？（%）

收入程度（元）	国家主席	国务院总理	不知道	合计
0—9999	2.56	62.39	35.05	100.00
10000—19999	1.03	72.16	26.81	100.00
20000—29999	2.27	77.27	20.46	100.00
30000—39999	3.57	50.00	46.43	100.00
40000—49999	9.09	81.82	9.09	100.00
50000—	4.35	76.09	19.56	100.00
合计	2.58	69.51	27.91	100.00
$\chi^2 = 17.0865$			P = 0.072	

　　从表 8 - 31 的数据看，调查对象的收入与调查对象对乡镇长的了解
程度之间相关性也不大，但低收入调查对象对乡镇长的了解程度比其他
收入调查对象明显低很多。所有调查对象对乡镇长的了解程度都不理
想。P 值为 0.342，不具有统计学意义。

表 8 - 31　　　　　您知道您所在地的乡镇长是谁吗？（%）

收入程度（元）	知道	不知道	合计
0—9999	9.40	90.60	100.00
10000—19999	17.53	82.47	100.00
20000—29999	11.36	88.64	100.00
30000—39999	17.86	82.14	100.00
40000—49999	27.27	72.73	100.00
50000—	15.22	84.78	100.00
合计	13.70	86.30	100.00
$\chi^2 = 5.6499$		P = 0.342	

　　表 8 - 32 显示，不同收入调查对象对村民代表的了解程度相差不
大，低收入调查对象回答"知道"村民代表是谁的仅为 45.69%。P 值
为 0.007，显示出相关性。

表 8 - 32　　　　　　　　您知道您村村民代表都是谁吗？（％）

收入程度（元）	知道	不知道	缺失值	合计
0—9999	45.69	53.45	0.86	100.00
10000—19999	73.20	26.80		100.00
20000—29999	67.05	31.82	1.13	100.00
30000—39999	60.71	35.71	3.58	100.00
40000—49999	63.64	36.36		100.00
50000—	69.57	30.43		100.00
合计	61.92	37.31	0.77	100.00
$\chi^2 = 24.1973$			P = 0.007	

表 8 - 33 告诉我们，不同收入调查对象对村主任的了解程度相差不大，经济收入与调查对象对村主任的了解之间没有相关性。P 值为 0.100，统计学意义不存在。

表 8 - 33　　　　　　　　您知道您村村主任是谁吗？（％）

收入程度（元）	知道	不知道	缺失值	合计
0—9999	88.03	11.97		100.00
10000—19999	93.81	6.19		100.00
20000—29999	86.36	12.50	1.14	100.00
30000—39999	71.43	28.57		100.00
40000—49999	81.82	18.18		100.00
50000—	93.48	6.52		100.00
合计	88.37	11.37	0.26	100.00
$\chi^2 = 15.9787$			P = 0.100	

2. 农民收入与农民对法律和政策了解程度之间的关系

表 8 - 34 表明，随着农民收入的提高，调查对象对《村组法》的了解有所增加，只是中高收入调查对象略有不同。低收入调查对象表示"不太了解"该法规的比率达到 92.31％，而高收入调查对象表示"不太了解"的比率为 76.09％。《村组法》是农村民主选举必须遵循的法规，是农村村民自治的主要法律依据，但调查对象普遍对该法规了解不多，尤其是低收入的调查对象，这必将影响农村民主政治建设，延误农

村民主化进程。P 值显示不具有统计学意义，数据仅作为参考。

表 8 – 34　您了解《中华人民共和国村民委员会组织法》吗？（％）

收入程度（元）	非常了解	很了解	比较了解	不太了解	缺失值	合计
0 —9999	1. 71	1. 71	3. 42	92. 31	0. 85	100. 00
10000 —19999	1. 03	2. 06	12. 37	84. 54		100. 00
20000 —29999	1. 14	3. 41	13. 64	81. 81		100. 00
30000 —39999	3. 57	3. 57	10. 71	78. 57	3. 58	100. 00
40000 —49999			18. 18	81. 82		100. 00
50000 —	6. 52	2. 17	15. 22	76. 09		100. 00
合计	2. 07	2. 33	10. 34	84. 75	0. 51	100. 00
$\chi^2 = 23. 4453$				P = 0. 267		

表 8 – 35 显示，调查对象收入与调查对象对国家土地流转政策的了解程度之间具有一定的相关性，P 值为 0. 000，具有高度统计学意义。低收入调查对象对国家土地政策的了解程度最低，有 80. 34％的低收入调查对象表示"不知道"，而高收入调查对象表示"不知道"的比率为 45. 65％。P 值为 0. 000，具有统计学意义。

表 8 – 35　　　　　　您知道国家的土地流转政策吗？（％）

收入程度（元）	知道	不知道	合计
0 —9999	19. 66	80. 34	100. 00
10000 —19999	34. 02	65. 98	100. 00
20000 —29999	45. 45	54. 55	100. 00
30000 —39999	39. 29	60. 71	100. 00
40000 —49999	36. 36	63. 64	100. 00
50000 —	54. 35	45. 65	100. 00
合计	35. 14	64. 86	100. 00
$\chi^2 = 24. 1292$		P = 0. 000	

3. 农民收入与农民对权力和权利来源认识之间的关系

从表 8 – 36 可以看出，相比而言，中低收入及以上调查对象比低收入调查对象更加清楚农村基层干部权力的来源，认同"法律给的"和

"老百姓给的"的比率较高，只是中高收入调查对象有些不同。P 值为 0.042，具有统计学意义，调查对象的收入程度与调查对象对农村干部权力来源的认识之间具有一定相关性。

表 8-36　　　您认为村干部的权力是哪里来的？（%）

收入程度（元）	老百姓给的	政府给的	法律给的	不知道	缺失值	合计
0—9999	62.39	14.53		22.22	0.86	100.00
10000—19999	67.71	18.75	1.04	11.46	1.04	100.00
20000—29999	67.05	23.86	3.41	5.68		100.00
30000—39999	75.00	21.43		3.57		100.00
40000—49999	45.45	36.36	9.09	9.10		100.00
50000—	69.57	10.87	4.35	13.04	2.17	100.00
合计	66.06	18.39	1.81	12.95	0.79	100.00
$\chi^2 = 32.1031$				P = 0.042		

表 8-37 显示，收入在 30000—39999 元之间的调查对象认为农民权利是"法律给的"比率为 35.71%，高于其他收入程度的调查对象。低收入调查对象无论是回答"生来就有的"还是回答"法律给的"比率都是最低的。总体来看，调查对象收入水平的提高有助于增加农民对权利来源的认知。P 值为 0.046，调查对象的收入程度与调查对象对农民权利来源的认识之间具有一定的相关性。

表 8-37　　　您认为农民的权利是哪里来的？（%）

收入程度（元）	生来就有的	政府给的	法律给的	不知道	缺失值	合计
0—9999	16.24	37.61	14.53	29.91	1.71	100.00
10000—19999	16.49	41.24	20.62	19.59	2.06	100.00
20000—29999	28.41	45.45	14.77	10.23	1.14	100.00
30000—39999	21.43	28.57	35.71	14.29		100.00
40000—49999	18.18	18.18	18.18	45.46		100.00
50000—	21.74	32.61	28.26	17.39		100.00
合计	20.16	38.50	19.38	20.67	1.29	100.00
$\chi^2 = 31.7476$				P = 0.046		

综合调查对象收入程度与调查对象政治认知关系的数据，我们发现，调查对象的收入程度与调查对象对村民代表、土地政策、权力来源和权利来源的了解之间都表现出了一定的相关性。总体上看，低收入调查对象的政治认知水平最低。可以想象，如果农民收入非常低，整日为生活所困，他们就很难有时间和精力了解国家的农村政策和相关法律，更不可能关心所谓的权力和权利来源等问题。这种状况必将影响他们的政治态度和政治参与，造成与现行政治体系的隔离，不利于农村政治的发展和农民利益的维护。

（二）农民收入对农民政治情感的影响

通常情况下，人们倾向于认为，农民收入过低会导致相对剥夺感的产生。相对剥夺感是由于现实与期待或者自己与他人的差距而引起的不满情绪。相对剥夺感会影响农民对政治组织和政治角色的情感，降低农民对民主价值的热情。

1. 农民收入与农民对村庄感情之间的关系

表 8 – 38 说明，调查对象的收入程度与其对所在村庄的感情之间的相关性不强。P 值为 0.769，不具有统计学意义。

表 8 – 38　　　　　您对您所在的村庄有感情吗？（%）

文化程度	相信	不相信	其他	合计
0 —9999	78.63	12.82	8.55	100.00
10000 —19999	88.66	6.19	5.15	100.00
20000 —29999	86.36	7.95	5.69	100.00
30000 —39999	85.71	7.14	7.15	100.00
40000 —49999	72.73	18.18	9.09	100.00
50000 —	84.78	6.52	8.70	100.00
合计	83.98	9.04	6.98	100.00
$\chi^2 = 6.5313$			P = 0.769	

【访谈记录】8 – 5

访谈对象：Y 村村干部 B

在与 Y 村村干部 B 的交谈中，他给我们介绍了低收入村民的一些情况。他说："低收入村民一般为失去劳动能力的老年人，他们已经不能种地和外出打工，他们的生活来源包括转让土地的资金、政府补助、村里补贴，但无法满足他们的养老需求。他们长期生活在村庄，本应对村庄有着浓厚的情感尤其是依恋之情，但由于经济条件太差，他们对村庄的感情逐渐变得淡漠。"

2. 农民收入与农民对农村干部感情之间的关系

维护农民利益是农村干部加深与农民之间感情的最好桥梁。表8－39的数字表明，随着调查对象收入的增加，调查对象认为农村基层干部能够真正维护农民利益的比率不断提高，只是40000—49999元收入水平的调查对象略有不同。P值为0.430，没有显示出统计学意义，分析结果作为参考。

表8－39　　　您认为农村基层干部能真正维护农民利益吗？（%）

收入程度（元）	会	不会	说不清	缺失值	合计
0—9999	43.59	29.91	25.65	0.85	100.00
10000—19999	49.48	18.56	31.96		100.00
20000—29999	52.27	23.86	23.87		100.00
30000—39999	57.14	17.86	25.00		100.00
40000—49999	45.45	18.18	36.37		100.00
50000—	67.39	10.87	21.74		100.00
合计	50.90	22.22	26.62	0.26	100.00
$\chi^2 = 15.3040$			P = 0.430		

3. 农民收入与农民民主情结之间的关系

表8－40表明，不同收入调查对象认为村庄大事应该由"村民商议决定"和"村民代表决定"的比率分别为52.99%、55.21%、72.27%、53.58%、90.91%、76.08%，从总体看，收入的增加有助于调查对象增加对民主的情感，当然，也有例外。P值为0.311，不具有统计学意义，分析结果作为参考。

总体上看，调查对象的收入程度与调查对象的政治情感相关性不大。但值得注意的是，相比其他收入程度的调查对象，低收入调查对象对村级组织、农村干部和民主价值没有太深的感情，调查对象的收入水平过低，政治情感水平也会下降。

表 8 - 40　　　　　　　　**您认为村庄大事怎样决定好？（%）**

收入程度（元）	村民商议决定	村两委决定	村支部决定	村民代表决定	村支书决定	村主任决定	其他	缺失值	合计
0—9999	37.61	8.55	6.84	15.38	3.42	1.71	21.36	5.13	100.00
10000—19999	35.42	11.46	5.21	19.79	3.13		20.82	4.17	100.00
20000—29999	48.28	12.64	2.30	22.99	1.15	1.15	10.34	1.15	100.00
30000—39999	39.29	14.29	3.57	14.29			25.00	3.56	100.00
40000—49999	90.91	9.09							100.00
50000—	54.35	8.70	4.35	21.73		2.17	8.70		100.00
合计	43.12	10.65	4.68	18.44	2.08	1.04	16.88	3.11	100.00
$\chi^2 = 38.5877$					P = 0.311				

（三）农民收入对农民政治态度的影响

一些研究表明，收入水平与人们的政治关心、政治信赖、政治信心、政治评价之间会发生一定的关系，但这一结论更多是建立在主观想象的基础上，缺少事实的支撑。收入水平对政治态度是否有影响及影响程度要通过数据分析呈现出来。

1. 农民收入与农民对村庄关心程度之间的关系

从表 8 - 41 的数据看，除中等收入和中高收入调查对象外，其他收入调查对象对村庄未来发展关心的比率随着收入的增加而提高，低收入阶层选择"不太关心"的比率偏高。衡量统计学意义的 P 值为 0.002，具有高度的统计学意义。

表 8 - 41　　　　　　　　**您关心村庄的未来发展吗？（%）**

收入程度（元）	非常关心	很关心	比较关心	不太关心	缺失值	合计
0—9999	31.62	23.93	13.68	30.77		100.00
10000—19999	36.08	24.74	19.59	18.56	1.03	100.00
20000—29999	43.18	32.95	9.09	14.78		100.00
30000—39999	39.29	10.71	25.00	25.00		100.00
40000—49999	18.18		54.55	27.27		100.00
50000—	50.00	28.26	15.22	6.52		100.00
合计	37.73	25.06	16.28	20.67	0.26	100.00
$\chi^2 = 42.9419$				P = 0.002		

为了进一步分析农民收入与农民对村庄关心程度之间的关系，调查组进一步了解了不同收入调查对象对村里的土地流转、集体设施出租转让等的了解情况。数据表明，农民收入与农民是否了解村里的土地流转等村务之间没有相关性。P 值为 0.251，不具有统计学意义。

表 8 - 42　　您了解村里的土地流转、集体设施出租转让等情况吗？（%）

收入程度（元）	了解	不了解	合计
0—9999	16.24	83.76	100.00
10000—19999	18.56	81.44	100.00
20000—29999	20.45	79.55	100.00
30000—39999	14.29	85.71	100.00
40000—49999		100.00	100.00
50000—	28.89	71.11	100.00
合计	18.65	81.35	100.00
$\chi^2 = 6.6196$		P = 0.251	

2. 农民收入与农民对村级组织信赖之间的关系

表 8 - 43 的数据告诉我们，随着调查对象收入程度的提高，调查对象在遇到困难时相信村级组织会帮忙的比率不断增加，只是中高收入的调查对象略有不同。低收入调查对象在遇到困难时相信村级组织会帮忙的比率最低。衡量统计学意义的 P 值为 0.131，表明调查对象的收入与调查对象对村级组织的信赖之间关系不大，但具体数据仍然具有参考价值。

表 8 - 43　　您相信村级组织会在您遇到困难时帮助您吗？（%）

收入程度（元）	相信	不相信	其他	合计
0—9999	46.15	52.14	1.71	100.00
10000—19999	47.42	51.55	1.03	100.00
20000—29999	55.68	44.32		100.00
30000—39999	67.86	32.14		100.00
40000—49999	63.64	36.36		100.00
50000—	71.74	28.26		100.00
合计	53.75	45.48	0.77	100.00
$\chi^2 = 15.0326$		P = 0.131		

3. 农民收入与农民政治信心之间的关系

从表8-44的数据看，调查对象的收入程度与调查对象是否认为有合法途径反映和维护自己的合法利益之间相关性不大，P值为0.096，不具有统计学意义。但值得注意的是，低收入的调查对象认为有合法途径反映和维护自己合法利益的比率最低，他们对合法维护利益的信心最弱。

表8-44 您认为您有合法途径反映和维护自己的合法利益吗？（%）

收入程度（元）	有	没有	缺失值	合计
0—9999	40.17	57.26	2.57	100.00
10000—19999	55.67	43.30	1.03	100.00
20000—29999	57.47	41.38	1.15	100.00
30000—39999	74.07	25.93		100.00
40000—49999	54.55	45.45		100.00
50000—	60.87	39.13		100.00
合计	53.25	45.45	1.30	100.00
$\chi^2 = 16.1399$			P = 0.096	

表8-45的数据表明，低收入调查对象对农村发展和农民前途的信心最弱。其他收入程度的调查对象对农村发展和农民前途的信心相差不大，P值为0.199，这说明调查对象的收入程度与其对农村发展和农民前途的信心之间没有相关性。

表8-45 您对农村发展和农民前途有信心吗？（%）

收入程度（元）	很有信心	比较有信心	信心不大	没有信心	缺失值	合计
0—9999	35.90	23.08	19.66	20.51	0.85	100.00
10000—19999	32.29	25.00	29.17	12.50	1.04	100.00
20000—29999	38.64	22.73	22.73	14.77	1.13	100.00
30000—39999	21.43	35.71	28.57	14.29		100.00
40000—49999	9.09	36.36	45.45	9.10		100.00
50000—	58.70	15.22	15.22	10.86		100.00
合计	36.53	23.83	23.58	15.28	0.78	100.00
$\chi^2 = 25.0700$			P = 0.199			

　　针对农民政治信心，调查组考察的两个问题均没有显示出相关性，但都表明低收入调查对象的政治信心水平最低。

　　4. 农民收入与农民政治评价之间的关系

　　政治评价水平是政治水平中的重要指标，较高水平的政治评价可以增强政治体系的合法性，进而为政治稳定做贡献；而低水平的政治评价容易导致政治认同水平的降低，如果与低水平的政治制度化结合，极易导致政治不稳定。政治评价水平与农民收入存在一定的关系，一般而言，较低的收入水平会降低农民对政治体系的评价水平。

　　如表 8 - 46 所见，针对村庄的发展成效，不同收入水平调查对象的评价各不相同。总体上看，收入水平越高，调查对象对自己所在村庄近年来发展成效的评价越高，二者的相关性很强。有一点需要注意，低收入调查对象对村庄近年来发展成效的评价比其他收入调查对象低很多。近年来，农村经济发展增速，农民收入水平提高很快，但发展成果的分享是不均匀的。低收入调查对象的经济收入增长缓慢，他们对自己所在村庄的发展成效满意度不高，有 35.90% 的调查对象都认为自己所在村庄近年来发展成效"不太好"。P 值为 0.011，具有统计学意义。

表 8 - 46　　　　　您认为您村近年来发展成效怎么样？（%）

收入程度（元）	非常好	很好	一般	不太好	不好说	合计
0 —9999	4.27	17.95	32.48	35.90	9.40	100.00
10000 —19999	5.15	19.59	42.27	28.87	4.12	100.00
20000 —29999	6.82	23.86	38.64	27.27	3.41	100.00
30000 —39999	10.71	10.71	42.86	17.86	17.86	100.00
40000 —49999		9.09	72.73	9.09	9.09	100.00
50000 —	10.87	36.96	36.96	10.87	4.34	100.00
合计	6.20	21.19	38.76	27.13	6.72	100.00
$\chi^2 = 37.1005$			P = 0.011			

　　从表 8 - 47 呈现的数据可以看出，调查对象的收入水平与调查对象对基层法院执法公正性的看法之间没有太明显的相关性，P 值为 0.164，没有统计学意义。但有一点需要思考，低收入调查对象对基层法院执法

公正性的评价明显低于其他收入的调查对象。

表 8 – 47　　　　您相信基层法院能够公正解决问题吗？（%）

收入程度（元）	公正	不公正	其他	合计
0 —9999	40. 17	25. 64	34. 19	100. 00
10000 —19999	54. 64	18. 56	26. 80	100. 00
20000 —29999	48. 86	20. 45	30. 69	100. 00
30000 —39999	46. 43	14. 29	39. 28	100. 00
40000 —49999	54. 55	36. 36	9. 09	100. 00
50000 —	65. 22	15. 22	19. 56	100. 00
合计	49. 61	20. 93	29. 46	100. 00
$\chi^2 = 14.2067$			P = 0. 164	

　　一般情况下，我们认为收入程度会影响人们对社会公平性的评价。表 8 – 48 的数据证实了这一假设。随着调查对象收入的提高，调查对象对收入和地位待遇公平性的评价也在变好，二者的相关性很强。P 值为 0.001，具有高度的统计学意义。

表 8 – 48　　　　您认为人们的收入和地位待遇公平吗？（%）

收入程度（元）	公平	不公平	其他	合计
0 —9999	29. 91	68. 38	1. 71	100. 00
10000 —19999	46. 39	51. 55	2. 06	100. 00
20000 —29999	37. 50	62. 50		100. 00
30000 —39999	57. 14	42. 86		100. 00
40000 —49999	54. 55	36. 36	9. 09	100. 00
50000 —	65. 22	34. 78		100. 00
合计	42. 64	56. 07	1. 29	100. 00
$\chi^2 = 29.9442$			P = 0. 001	

　　表 8 – 49 表明，调查对象收入程度与调查对象对社会治安、食品药品安全和生产安全等状况的评价之间没有太大相关性。但有一点需要注意，高收入调查对象的满意度最低。随着农民收入的提高，农民对安全的关注度和需求度也在提高。高收入调查对象 2013 年家庭纯收入超过

50000 元，已经步入小康生活，他们希望提高生活品质，对社会治安、食品药品安全和生产安全水平有着更高的期待。P 值大于 0.05，不具有统计学意义，但该数据可以作为参考。

表 8 - 49　　　您对农村社会治安、食品药品安全、生产安全等
状况满意吗？（%）

收入程度（元）	满意	不满意	缺失值	合计
0—9999	51.28	47.01	1.71	100.00
10000—19999	49.48	50.52		100.00
20000—29999	54.55	43.18	2.27	100.00
30000—39999	67.86	32.14		100.00
40000—49999	54.55	45.45		100.00
50000—	39.13	56.52	4.35	100.00
合计	51.42	47.03	1.55	100.00
$\chi^2 = 10.5614$			P = 0.393	

综合农民收入对农民政治评价的影响数据可以看出，调查对象的收入水平与调查对象对自己所在村庄近年来发展成效的评价以及对社会公平性的评价之间相关性很强。低收入调查对象的政治评价水平总体偏低。

至此，我们可以就农民收入对农民政治态度的影响得出初步的结论：调查对象收入程度与调查对象是否关心自己所在村庄的未来发展、调查对象对近年来村庄发展成效的评价、调查对象对收入和地位待遇公平性的评价之间表现出很强的相关性。同时，低收入调查对象对村庄未来发展的关心、对村级组织的信赖、对农村发展和农民前途的信心程度最低、对自己所在村庄发展成效的评价、对法院执法公正性的评价、对社会公正性的评价也都非常低。

（四）农民收入对农民政治参与的影响

亨廷顿和多明格斯认为，在较为富裕和工业化、城市化程度比较高的社会，更多的人会以多于他们在不发达、农业的和乡村的社会中拥有的方式卷入政治之中。[①] 他们的这一观点在学界和政界具有很大的影响

————————————

① ［美］塞缪尔·P. 亨廷顿、乔治·I. 多明格斯：《政治发展》，见［美］格林斯坦、波尔斯比编《政治学手册精选》（下卷），储复耘译，商务印书馆 1996 年版，第 189 页。

力，中国很多学者也持有相似的观点。为此，调查组就农民收入与农民政治参与的关系进行了分析。

1. 农民收入与农民主体意识之间的关系

很多人认为，收入程度的提高会相应提高人们的自我意识和主体意识，而实际考察的数据如何呢？表 8 - 50 的数据表明，随着调查对象收入的提高，认为普通百姓在村庄发展中起不了什么作用的人数并没有发生规律性的变化。也就是说，虽然高收入的调查对象主体意识相对较强，但总体上看，调查对象收入与调查对象主体意识的相关性较弱。P值为 0.196，远远大于衡量标准值，数据只作为参考。

表 8 - 50　　　您同意"一个村庄的发展主要靠干部，而农民作用
微不足道"这一说法吗？（%）

收入程度（元）	同意	不同意	说不清	缺失值	合计
0 — 9999	55.17	30.17	14.66		100.00
10000 — 19999	53.61	32.99	11.34	2.06	100.00
20000 — 29999	50.00	39.77	10.23		100.00
30000 — 39999	60.71	32.14	7.15		100.00
40000 — 49999	63.64	27.27	9.09		100.00
50000 —	30.43	54.35	15.22		100.00
合计	51.30	36.01	12.18	0.51	100.00
$\chi^2 = 19.4101$			P = 0.196		

2. 农民收入与农民民主选举积极性之间的关系

人们似乎形成了一种思维定式，认为收入越高，就越可能更加积极地投入到政治生活之中，但表 8 - 51 呈现的调查数据似乎并没有验证这一观点。中高收入和高收入调查对象参加上一届村民委员会选举的比率分别为 36.36% 和 58.70%。虽然很多中高收入和高收入调查对象的政治认知水平较高，但他们忙于发财致富，不了解村庄具体事务，不关心民主选举。P 值为 0.087，不具有统计学意义，数据分析结果仅作为参考。

表 8 – 51　　　　　您参加上一届村民委员会选举了吗？（%）

收入程度（元）	参加	没参加	合计
0—9999	72.65	27.35	100.00
10000—19999	72.16	27.84	100.00
20000—29999	72.73	27.27	100.00
30000—39999	71.43	28.57	100.00
40000—49999	36.36	63.64	100.00
50000—	58.70	41.30	100.00
合计	69.77	30.23	100.00
$\chi^2 = 9.620$		P = 0.087	

【访谈记录】8 – 6

访谈对象：P 村村干部 C

当我们请他介绍一下民主选举情况时，他说："有些农民选举积极性不太高，村里为了鼓励农民参加选举，就在选举现场发放洗衣粉，可那些经济条件好的农民不在意这点儿东西，他们忙着自己的工作，有的让家属代替投票。"

3. 农民收入与农民监督意识之间的关系

从表 8 – 52 的数据看，低收入调查对象回答"应当"的比率最低。总体上看，调查对象的收入程度与对老百姓是否应当监督农村干部的看法之间没有相关性。P 值为 0.812，不具有统计学意义。

表 8 – 52　　　　　您认为老百姓应当监督农村干部吗？（%）

收入程度（元）	应当	不应当	说不清	缺失值	合计
0—9999	62.39	7.69	29.06	0.86	100.00
10000—19999	69.07	7.22	23.71		100.00
20000—29999	75.00	6.82	18.18		100.00
30000—39999	64.29	10.71	25.00		100.00
40000—49999	81.82	9.09	9.09		100.00
50000—	69.57	13.04	17.39		100.00
合计	68.48	8.27	23.00	0.25	100.00
$\chi^2 = 10.1195$			P = 0.812		

4. 农民收入与农民政治功效感之间的关系

从表 8 - 53 可以看到，随着调查对象收入的增加，认为民主选举投票"有"作用的比率随之增加，只是中高收入调查对象的看法略有不同。P 值为 0.367，调查对象的收入程度与调查对象是否认为农村民主选举投票有作用之间没有相关性。

表 8 - 53　　　　您认为民主选举投票有作用吗？（％）

收入程度（元）	有	没有	不知道	合计
0—9999	68.38	18.80	12.82	100.00
10000—19999	70.10	18.56	11.34	100.00
20000—29999	71.59	21.59	6.82	100.00
30000—39999	75.00	17.86	7.14	100.00
40000—49999	63.64	36.36		100.00
50000—	84.78	6.52	8.70	100.00
合计	71.83	18.35	9.82	100.00
$\chi^2 = 10.8805$			P = 0.367	

5. 农民收入与农民参与行为选择之间的关系

参与行为选择包括合法的参与和非法的参与、积极的参与和消极的参与等。当农民对村干部有意见时，是选择表达，还是选择沉默，这在一定程度上反映出农民的参与行为选择。在表 8 - 54 中，不同收入调查对象选择"向上反映"和"找村干部提意见"的比率分别为 22.41％、31.95％、36.78％、60.71％、45.45％、54.35％。总体上说，随着收入的提高，调查对象更倾向于选择积极的和合法的参与行为，而收入较低的农民比收入较高的农民更多选择"放在心里""听话"。所以，调查对象的收入程度与调查对象的参与行为选择之间有一定相关性。P 值为 0.018，具有统计学意义。

表 8 - 54　　　　如果您对村干部有意见，您会怎么选择？（％）

收入程度（元）	向上反映	找村干部提意见	听话	放在心里	其他	缺失值	合计
0—9999	5.17	17.24	6.90	45.69	22.41	2.59	100.00
10000—19999	5.15	26.80	5.15	47.42	15.48		100.00
20000—29999	11.49	25.29	5.75	41.38	13.79	2.30	100.00

续表

收入程度（元）	向上反映	找村干部提意见	听话	放在心里	其他	缺失值	合计
30000—39999	3.57	57.14	3.57	17.86	17.86		100.00
40000—49999	9.09	36.36		27.27	27.28		100.00
50000—	8.70	45.65		34.78	10.87		100.00
合计	7.01	28.31	4.94	41.30	17.14	1.30	100.00
$\chi^2 = 41.9338$				P = 0.018			

此外，收入程度与调查对象是否参加过村干部的民主评议、是否向村干部提过意见或建议、是否向村民代表反映过意见或建议、是否在村民小组会议上提过意见或建议都没有相关性，P 值明显大于 0.05，没有统计学意义。

总之，调查对象的收入程度与调查对象主体意识、参与积极性、监督意识、政治功效感之间相关性不大，与调查对象参与行为选择之间具有一定的相关性。看来，农民经济条件的改善，并不能直接带来农民政治参与积极性的提高和参与意识的增强，影响农民政治参与的因素是非常复杂的。需要注意的是，低收入调查对象的民主监督意识、政治功效感最低，其参与行为选择最倾向于消极和非法参与。所以，农民经济条件是农民积极参与的必要前提。

（五）农民收入对农民合作意识的影响

从表 8 – 55 的调查数据看，调查对象的收入程度与调查对象对"自己干容易致富还是合伙干容易致富"的看法之间没有太大相关性。P 值为 0.121，大于 0.05，没有统计学意义。

表 8 – 55　　您认为自己干容易致富还是合伙干容易致富？（%）

收入程度（元）	自己干	合伙干	看情况	缺失值	合计
0—9999	52.99	15.38	28.21	3.42	100.00
10000—19999	64.95	10.31	24.74		100.00
20000—29999	54.55	22.73	21.59	1.13	100.00
30000—39999	64.29	28.57	7.14		100.00
40000—49999	72.73	27.27			100.00
50000—	54.35	19.57	23.91	2.17	100.00
合计	57.88	17.57	23.00	1.55	100.00
$\chi^2 = 21.5351$			P = 0.121		

三 社会性别因素对农民政治水平的影响

人的性别特征是由其生物和社会两种属性共同决定的。由于人的生命既受到遗传因素的影响，又无法摆脱社会因素的影响，所以，两性的观念和行为体现出遗传和社会两种因素的作用。[①]

就男性和女性的政治素质而言，大部分学者认为，由于遗传和社会因素的影响，男性农民的政治素质高于女性农民，男性农民会更积极地参与政治生活，而女性则把更多的精力投入到家庭生活中。我们对此进行了调查分析。

（一）性别对农民政治认知的影响

由于男女生理特点和社会分工的不同，男性比女性更加关注各种政治信息。

1. 性别与农民对国家领导人、农村基层干部、村民代表等了解程度之间的关系

表 8-56 显示，在对国家领导人的了解方面，男性调查对象中的 80.49% 知道李克强是国务院总理，而女性调查对象仅为 59.56%，男性调查对象比女性调查对象更加了解国家领导人。P 值为 0.000，具有高度的统计学意义。

表 8-56　　　　　　　中央有位李克强，他是干什么的？（%）

性别	国家主席	国务院总理	不知道	合计
男性	2.93	80.49	16.58	100.00
女性	1.78	59.56	38.66	100.00
合计	2.33	69.53	28.14	100.00
$\chi^2 = 25.9548$			P = 0.000	

表 8-57 表明，在对乡镇长的了解方面，男性调查对象与女性调查对象相比具有很大的优势。但是，所有对象对乡镇长的了解程度都很低。P 值为 0.005，具有统计学意义。

---

① 师凤莲：《当代中国女性政治参与问题研究》，山东大学出版社 2011 年版，第 22 页。

表 8 – 57　　　　　您知道您所在地的乡镇长是谁吗？（%）

性别	知道	不知道	合计
男性	17.56	82.44	100.00
女性	8.44	91.56	100.00
合计	12.79	87.21	100.00
$\chi^2 = 7.9923$		P = 0.005	

在对本村村民代表的了解方面，表 8 – 58 显示，男性调查对象回答"知道"村民代表是谁的比率为 71.22%，女性调查对象为 51.12%，相差 20.10 个百分点。男性调查对象对村民代表的了解程度明显高于女性调查对象。P 值为 0.000，显示出高度的统计学意义。

表 8 – 58　　　　　您知道您村村民代表都是谁吗？（%）

性别	知道	不知道	没有	合计
男性	71.22	28.29	0.49	100.00
女性	51.12	47.53	1.35	100.00
合计	60.75	38.32	0.93	100.00
$\chi^2 = 18.2625$		P = 0.000	

至于对本村村主任的了解，如表 8 – 59 所示，男性调查对象的结果略高于女性调查对象，二者差距不大。之所以出现这一现象，是因为调查对象对国家领导人、乡镇长、村民代表的了解需要一定的政治渠道和某种程度的政治投入，而村主任生活在本村，与村民经常打交道，无论男性调查对象还是女性调查对象都很容易知晓。P 值为 0.349，该数据统计学意义不大。

表 8 – 59　　　　　您知道您村村主任是谁吗？（%）

性别	知道	不知道	缺失值	合计
男性	89.76	9.76	0.48	100.00
女性	87.11	12.89		100.00
合计	88.37	11.40	0.23	100.00
$\chi^2 = 2.1063$		P = 0.349	

2. 性别与农民对法律、政策了解程度之间的关系

调查显示（见表 8 - 60），女性调查对象回答对《村组法》"不太了解"的比率为 89.78%，男性调查对象回答对该法律"不太了解"的比率为 81.46%，女性调查对象对该法律的了解程度弱于男性调查对象，但相差不大。P 值为 0.101，不具有统计学意义。

表 8 - 60　　您了解《中华人民共和国村民委员会组织法》吗？（%）

性别	非常了解	很了解	比较了解	不太了解	缺失值	合计
男性	1.95	2.93	12.68	81.46	0.98	100.00
女性	1.78	1.78	6.66	89.78		100.00
合计	1.86	2.33	9.53	85.81	0.47	100.00
$\chi^2 = 7.7576$				P = 0.101		

在对国家土地流转政策的了解方面，男性调查对象表现得更加突出。如表 8 - 61 所示，男性调查对象回答"知道"的比率高出女性调查对象 12.44 个百分点。P 值为 0.006，具有高度的统计学意义。因此，性别与农民对法律政策的了解具有一定的相关性，男性调查对象的表现好于女性调查对象。

表 8 - 61　　　　您知道国家的土地流转政策吗？（%）

性别	知道	不知道	合计
男性	40.00	60.00	100.00
女性	27.56	72.44	100.00
合计	33.49	66.51	100.00
$\chi^2 = 7.4581$		P = 0.006	

3. 性别与农民对权力和权利来源认识之间的关系

如表 8 - 62 所示，男性调查对象回答村干部的权力是"老百姓给的"比率为 69.12%，女性调查对象为 62.22%，二者虽有差别，但相差不大。P 值为 0.277，性别与调查对象对村干部权力来源的看法之间相关性不大。

表 8 - 62　　　　　　您认为村干部的权力是哪里来的？（％）

性别	老百姓给的	政府给的	法律给的	不知道	缺失值	合计
男性	69.12	18.14	1.47	10.29	0.98	100.00
女性	62.22	17.33	1.78	17.78	0.89	100.00
合计	65.50	17.72	1.63	14.22	0.93	100.00
$\chi^2 = 5.1013$			P = 0.277			

表 8 - 63 表明，无论是男性调查对象还是女性调查对象，对农民权利来源的认识都非常模糊，很多人都认为农民权利是"政府给的"，回答"不知道"的比率也相当高。调查对象对农民权利来源的认识与调查对象的性别之间显示出一定相关性，女性调查对象回答农民权利是"法律给的"这一比率略高于男性调查对象。P 值为 0.035，具有统计学意义。

表 8 - 63　　　　　　您认为农民的权利是哪里来的？（％）

性别	生来就有的	政府给的	法律给的	不知道	缺失值	合计
男性	20.49	41.95	17.56	17.07	2.93	100.00
女性	20.00	33.78	19.56	26.22	0.44	100.00
合计	20.23	37.67	18.60	21.86	1.64	100.00
$\chi^2 = 10.3119$			P = 0.035			

综合上述分析，性别与调查对象对国家领导人、农村基层干部、村民代表的了解之间有一定的相关性，性别和调查对象对政策的了解具有较强的相关性，男性表现优于女性。但是，性别和调查对象对村干部权力来源的认识、对法律的认识、对村干部的了解相关性不大。性别与调查对象对农民权利来源的认识虽有一定相关性，但女性表现较好。总之，性别与调查对象的政治认知之间存在一定的相关性，男性调查对象的政治认知表现总体好于女性调查对象。

（二）性别对农民政治情感的影响

人们通常认为，在社会生活中，女性的情感世界丰富，男性更加偏向理性。那么，在政治生活中，女性和男性的表现又如何？与社会生活中的表现是否一致？

1. 性别与农民对村庄感情之间的关系

从表 8 - 64 的调查数据上看，男性调查对象回答对村庄有感情的比率为 86.83%，而女性调查对象对该问题的回答则为 80.44%，男性调查对象似乎比女性调查对象对村庄更有感情。P 值为 0.120，没有显示出统计学意义，数据分析结果仅作为参考。

表 8-64　　　　　　您对您所在的村庄有感情吗？（%）

性别	有感情	没有感情	说不清	合计
男性	86.83	8.29	4.88	100.00
女性	80.44	9.78	9.78	100.00
合计	83.49	9.07	7.44	100.00
$\chi^2 = 4.2450$			P = 0.120	

2. 性别与农民对农村干部感情之间的关系

利益源于人们的需求，是人们在生产的基础上形成的具有社会特性和内容的需求。利益是人们形成政治关系、从事政治行为、发起和参加政治组织的动因，也是形成人们政治情感的基础和源泉。对于农民而言，他们对能够真正维护农民利益的基层干部会形成赞赏和热爱之情，而对损害农民利益的干部也会表达憎恨和冷漠之情。表 8-65 的数据显示，男性调查对象认为农村基层干部"会"维护农民利益的比率为43.90%，而女性调查对象对该问题回答的比率为 52.89%，女性调查对象对农村基层干部的评价要比男性调查对象高一些。P 值为 0.079，不具有统计学意义，数据分析结果仅作为参考。

表 8-65　　　　您认为农村基层干部能真正维护农民利益吗？（%）

性别	会	不会	说不清	缺失值	合计
男性	43.90	27.80	27.80	0.50	100.00
女性	52.89	18.67	28.44		100.00
合计	48.60	23.02	28.14	0.24	100.00
$\chi^2 = 6.7861$			P = 0.079		

3. 性别与农民民主情结之间的关系

从表 8-66 看，男性调查对象认为村庄大事应该由"村民商议决定"和"村民代表决定"的比率为 63.24%，女性调查对象对该问题回答的比率为 59.38%，男性调查对象与女性调查对象对民主的情感水平相差不大。P 值为 0.061，不具有统计学意义，性别与调查对象民主情结之间的相关性不强。

表 8 - 66　　　　　您认为村庄大事怎样决定好？（％）

性别	村民商议决定	村两委决定	村支部决定	村民代表决定	村支书决定	村主任决定	其他	缺失值	合计
男性	39.22	12.25	2.94	24.02	1.47	0.98	17.65	1.47	100.00
女性	44.20	8.04	5.80	15.18	3.13	1.34	17.40	4.91	100.00
合计	41.82	10.05	4.44	19.39	2.34	1.17	17.52	3.27	100.00
$\chi^2 = 14.0336$					P = 0.061				

从上面的分析看，性别与调查对象的政治情感之间没有太大相关性，与人们在社会生活中的表现不同，女性调查对象的政治情感水平似乎并不高于男性调查对象。

（三）性别对农民政治态度的影响

农民政治态度是综合性概念，包括政治关心、政治效能感、政治信任等方面。一般认为，性别与农民政治态度具有相关性，男性的政治关心、政治效能感、政治信任等水平更高一些。对此，调查组进行了仔细的分析。

1. 性别与农民对村庄关心程度之间的关系

政治关心是政治态度的重要内容，是人们对政治现象的关注和注重倾向，是政治决策的重要参考和依据。影响政治关心的因素有很多，其中社会性别就是重要的因素。

表 8 - 67 的数据表明，女性与男性调查对象对村庄未来发展的关心程度相差不大，与人们的推论不同，男性调查对象对村庄未来发展并没有表现出更高的政治关心水平。P 值为 0.246，不具有统计学意义。

表 8 - 67　　　　　您关心村庄的未来发展吗？（％）

性别	非常关心	很关心	比较关心	不太关心	缺失值	合计
男性	36.59	21.95	19.02	22.44		100.00
女性	35.11	29.33	13.33	21.78	0.45	100.00
合计	35.81	25.81	16.05	22.09	0.24	100.00
$\chi^2 = 5.4270$				P = 0.246		

农民的政治关心还体现在农民对村务的关心和了解方面。表 8 - 68

表明，性别与调查对象对村里土地流转、集体设施出租转让方面的了解之间关系密切，男性调查对象具有明显的优势。P 值为 0.001，具有高度的统计学意义。

表 8 - 68　　您了解村里的土地流转、集体设施出租转让等情况吗？（%）

性别	了解	不了解	合计
男性	23.90	76.10	100.00
女性	12.05	87.95	100.00
合计	17.72	82.28	100.00
$\chi^2 = 10.3092$		P = 0.001	

就此问题，我们与一位女性调查对象进行了交流。

【访谈记录】8 - 7

访谈对象：P 村村民 E（女性）

从外表看，阿姨有 50 多岁了，她很热情，边和面边和我们聊天。她说："你们这些大学生想了解村里的情况可找错人了，我整天在家做饭带孩子，对村里的事情不了解也不想了解，过好自己的日子就行了。"她再三挽留我们在家里吃饭，因为调查组有制度，我们只能婉言相拒。

从上面的数据和访谈记录看，男性调查对象的政治关心水平高于女性调查对象。

2. 性别与农民对村级组织信赖之间的关系

从表 8 - 69 的数据可以看出，在遇到困难时，男性比女性调查对象相信村级组织会帮忙的比率小一些，但相差不大。P 值为 0.239，不具有统计学意义，性别与调查对象对村级组织的信赖之间相关性不大。

表 8 - 69　　您相信村级组织会在您遇到困难时帮助您吗？（%）

性别	相信	不相信	缺失值	合计
男性	48.29	50.73	0.98	100.00
女性	56.44	42.67	0.89	100.00
合计	52.56	46.51	0.93	100.00
$\chi^2 = 2.8650$		P = 0.239		

3. 性别与农民政治信心之间的关系

从表 8 – 70 的数据看，对于通过合法途径维护自身合法权益，男性调查对象比女性调查对象更有信心，男性和女性回答"有"合法途径反映和维护自己合法利益的比率分别为 61.76% 和 41.96%，二者相差接近 20 个百分点。P 值为 0.000，显示出高度的统计学意义。

表 8 – 70　您认为您有合法途径反映和维护自己的合法利益吗？（%）

性别	有	没有	缺失值	合计
男性	61.76	36.27	1.97	100.00
女性	41.96	55.36	2.68	100.00
合计	51.40	46.26	2.34	100.00
$\chi^2 = 16.7829$			P = 0.000	

然而，从表 8 – 71 的数据看，与女性调查对象相比，男性调查对象对农村发展和农民前途的信心却没有表现出明显的优势。P 值为 0.097，性别与调查对象对农村发展和农民前途的信心之间没有相关性。

表 8 – 71　　　　　您对农村发展和农民前途有信心吗？（%）

性别	很有信心	比较有信心	信心不大	没有信心	缺失值	合计
男性	37.56	21.95	19.51	20.49	0.49	100.00
女性	33.93	25.89	24.55	13.39	2.24	100.00
合计	35.66	24.01	22.14	16.78	1.41	100.00
$\chi^2 = 7.8563$				P = 0.097		

从上面的分析看，男性调查对象比女性调查对象的政治信心水平更高一些，但这并不是绝对的，面对的政治问题不同，调查对象的政治信心水平也会发生变化。

4. 性别与农民政治评价之间的关系

对这个问题，学界很少有人研究。调查组也知道，仅凭问卷中的几个问题是很难下结论的，该调查分析只能是初步地探讨并为深入研究提供参考。

从表 8 – 72 的数据可以看出，男性调查对象认为近年来村庄发展成效"非常好"和"很好"的比率是 26.83%，而女性调查对象认为近年来村庄发展成效"非常好"和"很好"的比率为 27.55%。所以，我们可以初步认为，男性调查对象比女性调查对象对近年来村庄发展成效的评价水平低。P 值为 0.004. 具有高度的统计学意义。

表 8-72　　　　您认为您村近年来发展成效怎么样？（%）

性别	非常好	很好	一般	不太好	不好说	合计
男性	8.29	18.54	40.00	29.27	3.90	100.00
女性	3.11	24.44	37.78	23.56	11.11	100.00
合计	5.58	21.63	38.84	26.28	7.67	100.00
$\chi^2 = 15.6229$			P = 0.004			

从表 8-73 的数据可以看出，男性调查对象比女性调查对象更不相信法院的公正性，性别与调查对象对基层法院公正性的评价相关性较强。P 值为 0.016，具有统计学意义。

表 8-73　　　　您相信基层法院能够公正解决问题吗？（%）

性别	相信	不相信	不知道	合计
男性	44.88	26.83	28.29	100.00
女性	51.56	15.56	32.88	100.00
合计	48.37	20.93	30.70	100.00
$\chi^2 = 8.2407$		P = 0.016		

从表 8-74 的数据看，在性别方面，调查对象对于收入和地位待遇公平性评价的差异并不明显，男性调查对象的评价略高于女性。访谈发现，对于一些女性调查对象而言，她们不仅体会到了职业收入、城乡差距带来的不公平，还对性别带来的不公平有所认识。P 值为 0.587，没有统计学意义，数据分析结果只作为参考。

表 8-74　　　　您认为人们的收入和地位待遇公平吗？（%）

性别	公平	不公平	缺失值	合计
男性	43.90	55.12	0.98	100.00
女性	40.00	58.22	1.78	100.00
合计	41.86	56.74	1.40	100.00
$\chi^2 = 1.0666$		P = 0.587		

从表 8 - 75 可以看出，性别与调查对象对社会治安、食品药品安全、生产安全等状况的满意程度之间没有相关性。P 值为 0.911，远远大于 0.05，不具有统计学意义。

表 8 -75　　您对农村社会治安、食品药品安全、生产安全等
状况满意吗？（%）

性别	满意	不满意	缺失值	合计
男性	51.71	46.83	1.46	100.00
女性	49.78	48.89	1.33	100.00
合计	50.70	47.91	1.39	100.00
$\chi^2 = 0.1868$			P = 0.911	

综合上面的分析，性别与调查对象对村务的关心、对通过合法途径维护权益的信心之间具有一定的相关性，男性调查对象对村务的关心和对通过合法途径维护权益的信心水平更高，然而对法院公正性的评价和村庄发展成效的评价均低于女性。针对不同的问题，男性调查对象政治评价水平不同。

（四）性别对农民政治参与的影响

经济、文化因素会影响农民政治参与水平，社会性别因素会不会影响农民政治参与水平？一般认为，男性比女性更加积极地参与政治生活，社会调查的数据是否会支持这一观点？

1. 性别与农民主体意识之间的关系

很多人认为，男性主体意识较强，女性依附男性，但调查数据并没有证实这一点。从表 8 - 76 的数据可以看出，男性调查对象与女性调查对象的主体意识没有太大差异，P 值为 0.356，不具有统计学意义。

表 8 -76　　您同意"一个村庄的发展主要靠干部，而农民作用
微不足道"这一说法吗？（%）

性别	同意	不同意	说不清	缺失值	合计
男性	53.43	36.27	10.30		100.00
女性	49.33	36.00	13.78	0.89	100.00
合计	51.28	36.13	12.12	0.47	100.00
$\chi^2 = 3.2372$			P = 0.356		

2. 性别与农民民主选举积极性之间的关系

学者们普遍认为男性选民选举积极性高于女性，而实际情况却非常复杂。由于男性农民外出务工较多，女性农民的投票率高于男性。表 8 - 77 表明，P 值为 0.398，不具有统计学意义。

表 8 - 77　　　　您参加上一届村民委员会选举了吗？（%）

性别	参加	没参加	合计
男性	67.80	32.20	100.00
女性	71.56	28.44	100.00
合计	69.77	30.23	100.00
$\chi^2 = 0.7154$		P = 0.398	

3. 性别与农民监督意识之间的关系

从表 8 - 78 可以看到，男性调查对象比女性调查对象认为应当监督农村干部的比率更高。P 值为 0.083，没有统计学意义，但数据分析结果可以作为参考。

表 8 - 78　　　　您认为老百姓应当监督农村干部吗？（%）

性别	应当	不应当	不好说	缺失值	合计
男性	71.71	8.78	19.02	0.49	100.00
女性	63.11	8.00	28.89		100.00
合计	67.21	8.37	24.19	0.23	100.00
$\chi^2 = 6.6707$			P = 0.083		

4. 性别与农民政治功效感之间的关系

从表 8 - 79 可以清楚地看到，男性调查对象比女性调查对象的政治功效感更强，对民主投票选举的作用更加有信心。男性调查对象对村务比较关心，对政策和农民权利来源的认识更加清楚，这在一定程度上加强了男性调查对象的政治功效感。P 值为 0.003，具有高度的统计学意义。

表 8 - 79　　　　您认为民主选举投票有作用吗？（%）

性别	有	没有	不知道	合计
男性	72.20	22.44	5.36	100.00
女性	68.44	16.44	15.12	100.00
合计	70.23	19.30	10.47	100.00
$\chi^2 = 11.9463$			P = 0.003	

5. 性别与农民参与行为选择之间的关系

表 8 - 80 表明，当调查对象对村干部有意见时，男性调查对象选择"向有关部门反映"和"找村干部提意见"的比率高于女性调查对象，而女性调查对象选择"听话"和"放在心里"的比率则高于男性调查对象。比较而言，男性调查对象在对村干部有意见时，更倾向于选择积极的和合法的政治途径解决问题，而女性则更倾向于不表达意见。P 值为 0.020，具有统计学意义。

表 8 - 80　　　　如果您对村干部有意见，您会怎么选择？（%）

性别	向上反映	找干部提意见	听话	放在心里	其他	缺失值	合计
男性	9.80	30.39	2.94	36.76	18.64	1.47	100.00
女性	3.13	24.55	6.70	43.75	20.08	1.79	100.00
合计	6.31	27.34	4.91	40.42	19.38	1.64	100.00
$\chi^2 = 13.4210$				P = 0.020			

在表 8 - 81 中，男性调查对象回答"参加过"村干部民主评议的比率远远高于女性调查对象，P 值为 0.000，显示出高度的统计学意义。性别与调查对象是否参加过村干部民主评议之间具有很强的相关性。

表 8 - 81　　　　您参加过对村干部的民主评议吗？（%）

性别	参加过	没参加过	合计
男性	50.79	49.21	100.00
女性	13.64	86.36	100.00
合计	35.51	64.49	100.00
$\chi^2 = 15.6182$		P = 0.000	

在考察农民是否向村干部提过意见或建议时，表8-82显示，男性调查对象做出肯定回答的比率为20.30%，而女性调查对象为11.66%。男性调查对象比女性调查对象更能够积极地表达自己的意见和建议。P值为0.015，具有统计学意义。

表8-82　　　　　您向村干部提过意见或建议吗？（%）

性别	是	否	合计
男性	20.30	79.70	100.00
女性	11.66	88.34	100.00
合计	15.76	84.24	100.00
$\chi^2 = 5.9552$		P = 0.015	

在考察农民是否向村民代表反映过意见或建议时，表8-83表明，男性调查对象做出肯定回答的比率明显高于女性调查对象，男性调查对象的政治参与意识更强。P值为0.022，显示出统计学意义。

表8-83　　　　　您向村民代表反映过意见或建议吗？（%）

性别	是	否	缺失值	合计
男性	45.52	54.48		100.00
女性	29.91	69.23	0.86	100.00
合计	38.55	61.07	0.38	100.00
$\chi^2 = 7.6347$		P = 0.022		

村民小组会议经常讨论与村民利益密切相关的事务，调查对象是否在会议上提出过意见或者建议能够在一定程度上反映出农民的参与意识。从表8-84可以看出，调查对象提过意见或者建议的比率很低，男性调查对象表示"提过"的比率比女性调查对象的高8.87%，男性调查对象比女性调查对象的参与积极性高一些。P值为0.011，具有统计学意义。

表8-84　　　　　您在村民小组会议上提过意见或建议吗？（%）

性别	提过	没有提过	从来没有开过	缺失值	合计
男性	15.12	62.93	20.98	0.97	100.00

性别	提过	没有提过	从来没有开过	缺失值	合计
女性	6.25	75.45	17.41	0.89	100.00
合计	10.49	69.46	19.11	0.94	100.00
$\chi^2 = 11.1669$			P = 0.011		

从性别对农民政治参与影响的相关数据看，虽然男性调查对象在主体意识和参选积极性方面没有表现出相对于女性调查对象的优势，但总体上看，男性调查对象的政治功效意识和参与意识比女性调查对象要强很多。性别与调查对象政治参与之间的关系非常密切。

（五）性别对农民合作意识的影响

从表8-85可以看出，对于经济合作的看法，男性调查对象和女性调查对象存在一定差异，男性调查对象认可"合伙干"的比率为20.49%，而女性调查对象为15.11%，男性调查对象的合作意识略强于女性调查对象。P值为0.038，具有统计学意义。

表8-85 您认为自己干容易致富还是合伙干容易致富？（%）

性别	自己干	合伙干	看情况	缺失值	合计
男性	56.10	20.49	22.93	0.48	100.00
女性	56.00	15.11	24.44	4.45	100.00
合计	56.05	17.67	23.72	2.56	100.00
$\chi^2 = 8.4233$			P = 0.038		

四 自然年龄因素对农民政治水平的影响

调查组依据年龄将调查对象分为五组，包括18—29岁、30—39岁、40—49岁、50—59岁和60岁以上。笼统地讲，我们可以把18—39岁、40—59岁和60岁以上的农民分别称为青年农民、中年农民和老年农民。有位日本学者认为，年龄对政治参与，特别是对投票参与的影响最大。年龄越大，政治参与的程度越高。然而，越过一个顶峰后，政治参与的程度将伴随着年龄的增长而下降。[1] 这位日本学者的看法是否适合中国农民，调查组通过实证调查进行分析。

（一）年龄对农民政治认知的影响

沈文莉等学者认为，不同年龄阶段人的认知水平有所不同，通常会形成三个认知阶段，即儿童时期、青年时期和成年时期。在儿童时期，人通过接触部分政治规范建立起最初的肤浅的政治认知。随着人的年龄的增长，人的政治态度、价值、情感等也随着其所受教育程度的提高和社会活动范围的扩展而逐步建立起来，到其成年后，他所获得的政治认知水平已基本能够满足作为一个公民进行政治活动的需要。[2] 这一观点似乎告诉人们，年龄增长有助于人们政治认知能力的提高，但年龄增长并不是人们政治认知水平提高的唯一条件。

1. 年龄与农民对国家领导人、农村基层干部、村民代表等了解程度之间的关系

从表8-86看，调查对象对李克强总理的了解与调查对象的年龄没有太大相关性，随着调查对象年龄的增加，调查对象对该问题的回答并没有呈现出规律性的变化。P值为0.134，不具有统计学意义。

表 8-86　　　　　　中央有个李克强，他是干什么的？（％）

年龄（岁）	国家主席	国务院总理	不知道	合计
18—29	3.33	73.33	23.34	100.00
30—39		72.09	27.91	100.00
40—49	7.84	56.86	35.30	100.00
50—59	0.90	74.77	24.33	100.00
60—	2.05	68.72	29.23	100.00
合计	2.33	69.53	28.14	100.00
$\chi^2 = 12.4082$			P = 0.134	

表8-87显示，当调查对象被问及是否知道所在地的乡镇长是谁时，调查对象的回答与年龄没有表现出某种相关性。P值为0.442，远远大于统计学意义的边界线。

---

① ［日］蒲岛郁夫：《政治参与》，解莉莉译，经济日报出版社1989年版，第90页。
② 沈文莉、方卿主编：《政治学原理》，中国人民大学出版社2010年版，第190页。

表 8 - 87　　　　您知道您所在地的乡镇长是谁吗？（%）

年龄（岁）	知道	不知道	合计
18—29	20. 00	80. 00	100. 00
30—39	11. 63	88. 37	100. 00
40—49	9. 80	90. 20	100. 00
50—59	16. 22	83. 78	100. 00
60—	10. 77	89. 23	100. 00
合计	12. 79	87. 21	100. 00
$\chi^2 = 3.7398$		P = 0. 442	

从表 8 - 88 看，随着调查对象年龄的增加，调查对象对村民代表的了解程度有所增加，60 岁以上的调查对象略有不同。P 值为 0.065，略高于 0.05 的统计学意义边界线。

表 8 - 88　　　　您知道您村村民代表都是谁吗？（%）

年龄（岁）	知道	不知道	没有	合计
18—29	33. 33	63. 33	3. 34	100. 00
30—39	55. 81	44. 19		100. 00
40—49	62. 75	35. 29	1. 96	100. 00
50—59	67. 57	31. 53	0. 90	100. 00
60—	61. 66	37. 82	0. 52	100. 00
合计	60. 75	38. 32	0. 93	100. 00
$\chi^2 = 14.7304$		P = 0. 065		

从表 8 - 89 看，随着调查对象年龄的增长，调查对象对村主任的了解程度有所增加，只是 60 岁以上的老年农民略有不同。很多青年农民在外面打工和求学，对本村村干部不太了解。P 值为 0.000，显示具有高度的统计学意义。

可见，年龄与调查对象对国家领导人、农村基层干部的了解只具有很小的相关性，规律性不强；年龄与调查对象对村民代表和村主任的了解具有很大的相关性。

表 8 - 89 　　　　　　　您知道您村村主任是谁吗？（％）

年龄（岁）	知道	不知道	没有	合计
18—29	66.67	33.33		100.00
30—39	72.00	28.00		100.00
40—49	88.24	9.80	1.96	100.00
50—59	96.40	3.60		100.00
60—	90.77	9.23		100.00
合计	88.37	11.40	0.23	100.00
$\chi^2 = 41.0428$			P = 0.000	

2. 年龄与农民对法律、政策了解程度之间的关系

从表 8 - 90 看，18—29 岁的调查对象对《村组法》了解较少，他们回答"不太了解"的比率高达 90.00%。60 岁以上的调查对象回答"不太了解"的比率也非常高，达到 87.18%。随着调查对象年龄的增长，调查对象对该法律的了解程度没有发生规律性的变化。P 值为 0.074，不具有统计学意义。

表 8 - 90 　您了解《中华人民共和国村民委员会组织法》吗？（％）

年龄（岁）	非常了解	很了解	比较了解	不太了解	缺失值	合计
18—29		10.00		90.00		100.00
30—39		2.33	16.28	79.07	2.32	100.00
40—49	3.92		7.84	86.27	1.97	100.00
50—59	1.80	2.70	10.81	84.69		100.00
60—	2.05	1.54	9.23	87.18		100.00
合计	1.86	2.33	9.53	85.81	0.47	100.00
$\chi^2 = 24.7722$				P = 0.074		

从表 8 - 91 看，50 岁以上的调查对象对国家土地流转政策了解程度较低。P 值为 0.176，不具有统计学意义。年龄与调查对象对国家土地流转政策的了解之间相关性不强。

表 8 - 91 您知道国家的土地流转政策吗？（%）

年龄（岁）	知道	不知道	合计
18—29	36.67	63.33	100.00
30—39	48.84	51.16	100.00
40—49	37.25	62.75	100.00
50—59	30.63	69.37	100.00
60—	30.26	69.74	100.00
合计	36.67	63.33	100.00
$\chi^2 = 6.3304$		P = 0.176	

3. 年龄与农民对权力和权利来源认识水平之间的关系

从表 8 - 92 的数据看，青年调查对象回答农民权利是"法律给的"比率最高，老年调查对象认为农民权利是"法律给的"比率较低。青年调查对象回答农民权利是"政府给的"的比率低于中老年调查对象。青年调查对象对农民权利来源的认识比较清楚，年龄与调查对象对农民权利来源的认识相关性较强。P 值为 0.001，具有高度的统计学意义。

表 8 - 92 您认为农民的权利是哪里来的？（%）

年龄（岁）	生来就有的	政府给的	法律给的	不知道	缺失值	合计
18—29	26.67	26.67	36.67	6.67	3.32	100.00
30—39	30.23	20.93	30.23	18.61		100.00
40—49	29.41	37.25	9.80	21.57	1.97	100.00
50—59	18.92	40.54	23.42	15.32	1.80	100.00
60—	15.38	41.54	12.82	28.72	1.54	100.00
合计	20.23	37.67	18.60	21.86	1.64	100.00
$\chi^2 = 38.8551$			P = 0.001			

从表 8 - 93 看，50 —59 岁年龄段的调查对象回答"老百姓给的"比率最高；40 —49 岁年龄段的调查对象回答"政府给的"比率最高；青年调查对象回答"法律给的"比率最高。青年调查对象的法律意识较强，年纪大一些的农民则更重视民意，而中年农民比较现实。P 值为 0.008，年龄与调查对象对村干部权力来源的认识之间具有一定的相关性。

表 8 – 93　　　　　　您认为村干部的权力是哪里来的？（%）

年龄（岁）	老百姓给的	政府给的	法律给的	不知道	缺失值	合计
18—29	50.00	23.33	6.67	16.67	3.33	100.00
30—39	65.12	23.26	4.65	6.97		100.00
40—49	50.98	35.29	1.96	11.77		100.00
50—59	71.17	15.32	0.90	11.71	0.90	100.00
60—	68.56	12.37	0.52	17.53	1.02	100.00
合计	65.50	17.72	1.63	14.22	0.93	100.00
$\chi^2 = 32.8345$			P = 0.008			

从前面的分析中可以看出，年龄与调查对象对国家领导人、农村基层干部、村民代表的了解之间相关性不强；年龄与调查对象对法律、政策的了解之间相关性不大；年龄与调查对象对村干部的了解、对权力来源和权利来源的认识水平之间的关系较为密切。政府要重视 30 岁以下青年农民的政治思想工作，调动老年农民学习政治知识的积极性。

（二）年龄对农民政治情感的影响

年龄对政治情感的影响非常复杂，调查组仅就几个问题展开调查。

1. 年龄与农民对村庄感情之间的关系

从表 8 – 94 可以看出，年龄在 50 岁以上的调查对象回答对村庄"有"感情的比率要高一些。他们长期生活在村庄，熟悉这里的一草一木，这里有他们的记忆，有他们的故事，他们依恋他们的家园。P 值为 0.175，没有显示出统计学意义，数据分析结果只作为参考。

表 8 – 94　　　　　　您对所在村庄有感情吗？（%）

年龄（岁）	有	没有	说不清	合计
18—29	70.00	16.67	13.33	100.00
30—39	79.07	6.98	13.95	100.00
40—49	78.43	15.69	5.88	100.00
50—59	85.59	7.21	7.20	100.00
60—	86.67	7.69	5.64	100.00
合计	83.49	9.07	7.44	100.00
$\chi^2 = 11.4897$		P = 0.175		

2. 年龄与农民对农村干部感情之间的关系

观察表 8 - 95 的数据可以发现，年龄与调查对象对农村干部能否维护农民利益的评价之间没有太大相关性，P 值远远大于 0.05，不具有统计学意义。需要注意的是，大量的调查对象不愿意回答调查员提出的这一问题，这反映出农村权力相对集中，农村基层干部掌握着农村大量资源和价值的分配权，很多调查对象害怕得罪农村基层干部，不愿意讲真话，也不愿意说假话，所以选择了沉默。

表 8 - 95　　　　您认为农村基层干部能真正维护农民利益吗？（%）

年龄（岁）	会	不会	说不清	缺失值	合计
18—29	30.00	26.67	43.33		100.00
30—39	58.14	11.63	30.23		100.00
40—49	50.98	23.53	25.49		100.00
50—59	52.25	26.13	21.62		100.00
60—	46.67	23.08	29.74	0.51	100.00
合计	48.60	23.02	28.14	0.24	100.00
$\chi^2 = 12.2373$			P = 0.427		

3. 年龄与农民民主情结之间的关系

从表 8 - 96 可以看出，针对村庄大事如何决定这一问题，青年调查对象的民主情结最浓厚，18—29 岁、30—39 岁的调查对象认为"村民商议决定"为好的比率分别为 63.33% 和 55.81%；老年调查对象的民主情感最淡薄，60 岁以上调查对象认为"村民商议决定"为好的比率是 33.16%。但总体而言，年龄与调查对象的民主情怀之间相关性不大。软件系统计算出来的 P 值较大，不具有统计学意义。

表 8 - 96　　　　您认为村庄大事怎样决定好？（%）

年龄（岁）	村民商议决定	村两委决定	村支部决定	村民代表决定	村支书决定	村主任决定	其他	缺失值	合计
18—29	63.33	13.33	3.33	6.67		3.33	3.34	6.67	100.00
30—39	55.81	9.30	4.65	16.28		2.33	11.63		100.00
40—49	35.29	11.76	1.96	23.53	1.96		23.53	1.97	100.00
50—59	48.65	8.11	4.50	18.02	2.70		17.12	0.90	100.00

续表

年龄（岁）	村民商议决定	村两委决定	村支部决定	村民代表决定	村支书决定	村主任决定	其他	缺失值	合计
60—	33.16	10.36	5.18	21.76	3.11	1.55	19.69	5.19	100.00
合计	41.82	10.05	4.44	19.39	2.34	1.17	17.52	3.27	100.00
$\chi^2 = 35.1483$					P = 0.166				

从上面的分析可以看出，老年调查对象对村庄的感情最深、民主意识最差；30岁以下的青年农民对村庄和村干部的感情最弱、民主情感最浓。但总体而言，年龄与调查对象的政治情感之间相关性不大。

（三）年龄对农民政治态度的影响

年龄是衡量政治态度的重要指标，一般情况下，随着年龄的增长，人们的政治态度会逐步走向成熟和理性。

1. 年龄与农民对村庄关心程度之间的关系

从表8-97可以看出，18—29岁和60岁以上年龄段的调查对象对村庄未来发展关心较少。一些60岁以上调查对象抱着混日子的想法，认为自己年事已高，对村庄发展和村庄事务漠不关心。同时，一些年轻的调查对象对村庄感情淡漠，期待到城市生活，因而对村庄未来发展不太关心。P值为0.222，没有统计学意义，分析结果只作为参考。

表8-97 您关心村庄的未来发展吗？（%）

年龄（岁）	非常关心	很关心	比较关心	不太关心	缺失值	合计
18—29	40.00	23.33	16.67	20.00		100.00
30—39	37.21	25.58	30.23	6.98		100.00
40—49	41.18	29.41	9.80	19.61		100.00
50—59	38.74	26.13	17.12	18.01		100.00
60—	31.79	25.13	13.85	28.72	0.51	100.00
合计	35.81	25.81	16.05	22.09	0.24	100.00
$\chi^2 = 19.9610$				P = 0.222		

表8-98说明：不同年龄段的调查对象对村庄事务的关心程度有所不同。青年调查对象对村里土地流转、集体设施出租转让等的关心程度最低。P值为0.581，远远大于0.05，没有统计学意义。

表 8 - 98　　您了解村里土地流转、集体设施出租转让等情况吗？（%）

年龄（岁）	了解	不了解	合计
18—29	10.00	90.00	100.00
30—39	13.95	86.05	100.00
40—49	22.00	78.00	100.00
50—59	16.22	83.78	100.00
60—	19.49	80.51	100.00
合计	17.72	82.28	100.00
$\chi^2 = 2.8633$		P = 0.581	

2. 年龄与农民对村级组织信赖之间的关系

表 8 - 99 的数据告诉我们，年龄与调查对象对村级组织的信赖之间没有太大的相关性，调查对象是否相信村级组织会在他们有困难的时候帮助他们与年龄没有什么关系，衡量统计学意义的 P 值为 0.176，不具有统计学意义。

表 8 - 99　　您相信村级组织会在您遇到困难时帮助您吗？（%）

年龄（岁）	相信	不相信	缺失值	合计
18—29	46.67	53.33		100.00
30—39	60.47	39.53		100.00
40—49	58.82	41.18		100.00
50—59	61.26	37.84	0.90	100.00
60—	45.13	53.33	1.54	100.00
合计	52.56	46.51	0.93	100.00
$\chi^2 = 11.4771$		P = 0.176		

3. 年龄与农民政治信心之间的关系

农民政治信心体现在很多方面，表 8 - 100 显示，青年调查对象对维护自己的合法权益拥有较高的信心，而 60 岁以上的调查对象对维护自己合法权益的信心最弱。P 值为 0.066，年龄与农民维护合法利益的信心之间相关性不大，数据分析结果只能作为参考。

表8-100　　　您认为您有合法途径反映和维护自己的合法利益吗?(%)

年龄(岁)	有信心	没有信心	缺失值	合计
18—29	65.52	34.48		100.00
30—39	69.77	30.23		100.00
40—49	48.00	50.00	2.00	100.00
50—59	54.95	43.24	1.81	100.00
60—	44.10	52.31	3.59	100.00
合计	51.40	46.26	2.34	100.00
$\chi^2 = 14.6737$			P = 0.066	

　　调查组对农民对农村发展和农民前途的信心进行考察时发现(见表8-101),青年调查对象对农村发展和农民前途的信心比较弱,这从一个侧面说明了年轻农民不愿意留在农村的原因。中国是人口大国,农业和农村的重要性不言自喻,年轻农民不愿意留在农村,必然会带来农村的凋敝和落后。如何通过农村发展把年轻农民留在农村是一个需要关注的问题。另外,老年农民的政治信心不强。P值为0.019,显示出统计学意义,年龄与调查对象的政治信心之间具有一定的相关性。

表8-101　　　您对农村发展和农民前途有信心吗?(%)

年龄(岁)	很有信心	比较有信心	信心不大	没有信心	缺失值	合计
18—29	33.33	20.00	36.67	10.00		100.00
30—39	18.60	51.16	18.60	11.64		100.00
40—49	45.10	19.61	13.73	21.56		100.00
50—59	36.04	23.42	20.72	18.02	1.80	100.00
60—	37.11	20.10	23.71	17.02	2.06	100.00
合计	35.66	24.01	22.14	16.79	1.40	100.00
$\chi^2 = 29.8410$				P = 0.019		

　　针对不同的问题,调查对象表现出的政治信心差异很大,年龄与调查对象政治信心的相关性一般。

　　4. 年龄与农民政治评价之间的关系

　　如表8-102所示,针对村级组织的发展成效,不同年龄的调查对象其评价各不相同,50岁以上的调查对象认为"不太好"的比率最高。P值为0.655,不具有统计学意义。

【访谈记录】8-8

访谈对象：Y 村村民 C（68 岁）

走进调查对象的院落，一座低矮破旧的房子呈现在我们面前。一位老大娘迎了出来，我们就坐在院子里聊了起来。大娘说："我两个女儿都出嫁了，家里就剩下我和老伴两个人。我们年纪大了，你大爷身体也不太好，农活干不动了，地卖给了邻居，我们两人依靠政府补贴和卖地的钱维持生活，日子过得紧巴巴的，就怕有病。现在农村日子是比以前好过了，不用交什么费用，可现在农村环境不如以前了，治安也不太好。"

表 8-102　　　　　您认为您村近年来发展成效怎么样？（%）

年龄（岁）	非常好	很好	一般	不太好	不好说	合计
18—29	6.67	20.00	43.33	23.33	6.67	100.00
30—39	6.98	25.58	46.51	13.95	6.98	100.00
40—49	7.84	17.65	49.02	17.65	7.84	100.00
50—59	6.31	18.02	39.64	29.73	6.30	100.00
60—	4.10	24.10	33.33	29.74	8.73	100.00
合计	5.58	21.63	38.84	26.28	7.67	100.00
$\chi^2 = 13.2414$			P = 0.655			

从表 8-103 呈现的数据可以看出，老年调查对象认为基层法院能够公正解决问题的比率最低。P 值为 0.668，年龄与调查对象对法院执法公正性的看法之间没有太明显的相关性。

表 8-103　　　　　您相信基层法院能够公正解决问题吗？（%）

年龄（岁）	公正	不公正	其他	合计
18—29	53.33	16.67	30.00	100.00
30—39	55.81	20.93	23.26	100.00
40—49	49.02	23.53	27.45	100.00
50—59	52.25	21.62	26.13	100.00
60—	43.59	20.51	35.90	100.00
合计	48.37	20.93	30.70	100.00
$\chi^2 = 5.8124$		P = 0.668		

表 8 - 104 的数据表明，不同年龄的调查对象对人们收入和地位待遇公平性的评价差异较大，老年调查对象认为人们收入和地位待遇公平的比率最低。

表 8 - 104　　您认为人们的收入和地位待遇公平吗？（％）

年龄（岁）	公平	不公平	缺失值	合计
18—29	53.33	43.33	3.34	100.00
30—39	55.81	44.19		100.00
40—49	47.06	52.94		100.00
50—59	40.54	58.56	0.90	100.00
60—	36.41	61.54	2.05	100.00
合计	41.86	56.74	1.40	100.00
$\chi^2 = 10.7476$			P = 0.216	

表 8 - 105 表明，青年调查对象对社会治安、食品药品安全、生产安全等状况满意度低。P 值为 0.011，具有统计学意义。

表 8 - 105　　您对社会治安、食品药品安全、生产安全等状况满意吗？（％）

年龄（岁）	满意	不满意	缺失值	合计
18—29	40.00	56.67	3.33	100.00
30—39	41.86	58.14		100.00
40—49	72.55	27.45		100.00
50—59	45.95	50.45	3.60	100.00
60—	51.28	48.21	0.51	100.00
合计	50.70	47.90	1.40	100.00
$\chi^2 = 19.7656$			P = 0.011	

上面与政治评价相关的数据说明，年龄与调查对象的政治评价水平之间的相关性不是太显著，但仍然可以看出，老年调查对象对近年来村庄发展成效、基层法院的公正性、人们收入和地位待遇公平性的政治评价偏低，青年调查对象对社会治安、食品药品安全、生产安全等状况满意度不高。

通过调查分析，关于年龄对农民政治态度的影响可以得出以下结论：年龄与调查对象对农村发展和农民前途是否拥有信心有一定的相关性，与调查对象对社会治安、食品药品安全、生产安全等状况的评价之间也有相关性，而与调查对象对自己所在村庄未来发展的关心、对村务的关心、对村级组织的信赖、对维护自己合法权益的信心之间的相关性不大，也与调查对象对法院执法公正性的评价、对近年来村庄发展成效的评价、对人们收入和地位待遇公平性的评价没有太大的相关性。但可以看到，老年农民的政治信心和政治评价水平较低，青年农民对农村发展前途表示出忧虑之情，对农村食品、药品安全的现状评价很低。

（四）年龄对农民政治参与的影响

年龄对农民政治参与的影响可以通过年龄与农民主体意识、选举积极性、监督意识、政治功效感等之间的关系表现出来。

1. 年龄与农民主体意识之间的关系

很多人认为，年轻人的自我意识和主体意识较强，而实际考察的结果如何呢？表8－106的数据表明，随着调查对象年龄的增加，调查对象认为普通百姓在村庄发展中起不了什么作用的比率发生了规律性的变化。调查对象年龄越大，主体意识越弱，青年调查对象的主体意识最强，年龄与调查对象主体意识的相关性较强。P值为0.035，具有统计学意义。

表8－106　　您同意"一个村庄的发展主要靠干部，而农民作用微不足道"这一说法吗？（％）

年龄（岁）	同意	不同意	说不清	缺失值	合计
18—29	26.67	66.67	6.66		100.00
30—39	46.51	46.51	6.98		100.00
40—49	50.98	35.29	13.73		100.00
50—59	53.15	36.94	9.91		100.00
60—	55.15	28.87	14.95	1.03	100.00
合计	51.28	36.13	12.12	0.47	100.00
$\chi^2 = 22.2012$				$P = 0.035$	

2. 年龄与农民民主选举积极性之间的关系

人们似乎形成了一种思维定式，认为越年轻，就越可能更加积极地投入到政治生活之中，但表 8 - 107 呈现的调查数据似乎并没有验证这一观点，18—29 岁年龄段的调查对象参加上一届村民委员会选举的比率仅为 30.00%。很多青年调查对象在外面打工，参加村民委员会选举的比率最低。P 值为 0.000，具有高度的统计学意义。

表 8 - 107　您参加上一届村民委员会选举了吗？（%）

年龄（岁）	参加	没参加	合计
18—29	30.00	70.00	100.00
30—39	51.16	48.84	100.00
40—49	74.51	25.49	100.00
50—59	73.87	26.13	100.00
60—	76.41	23.59	100.00
合计	69.77	30.23	100.00
$\chi^2 = 35.0602$		P = 0.000	

3. 年龄与农民监督意识之间的关系

从表 8 - 108 的数据看，18—29 岁的调查对象认为老百姓"应当"监督农村干部的比率最高，60 岁以上的老年调查对象认为老百姓"应当"监督农村干部的比率最低。年轻调查对象比老年调查对象的民主监督意识更强一些。P 值为 0.656，不具有统计学意义，数据只作为参考。

表 8 - 108　您认为老百姓应当监督农村干部吗？（%）

年龄（岁）	应当	不应当	说不清	缺失值	合计
18—29	80.00	6.67	13.33		100.00
30—39	69.77	4.65	25.58		100.00
40—49	78.43	5.88	15.69		100.00
50—59	64.86	10.81	24.33		100.00
60—	63.08	8.72	27.69	0.51	100.00
合计	67.21	8.37	24.19	0.23	100.00
$\chi^2 = 9.5395$			P = 0.656		

4. 年龄与农民政治功效感之间的关系

从表 8 - 109 可以看出，年龄与调查对象认为民主投票选举是否有作用之间没有相关性。P 值为 0.322，不具有统计学意义。

表 8 - 109　　　　　　　　您认为民主投票有作用吗？（%）

年龄（岁）	有	没有	不知道	合计
18—29	63.30	30.00	6.70	100.00
30—39	81.40	16.28	2.32	100.00
40—49	62.75	21.57	15.68	100.00
50—59	72.97	15.32	11.71	100.00
60—	69.23	20.00	10.77	100.00
合计	70.23	19.30	10.47	100.00
$\chi^2 = 9.2475$			P = 0.322	

5. 年龄与农民参与行为选择之间的关系

从表 8 - 110 可以看出，50 岁以上的调查对象选择"向上反映"和"找干部提意见"的比率较低，而且他们选择"放在心里"和"听话"的比率较高，年龄与调查对象参与行为选择之间有一定的相关性。P 值为 0.000，具有高度的统计学意义。

表 8 - 110　　　　　　如果您对村干部有意见，您会怎么选择？（%）

年龄（岁）	向上反映	找干部提意见	听话	放在心里	其他	缺失值	合计
18—29	16.67	26.67		30.00	23.33	3.33	100.00
30—39	9.30	51.16		25.58	11.63	2.33	100.00
40—49	15.69	31.37	1.96	37.25	13.73		100.00
50—59	3.60	21.62	3.60	46.85	23.42	0.91	100.00
60—	3.11	24.35	8.29	42.49	19.69	2.07	100.00
合计	6.31	27.34	4.91	40.42	19.39	1.63	100.00
$\chi^2 = 47.8602$				P = 0.000			

此外，年龄与调查对象是否参加过村干部的民主评议、是否向村干部提过意见或建议、是否向村民代表反映过意见或建议、是否在村民小组会议上提过意见或建议都没有相关性。

总之，年龄与调查对象选举积极性和参与行为选择之间具有一定的相关性。30 岁以下青年调查对象的主体意识、监督意识强，但他们的选举积极性不高。老年调查对象的主体意识、监督意识和参与意识较差。

（五）年龄对农民合作意识的影响

从表 8 - 111 调查数据上看，青年调查对象和中青年调查对象认为"合伙干"容易致富的比率分别为 33.33% 和 27.91%，虽然比率不高，但相比 50 岁以上的调查对象，青年调查对象比较倾向于合伙干事。P 值为 0.007，具有高度的统计学意义。

表 8 - 111　　您认为自己干容易致富还是合伙干容易致富？（%）

年龄（岁）	自己干	合伙干	看情况	缺失值	合计
18—29	56.67	33.33	10.00		100.00
30—39	44.19	27.91	27.90		100.00
40—49	72.55	9.80	17.65		100.00
50—59	62.16	17.12	18.02	2.70	100.00
60—	50.77	15.38	29.74	4.11	100.00
合计	56.05	17.67	23.72	2.56	100.00
$\chi^2 = 27.3588$			P = 0.007		

五　政治面貌因素对农民政治水平的影响

从理论上讲，党员应该掌握更多的政治知识，对党和国家有着更深厚的感情，关心国家大事，对国家发展和前途充满信心，对政治体系的评价更加积极。更重要的是，党员应该积极参加党组织的各项政治活动，主动反映群众的意见和建议。从目前的研究成果看，大部分学者都认为党员农民的政治素质高于非党员农民，党员农民政治参与积极性更高一些。为了了解实际状况，我们进行了实证调查和分析。

（一）政治面貌对农民政治认知的影响

一般情况下，党员理应具有较高的政治觉悟和丰富的政治知识，党员的政治认知水平应该高于非党员。

1. 政治面貌与农民对国家领导人、农村基层干部、村民代表等了解程度之间的关系

在表 8 - 112 中，党员调查对象知道李克强是国务院总理的比率为90.91%，而非党员调查对象能够正确回答该问题的比率仅为 68.11%，党员调查对象比非党员调查对象能够正确回答该问题的比率高

22.80%，党员调查对象对国家大事更加关心。P值为0.022，具有统计
学意义。

表8-112　　　　　　中央有位李克强，他是干什么的？（%）

政治面貌	国家主席	国务院总理	不知道	合计
党员		90.91	9.09	100.00
非党员	2.30	68.11	29.59	100.00
合计	2.12	69.88	28.00	100.00
$\chi^2 = 7.5900$			P = 0.022	

在对乡镇长的了解方面（见表8-113），党员调查对象回答"知
道"的比率为18.18%，而非党员调查对象回答"知道"的比率为
12.24%，党员调查对象比非党员调查对象了解的程度更高一些。P值
为0.325，没有统计学意义，数据仅作为参考。

表8-113　　　　　您知道您所在地的乡镇长是谁吗？（%）

政治面貌	知道	不知道	合计
党员	18.18	81.82	100.00
非党员	12.24	87.76	100.00
合计	12.71	87.29	100.00
$\chi^2 = 0.9673$		P = 0.325	

对于本村村民代表的了解程度（见表8-114），党员调查对象明显
高于非党员调查对象，党员调查对象回答"知道"的比率为81.82%，
非党员调查对象回答"知道"的比率为59.23%。P值为0.037，具有
统计学意义。

表8-114　　　　　您知道您村村民代表都是谁吗？（%）

政治面貌	知道	不知道	没有	合计
党员	81.82	18.18		100.00
非党员	59.23	39.74	1.03	100.00
合计	60.99	38.06	0.95	100.00
$\chi^2 = 6.5999$			P = 0.037	

从表8－115的数据看，党员调查对象能准确说出村主任名字的比率为93.94%，而非党员调查对象能准确说出村主任名字的比率为87.76%，党员调查对象与非党员调查对象了解的程度相差不多，P值为0.564，没有统计学意义，数据可以作为参考。

表8－115 您知道您村村主任是谁吗？（%）

政治面貌	知道	不知道	缺失值	合计
党员	93.94	6.06		100.00
非党员	87.76	11.99	0.25	100.00
合计	88.24	11.53	0.23	100.00
$\chi^2 = 1.1442$			P = 0.564	

总之，政治面貌与调查对象对国家领导人、村民代表的了解之间相关性很强，党员调查对象的政治认知程度明显比非党员调查对象高。

2. 政治面貌与农民对法律、政策了解程度之间的关系

在调查对象对《村组法》的了解方面（见表8－116），党员调查对象回答"不太了解"的比率为63.64%，非党员调查对象回答"不太了解"的比率为87.76%。P值为0.000，显示高度的统计学意义，政治面貌与调查对象对《村组法》的了解程度之间存在高度的相关性。

表8－116 您了解《中华人民共和国村民委员会组织法》吗？（%）

政治面貌	非常了解	很了解	比较了解	不太了解	缺失值	合计
党员	6.06		30.30	63.64		100.00
非党员	1.53	2.55	7.65	87.76	0.51	100.00
合计	1.88	2.35	9.41	85.88	0.48	100.00
$\chi^2 = 22.9812$				P = 0.000		

在对国家土地流转政策的了解方面，如表8－117所示，党员调查对象的表现依然好于非党员调查对象，党员调查对象回答"知道"国家土地流转政策的比率为45.45%，非党员调查对象回答"知道"国家土地流转政策的比率为31.63%。一半以上的党员调查对象不知道国家

的土地流转政策，党员调查对象对政策的了解水平令人担忧。P 值为
0.104，不具有统计学意义，数据仅作为参考。

表 8 - 117　　　　　您知道国家的土地流转政策吗？（%）

政治面貌	知道	不知道	合计
党员	45.45	54.55	100.00
非党员	31.63	68.37	100.00
合计	32.71	67.29	100.00
$\chi^2 = 2.6421$		P = 0.104	

　　总体来看，政治面貌与调查对象对法律、政策的了解之间具有很强
的相关性，党员调查对象的了解程度高于非党员调查对象，但党员调查
对象对法律、政策的了解水平与党员的标准相差很远。
　　3. 政治面貌与农民对权力和权利来源认识之间的关系
　　表 8 - 118 表明，党员调查对象回答村干部权力是"老百姓给的"
比率明显高于非党员调查对象，党员调查对象对村干部权力来源的看法
比较清晰、正确。政治面貌与调查对象对村干部权力来源的看法之间有
一定的相关性。P 值为 0.027，具有统计学意义。

表 8 - 118　　　　　您认为村干部的权力是哪里来的？（%）

政治面貌	老百姓给的	政府给的	法律给的	不知道	缺失值	合计
党员	75.00	9.38	6.25	6.25	3.12	100.00
非党员	64.54	18.62	1.02	15.05	0.77	100.00
合计	65.33	17.92	1.42	14.39	0.94	100.00
$\chi^2 = 10.9635$			P = 0.027			

　　表 8 - 119 显示，无论党员还是非党员调查对象，对农民权利来源
的认识都不是十分清楚，很多人都认为农民权利是"政府给的"，回答
"不知道"的比率也相当高。党员调查对象回答"法律给的"比率虽然
高于非党员调查对象，但只有 27.27%。P 值为 0.191，不具有统计学
意义，数据分析结果只作为参考。

表 8 - 119　　　　　　　您知道农民权利是从哪里来的吗？（%）

政治面貌	生来就有的	政府给的	法律给的	不知道	缺失值	合计
党员	9.09	48.48	27.27	15.16		100.00
非党员	20.92	36.99	17.60	22.70	1.79	100.00
合计	20.00	37.88	18.35	22.12	1.65	100.00
$\chi^2 = 6.1159$			P = 0.191			

政治面貌与调查对象对村干部权力来源的看法之间有一定的相关性，但与调查对象对农民权利来源的认识之间相关性不大。

综合上述分析，政治面貌与调查对象对国家领导人、村民代表的了解之间具有相关性；政治面貌与调查对象对法律的了解、对村干部权力来源的认识之间具有相关性。但是，政治面貌与调查对象对农民权利来源的认识、对政策的认识、对乡村干部的了解之间相关性不大。总体上看，政治面貌与调查对象政治认知之间的相关性很强，党员调查对象的政治认知水平高于非党员，但总的来看，党员调查对象的法律、政策意识和权利意识仍然不高。

（二）政治面貌对农民政治情感的影响

政治面貌不仅与农民的政治认知相关，还应该与农民的政治情感有着一定关系。作为党员，理应对党和人民付出更多的热情，理应对政治体系投入更多的情感认同，理应对民主、自由等政治价值表现出更多的喜爱之情。

1. 政治面貌与农民对村庄感情之间的关系

从表 8 - 120 的调查数据看，党员调查对象回答对村庄"有感情"的比率为 87.88%，而非党员调查对象对该问题回答"有感情"的比率则为 82.91%，党员调查对象似乎比非党员调查对象对村庄更有感情。P 值为 0.752，没有统计学意义，数据分析只能作为参考。

表 8 - 120　　　　　　　您对您所在的村庄有感情吗？（%）

政治面貌	有感情	没有感情	说不清	合计
党员	87.88	6.06	6.06	100.00
非党员	82.91	9.44	7.65	100.00
合计	83.29	9.18	7.53	100.00
$\chi^2 = 0.5713$		P = 0.752		

2. 政治面貌与农民对农村干部感情之间的关系

表 8 – 121 表明，政治面貌与调查对象对农村基层干部能否真正维护农民利益的评价之间没有相关性。从数据上看，党员比非党员调查对象对农村基层干部的评价更高一些。P 值为 0.728，不具有统计学意义。

表 8 – 121　　您认为农村基层干部能真正维护农民利益吗？（％）

政治面貌	会	不会	说不清	缺失值	合计
党员	57.58	21.21	21.21		100.00
非党员	47.96	23.21	28.57	0.26	100.00
合计	48.71	23.06	28.00	0.23	100.00
$\chi^2 = 1.3038$			P = 0.728		

3. 政治面貌与农民民主情结之间的关系

从表 8 – 122 可以看出，针对村庄大事如何决定这一问题，非党员调查对象更倾向于认为"村民商议决定"好一些，党员调查对象更倾向于"村民代表决定"。政治面貌与调查对象的民主情结之间不具有相关性。

表 8 – 122　　　　　您认为村庄大事怎样决定好？（％）

政治面貌	村民商议决定	村两委决定	村支部决定	村民代表决定	村支书决定	村主任决定	其他	缺失值	合计
党员	27.27	12.12	3.03	33.33	3.03		15.15	6.07	100.00
非党员	42.56	10.00	4.62	18.46	2.31	1.28	17.69	3.08	100.00
合计	41.37	10.17	4.49	19.62	2.36	1.18	17.49	3.32	100.00
$\chi^2 = 6.8749$					P = 0.442				

从与政治情感相关的数据可以看出，政治面貌与调查对象的政治情感之间相关性不大，党员调查对象对村庄和村庄干部的情感水平略高于非党员调查对象。

（三）政治面貌对农民政治态度的影响

长期以来，很多学者认为农村党员的素质下降，甚至有的学者认为很多农村党员的素质不如普通群众。与非党员农民相比，党员农民是否会对农村发展和村庄公共事务表现出更高水平的政治关心？是否更加信任农村基层组织？是否对农村未来发展具有更大的信心？是否对农村政治体系给予更高的评价？

1. 政治面貌与农民对村庄关心程度之间的关系

表 8 – 123 的数据表明，党员调查对象比非党员调查对象更加关心村庄的未来发展，党员调查对象回答"非常关心"村庄未来发展的比率为 60.61%，非党员调查对象回答"非常关心"的比率为 33.16%，差距很大。P 值为 0.031，具有统计学意义。

表 8 – 123　　　　　您关心村庄的未来发展吗？（％）

政治面貌	非常关心	很关心	比较关心	不太关心	缺失值	合计
党员	60.61	12.12	9.09	18.18		100.00
非党员	33.16	27.04	16.84	22.70	0.26	100.00
合计	35.29	25.88	16.24	22.35	0.24	100.00
$\chi^2 = 10.6000$			P = 0.031			

农民对村庄公共事务的了解程度也能反映出农民政治关心的水平。表 8 – 124 表明，政治面貌与调查对象对村里土地流转、集体设施出租转让方面的了解之间具有相关性，党员调查对象对村务了解的程度高于非党员调查对象，但大部分党员不了解村里的土地流转、集体设施出租转让等情况。P 值为 0.004，具有高度的统计学意义。

表 8 – 124　　　您了解村里的土地流转、集体设施出租转让等情况吗？（％）

政治面貌	了解	不了解	合计
党员	36.36	63.64	100.00
非党员	16.37	83.63	100.00
合计	17.92	82.08	100.00
$\chi^2 = 8.2703$		P = 0.004	

总之，党员调查对象对农村发展和农村公共事务的关心程度要高于非党员调查对象。

2. 政治面貌与农民对村级组织信赖之间的关系

表 8 – 125 显示，党员调查对象比非党员调查对象更加相信村级组织会在他们遇到困难时帮助他们。P 值为 0.006，具有高度的统计学意义。

表 8 – 125　　　**您相信村级组织会在您遇到困难时帮助您吗？（%）**

政治面貌	相信	不相信	缺失值	合计
党员	53.06	46.43	0.51	100.00
非党员	48.48	45.45	6.07	100.00
合计	52.71	46.35	0.94	100.00
$\chi^2 = 10.0901$			P = 0.006	

3. 政治面貌与农民政治信心之间的关系

从表 8 – 126 的数据可以看出，党员调查对象认为有合法途径反映和维护自己合法权益的比率为 63.64%，非党员调查对象对该问题给予肯定回答的比率为 50.77%，党员比非党员调查对象更有信心维护自己的合法权益。P 值为 0.322，没有显示出统计学意义。

表 8 – 126　　　**您认为您有合法途径反映和维护自己的合法利益吗？（%）**

政治面貌	有	没有	缺失值	合计
党员	63.64	33.33	3.03	100.00
非党员	50.77	46.92	2.31	100.00
合计	51.77	45.86	2.37	100.00
$\chi^2 = 2.2653$			P = 0.322	

从表 8 – 127 的数据看，党员调查对象表示对农村发展和农民前途"很有信心"的比率为 51.52%，非党员调查对象回答"很有信心"的比率为 34.53%。党员调查对象表示对农村发展和农民前途"没有信心"的比率为 9.09%，低于非党员调查对象回答"没有信心"的比率。P 值为 0.254，没有显示出统计学意义。

表 8 – 127　　　**您对农村发展和农民前途有信心吗？（%）**

政治面貌	很有信心	比较有信心	信心不大	没有信心	缺失值	合计
党员	51.52	15.15	24.24	9.09		100.00
非党员	34.53	24.30	22.25	17.39	1.53	100.00
合计	35.85	23.58	22.41	16.75	1.41	100.00
$\chi^2 = 5.3414$				P = 0.254		

可以看出，政治面貌与调查对象的政治信心之间关系不大，但是，从数据表面看，党员调查对象的政治信心水平略高于非党员调查对象。

4. 政治面貌与农民政治评价之间的关系

从表8-128的数据看，党员调查对象认为近年来村庄发展成效"非常好"和"很好"的比率是36.36%，而非党员回答"非常好"和"很好"的比率为26.02%；党员调查对象认为近年来村庄发展成效"一般"和"不太好"的比率为57.57%，而非党员调查对象回答"一般"和"不太好"的比率为66.33%。我们可以初步得出结论，党员调查对象比非党员调查对象对近年来村庄发展成效的评价水平更高一些。P值为0.657，不具有统计学意义。

表8-128　　　　　您认为您村近年来发展成效怎么样？（%）

政治面貌	非常好	很好	一般	不太好	不好说	合计
党员	9.09	27.27	39.39	18.18	6.07	100.00
非党员	5.36	20.66	39.03	27.30	7.65	100.00
合计	5.65	21.18	39.06	26.59	7.52	100.00
$\chi^2 = 2.4338$				P = 0.657		

从表8-129看，党员调查对象与非党员调查对象对法院执法公正性的评价相差无几，政治面貌与调查对象对法院执法公正性的评价之间相关性不强。P值为0.999，不具有统计学意义。

表8-129　　　　　您相信基层法院能够公正解决问题吗？（%）

政治面貌	相信	不相信	不知道	合计
党员	48.48	21.21	30.31	100.00
非党员	48.72	20.92	30.36	100.00
合计	48.71	20.94	30.35	100.00
$\chi^2 = 0.0016$		P = 0.999		

表8-130表明，党员调查对象和非党员调查对象对于收入和地位待遇公平性的评价基本相似。一半以上的党员认为人们的收入和地位待遇不公平。P值为0.059，没有统计学意义，政治面貌与调查对象对于收入和地位待遇公平性的评价之间没有相关性。

表8-130　　　　您认为人们的收入和地位待遇公平吗？（%）

政治面貌	公平	不公平	缺失值	合计
党员	42.42	51.52	6.06	100.00
非党员	41.58	57.40	1.02	100.00
合计	41.65	56.94	1.41	100.00
$\chi^2 = 5.6672$			P = 0.059	

表8-131表明，政治面貌与调查对象对社会治安、食品药品安全、生产安全等状况的满意程度之间没有相关性。P值为0.774，不具有统计学意义。

表8-131　　　　您对社会治安、食品药品安全、生产安全等
状况满意吗？（%）

政治面貌	满意	不满意	缺失值	合计
党员	51.52	48.48		100.00
非党员	51.02	47.45	1.53	100.00
合计	51.06	47.53	1.41	100.00
$\chi^2 = 0.5134$			P = 0.774	

可见，政治面貌与调查对象的政治评价水平之间相关性不强，党员的政治评价水平略高于非党员的政治评价水平。

总之，政治面貌与调查对象的政治关心和政治信任之间具有一定的相关性，而与调查对象的政治信心和政治评价相关性不大。与非党员调查对象相比，党员调查对象对农村发展和农民前途更加关心，对村庄公共事务更加了解，对农村政治体系更加信任。但党员调查对象整体政治素质不高，他们的政治关心程度、政治信任程度和政治评价程度都不高。

（四）政治面貌对农民政治参与的影响

在农村，党员应当有更多渠道和机会参与村庄政治生活，他们的主体意识、民主意识应当更强，对农村政治决策应当有更大的影响力。

1. 政治面貌与农民主体意识之间的关系

从表8-132的数据可以看出，党员调查对象不同意"村庄发展靠

干部，而农民作用微不足道"这一说法的比率为 45.45%，非党员调查对象对该问题不同意的比率为 35.04%，党员调查对象对农民群众的主体作用有着更加清醒的认识。但要看到，接近一半的党员调查对象否认农民在村庄发展中的作用。P 值为 0.647，不具有统计学意义，数据仅作为参考。

表 8 – 132　　　　您同意"村庄发展靠干部，而农民作用微不足道"这一说法吗？（%）

政治面貌	同意	不同意	说不清	缺失值	合计
党员	42.42	45.45	12.13		100.00
非党员	52.17	35.04	12.28	0.51	100.00
合计	51.42	35.85	12.26	0.47	100.00
$\chi^2 = 1.6530$			P = 0.647		

2. 政治面貌与农民民主选举积极性之间的关系

表 8 – 133 的数据显示，党员调查对象参加投票的比率为 81.82%，非党员调查对象参加投票的比率为 68.88%，党员调查对象的参选率高于非党员调查对象。在这里，P 值为 0.120，没有显示出统计学意义，数据分析结果只作为参考。

表 8 – 133　　　　您参加上一届村民委员会选举了吗？（%）

政治面貌	参加	没参加	合计
党员	81.82	18.18	100.00
非党员	68.88	31.12	100.00
合计	69.88	30.12	100.00
$\chi^2 = 2.4218$		P = 0.120	

3. 政治面貌与农民监督意识之间的关系

对于老百姓是否应当监督农村干部（见表 8 – 134），党员调查对象做出肯定回答的比率高于非党员调查对象。P 值为 0.311，没有显示出统计学意义，数据分析结果仅作为参考。

表 8 – 134　　　　　　您认为老百姓应当监督农村干部吗？（%）

政治面貌	应当	不应当	说不清	缺失值	合计
党员	81.82	6.06	12.12		100.00
非党员	66.07	8.42	25.26	0.25	100.00
合计	67.29	8.24	24.24	0.23	100.00
$\chi^2 = 3.5776$			P = 0.311		

4. 政治面貌与农民政治功效感之间的关系

从表 8 – 135 可以清楚地看到，党员调查对象比非党员调查对象的政治功效感更强，党员调查对象对投票行为在政治过程中的作用更加看重。P 值为 0.069，没有显示出统计学意义。

表 8 – 135　　　　　　您认为民主投票选举有作用吗？（%）

政治面貌	有	没有	不知道	合计
党员	87.88	9.09	3.03	100.00
非党员	68.88	20.15	10.97	100.00
合计	70.35	19.29	10.36	100.00
$\chi^2 = 5.3456$		P = 0.069		

5. 政治面貌与农民参与行为选择之间的关系

表 8 – 136 显示，当调查对象对村干部有意见时，党员调查对象选择"向上反映"的比率较高，选择直接"找干部提意见"的比率也明显高于非党员调查对象，但仍有 28.13% 的党员调查对象选择了"放在心里"，非党员调查对象选择"听话"和"放在心里"的比率较高。可以看出，部分党员能够通过积极的和合法的政治参与渠道反映自己的意见。P 值为 0.223，没有显示出统计学意义，数据仅作为分析的参考。

表 8 – 136　　　　　如果您对村干部有意见，您会怎么选择？（%）

政治面貌	向上反映	找干部提意见	听话	放在心里	其他	缺失值	合计
党员	9.38	31.25		28.13	31.24		100.00
非党员	6.14	26.85	5.37	41.69	18.16	1.79	100.00
合计	6.38	27.19	4.96	40.66	19.15	1.66	100.00
$\chi^2 = 6.9729$			P = 0.223				

在表 8 - 137 中，党员调查对象回答"参加过"村干部民主评议的比率远远高于非党员调查对象，政治面貌与调查对象是否"参加过"村干部的民主评议之间具有相关性。P 值为 0.000，有高度的统计学意义。

表 8 - 137　　　　您参加过对村干部的民主评议吗？（%）

政治面貌	参加过	没参加过	合计
党员	86.36	13.64	100.00
非党员	22.89	77.11	100.00
合计	36.19	63.81	100.00
$\chi^2 = 30.3387$		P = 0.000	

表 8 - 138 表明，党员调查对象向村干部提过意见或建议的比率为 33.33%，而非党员调查对象对该问题回答"是"的比率为 13.95%，党员调查对象比非党员调查对象更能够积极地表达自己的意见和建议，但大部分党员调查对象不能向村干部积极建言献策。P 值为 0.003，有高度的统计学意义。

表 8 - 138　　　　您向村干部提过意见或建议吗？（%）

政治面貌	是	否	合计
党员	33.33	66.67	100.00
非党员	13.95	86.05	100.00
合计	15.48	84.52	100.00
$\chi^2 = 8.7304$		P = 0.003	

在表 8 - 139 中，党员调查对象向村民代表反映过意见或建议的比率为 51.85%，非党员调查对象向村民代表反映过意见或建议的比率为 37.34%，党员调查对象意见表达意识较强，但仍有接近一半的党员调查对象没有向村民代表反映过意见或建议。P 值为 0.330，没有显示出统计学意义，数据分析结果仅作为参考。

表 8 - 139　　　　您向村民代表反映过意见或建议吗？（%）

政治面貌	是	否	缺失值	合计
党员	51.85	48.15		100.00

政治面貌	是	否	缺失值	合计
非党员	37.34	62.23	0.43	100.00
合计	38.85	60.77	0.38	100.00
$\chi^2 = 2.2175$			P = 0.330	

村民小组会议经常讨论与村民利益密切相关的事务。表8－140 显示，党员调查对象在会议上提出意见或者建议的比率明显高于非党员调查对象，党员调查对象在村民小组会议上的参与积极性较高，但有接近一半的党员调查对象没有在小组会议上提过意见或建议。P 值为 0.000，有高度的统计学意义。

表 8－140　　您在村民小组会议上提过意见或建议吗？（％）

政治面貌	提过	没有提过	从来没有开过	缺失值	合计
党员	33.33	42.42	21.21	3.04	100.00
非党员	8.70	72.12	18.41	0.77	100.00
合计	10.61	69.81	18.63	0.95	100.00
$\chi^2 = 23.0298$			P = 0.000		

【访谈记录】8－9

访谈对象：D 村村干部 D

我们在村民委员会找到了村支书，请他介绍有关农村党员政治参与积极性的问题。他说："大部分党员都是村中的积极分子，他们有热情，愿意反映农民的意见和建议；他们有热心，愿意帮助农民解决各种困难和矛盾。近年来，有的党员只顾自己发家致富，不愿意参加党支部组织的活动；有的党员长期在外打工，无法参加党员活动。"

总之，从数据分析和访谈情况看，相比非党员调查对象，党员调查对象政治参与积极性更高，但仍有很多党员调查对象主体意识不强，不能积极地参与村庄政治生活。

（五）政治面貌对农民合作意识的影响

从表8－141 可以看出，对于经济合作的看法，党员和非党员调查对象的观点差异不大，党员调查对象认可"合伙干"的比率为

18.18%，而非党员调查对象认可"合伙干"的比率为17.86%，党员调查对象的合作意识略强于非党员调查对象。P值为0.380，没有显示出统计学意义，数据分析结果仅作为参考。

表8-141　　您认为自己干容易致富还是合伙干容易致富？（%）

政治面貌	自己干	合伙干	看情况	缺失值	合计
党员	45.45	18.18	30.30	6.07	100.00
非党员	56.89	17.86	22.96	2.29	100.00
合计	56.00	17.88	23.53	2.59	100.00
$\chi^2 = 3.0767$			P = 0.380		

六　社会流动因素对农民政治水平的影响

外出务工意味着农民走出田野，感受城市的生活。外出务工对农民政治水平是否有影响？这种影响是正面的还是负面的？带着这些问题我们进行了农村调查。

（一）外出务工对农民政治认知的影响

打工者在城市既可能接受更多的政治信息，也可能因为忙于生存而忽略对政治知识的了解。对此，我们进行了抽样调查。

1. 外出务工与农民对国家领导人、农村基层干部、村民代表等了解程度之间的关系

表8-142显示，有过外出务工经历的调查对象知道李克强是国务院总理的比率为65.41%，没有过外出务工经历的调查对象知道李克强是国务院总理的比率为71.80%，没有过外出务工经历的调查对象知道李克强是国务院总理的比率略高一些。P值为0.325，不具有统计学意义，是否有过外出务工经历与调查对象对国家领导人的了解之间相关性不大。

表8-142　　　　中央有位李克强，他是干什么的？（%）

外出务工经历	国家主席	国务院总理	不知道	合计
有过	1.89	65.41	32.70	100.00
没有	2.26	71.80	25.94	100.00
合计	2.12	69.41	28.47	100.00
$\chi^2 = 2.2498$		P = 0.325		

在对乡镇长的了解方面（见表8－143），有过外出务工经历的调查对象回答"知道"的比率为11.95%，未曾有过外出务工经历的调查对象回答"知道"的比率为13.16%，有过外出务工经历的调查对象比没有过外出务工经历的调查对象表现得差一些。P值为0.717，没有显示出统计学意义，数据只作为参考。

表8－143　　　　您知道您所在地的乡镇长是谁吗？（%）

外出务工经历	知道	不知道	合计
有过	11.95	88.05	100.00
没有	13.16	86.84	100.00
合计	12.71	87.29	100.00
$\chi^2 = 0.1310$		$P = 0.717$	

对于本村村民代表的了解（见表8－144），有过外出务工经历的调查对象表现得差一些，没有过外出务工经历的调查对象回答"知道"村民代表的比率为64.53%，有过外出务工经历的调查对象回答"知道"村民代表的比率为53.80%。P值为0.017，显示出统计学意义。

表8－144　　　　您知道您村村民代表都是谁吗？（%）

外出务工经历	知道	不知道	没有	合计
有过	53.80	46.20		100.00
没有	64.53	33.96	1.51	100.00
合计	60.52	38.53	0.95	100.00
$\chi^2 = 8.1168$		$P = 0.017$		

对本村支部书记和主任的了解方面（见表8－145），没有过外出务工经历的调查对象显然比有过外出务工经历的调查对象表现得更好一些。没有过外出务工经历的调查对象回答"知道"的比率为92.11%，有过外出务工经历的调查对象回答"知道"的比率为81.76%。P值为0.003，具有高度的统计学意义。

总之，外出务工经历与调查对象对村干部和村民代表的了解之间相关性很强。没有过外出务工经历的调查对象对国家领导人、农村基层干部以及村民代表等的了解程度要高于有过外出务工经历的调查对象。

表 8 - 145　　　　　　您知道您村村主任是谁吗？（%）

外出务工经历	知道	不知道	缺失值	合计
有过	81.76	18.24		100.00
没有	92.11	7.52	0.37	100.00
合计	88.24	11.53	0.23	100.00
$\chi^2 = 11.7240$			P = 0.003	

2. 外出务工与农民对法律、政策了解程度之间的关系

在农民对《村组法》的了解方面（见表 8 - 146），有过外出务工经历的调查对象回答"不太了解"的比率为 88.68%，没有过外出务工经历的调查对象回答"不太了解"的比率为 83.83%。看起来，有过外出务工经历的调查对象对该法的了解程度低于没有过外出务工经历的调查对象。P 值为 0.581，显示没有统计学意义，数据仅作为参考。

表 8 - 146　您了解《中华人民共和国村民委员会组织法》吗？（%）

外出务工经历	非常了解	很了解	比较了解	不太了解	缺失值	合计
有过	1.89	1.26	7.55	88.68	0.62	100.00
没有	1.88	3.01	10.90	83.83	0.38	100.00
合计	1.88	2.35	9.65	85.65	0.47	100.00
$\chi^2 = 2.8640$			P = 0.581			

在对国家土地流转政策的了解方面（见表 8 - 147），没有过外出务工经历的调查对象表现得依然好于有过外出务工经历的调查对象。P 值为 0.811，不具有统计学意义。

表 8 - 147　　　　　您知道国家的土地流转政策吗？（%）

外出务工经历	知道	不知道	合计
有过	32.70	67.30	100.00
没有	33.83	66.17	100.00
合计	33.41	66.59	100.00
$\chi^2 = 0.0571$		P = 0.811	

从 SPSS 系统处理的数据可以看出，是否有过外出务工的经历与调

查对象对法律、政策的了解相关性不强。从数据上看，没有过外出务工经历的调查对象表现较好。

3. 外出务工与农民对权力和权利来源认识之间的关系

如表 8 - 148 所示，有过外出务工经历的对象回答村干部的权力是"老百姓给的"比率为 64.15%，没有过外出务工经历的调查对象回答村干部的权力是"老百姓给的"比率为 66.04%，二者相差不大。外出务工与调查对象对村干部权力来源的看法之间相关性不大。P 值为 0.786，没有显示出统计学意义，数据仅作为参考。

表 8 - 148　　　　您认为村干部的权力是哪里来的？（%）

外出务工经历	老百姓给的	政府给的	法律给的	不知道	缺失值	合计
有过	64.15	18.87	2.52	13.84	0.62	100.00
没有	66.04	16.98	1.13	14.72	1.13	100.00
合计	65.33	17.69	1.65	14.39	0.94	100.00
$\chi^2 = 1.7268$			P = 0.786			

表 8 - 149 表明，调查对象对农民权利来源的看法与是否外出务工之间的相关性不强。P 值为 0.119，显示没有统计学意义，数据仅作为参考。

表 8 - 149　　　　您认为农民的权利是哪里来的？（%）

外出务工经历	生来就有的	政府给的	法律给的	不知道	缺失值	合计
有过	25.79	33.33	18.87	19.50	2.51	100.00
没有	16.54	40.23	18.80	23.31	1.12	100.00
合计	20.00	37.65	18.82	21.88	1.65	100.00
$\chi^2 = 7.3331$			P = 0.119			

综合上述分析，是否外出务工与调查对象对村干部和村民代表的了解之间有一定相关性，而与调查对象对法律、政策的了解和对权力、权利来源的看法之间没有太大关系。总体而言，有过外出务工经历的调查对象的政治认知水平相对较低。一些经常外出务工的农民对村庄事务缺少关心，甚至不知道村主任和村民代表的名字。同时，这些经常外出务工的农民并未因生活在城镇而获得更多的政治信息。他们每日忙忙碌碌，看电视和听广播的时间都没有，更谈不上读书和看报，进而失去了

获得政治知识的渠道。

（二）外出务工对农民政治情感的影响

外出务工的农民对村庄和村干部的感情会淡化吗？他们在城市里会更加亲近民主吗？

1. 外出务工与农民对村庄感情之间的关系

从调查数据上看（见表 8 - 150），有过外出务工经历的调查对象回答对村庄"有感情"的比率为 82.39%，而没有过外出务工经历的调查对象回答对村庄"有感情"的比率为 83.83%，有过外出务工经历和没有过外出务工经历的调查对象对村庄的感情相差不多。P 值为 0.675，没有统计学意义，数据分析只作为参考。

表 8 - 150　　　　　您对您所在的村庄有感情吗？（%）

外出务工经历	有感情	没有感情	说不清	合计
有过	82.39	10.69	6.92	100.00
没有	83.83	8.27	7.90	100.00
合计	83.29	9.18	7.53	100.00
$\chi^2 = 0.7867$			P = 0.675	

2. 外出务工与农民对农村干部感情之间的关系

如表 8 - 151 所示，有过外出务工经历和没有过外出务工经历的调查对象对农村干部的评价相差不多。P 值为 0.123，显示没有统计学意义，数据仅作为参考。

表 8 - 151　　　　您认为农村基层干部能真正维护农民利益吗？（%）

外出务工经历	会	不会	说不清	缺失值	合计
有过	44.65	28.30	26.42	0.63	100.00
没有	51.13	19.92	28.95		100.00
合计	48.71	23.06	28.00	0.23	100.00
$\chi^2 = 5.7857$			P = 0.123		

3. 外出务工与农民民主情结之间的关系

从表 8 - 152 看，有过外出务工经历的调查对象认为村庄大事应该由"村民商议决定"和"村民代表决定"的比率为 63.30%；没有过外出务工经历的调查对象认为村庄大事应该由"村民商议决定"和"村民代表决定"的比率为60.00%。有过外出务工经历的调查对象与没有过外出务工经历的调查对象对民主的感情相差不大。P值为0.656，不具有统计学意义。

表8－152　　　　　　您认为村庄大事怎样决定好？（%）

外出务工经历	村民商议决定	村两委决定	村支部决定	村民代表决定	村支书决定	村主任决定	其他	缺失值	合计
有过	46.84	8.86	5.06	16.46	1.90	1.90	16.46	2.52	100.00
没有	38.87	10.57	4.15	21.13	2.64	0.75	18.11	3.78	100.00
合计	41.84	9.93	4.49	19.39	2.36	1.18	17.49	3.32	100.00
$\chi^2 = 5.0353$					P = 0.656				

可以发现，外出务工与调查对象的政治情感之间相关性不大。但有过外出务工经历的调查对象因为经常离开家乡而多少疏远了与家乡的情感，也因为经常工作在城镇而多少接受了一点儿民主观念。

（三）外出务工对农民政治态度的影响

人们一直认为，有外出务工经历的农民政治参与意识较强，实际情况和我们想象的一致吗？

1. 外出务工与农民对村庄关心程度之间的关系

从表8－153的数据看，没有过外出务工经历的调查对象表示"不太关心"村庄未来发展的比率为23.68%；有过外出务工经历的调查对象表示"不太关心"村庄未来发展的比率为20.13%。没有过外出务工经历的调查对象表示"非常关心"村庄未来发展的比率为37.22%；有过外出务工经历的调查对象表示"非常关心"村庄未来发展的比率为33.96%。可见，二者回答的比率相差很小。P值为0.440，不具有统计学意义，数据只作为参考。

表8－153　　　　　　您关心村庄的未来发展吗？（%）

外出务工经历	非常关心	很关心	比较关心	不太关心	缺失值	合计
有过	33.96	26.42	19.49	20.13		100.00
没有	37.22	25.19	13.53	23.68	0.38	100.00
合计	36.00	25.65	15.76	22.35	0.24	100.00
$\chi^2 = 3.7575$				P = 0.440		

一般情况下，有过外出务工经历的调查对象应该更加关心国家的土地流转政策和村里的土地流转情况，因为很多外出务工的调查对象希望把自己的土地转让出去。从表8-154的数据看，有过外出务工经历的调查对象回答"了解"村里的土地流转、集体设施出租转让等情况的比率为18.35%，没有过外出务工经历的调查对象对该问题回答的比率为16.92%，二者相差无几。是否外出务工与调查对象对村里土地流转、集体设施出租转让方面的了解之间没有相关性。P值为0.706，不具有统计学意义。

表8-154　　　　　您了解村里的土地流转、集体设施出租
转让等情况吗？（%）

外出务工经历	了解	不了解	合计
有过	18.35	81.65	100.00
没有	16.92	83.08	100.00
合计	17.45	82.55	100.00
$\chi^2 = 0.1421$		P = 0.706	

由此看来，是否外出务工与调查对象的政治关心程度之间没有太大关系。

2. 外出务工与农民对村级组织信赖程度之间的关系

调查对象是否相信村级组织会在困难时帮助他，能够反映出调查对象对农村政治体系的信赖程度。从表8-155的数据可以看出，在遇到困难时，有过外出务工经历的调查对象"相信"村级组织会帮忙的比率为50.94%，没有过外出务工经历的调查对象对该问题回答"相信"的比率为53.76%，二者相差不多，没有过外出务工经历的调查对象似乎对村级组织的信任度更高一些。是否外出务工与调查对象对村级组织的信赖之间相关性不大。P值为0.723，不具有统计学意义。

表8-155　　　您相信村级组织会在您遇到困难时帮助您吗？（%）

外出务工经历	相信	不相信	缺失值	合计
有过	50.94	48.43	0.63	100.00
没有	53.76	45.11	1.13	100.00
合计	52.71	46.35	0.94	100.00
$\chi^2 = 0.6488$			P = 0.723	

3. 外出务工与农民政治信心之间的关系

从表 8-156 的数据看，有过外出务工经历的调查对象认为"有"途径维护自己合法权益的为 53.80%，没有过外出务工经历的调查对象对该问题回答"有"的比率为 50.00%，二者相差无几。P 值为 0.440，没有显示出统计学意义，数据分析只作为参考。

表 8-156   您认为您有合法途径反映和维护自己的合法权益吗？（%）

外出务工经历	有	没有	缺失值	合计
有过	53.80	44.94	1.26	100.00
没有	50.00	46.99	3.01	100.00
合计	51.42	46.23	2.35	100.00
$\chi^2 = 1.6436$			P = 0.440	

从表 8-157 的数据看，有过外出务工经历的调查对象回答"没有信心"的比率高一些，但是否外出务工与调查对象对农村发展和农民前途的信心之间相关性不强，P 值为 0.458，没有显示出统计学意义。

表 8-157   您对农村发展和农民前途有信心吗？（%）

外出务工经历	很有信心	比较有信心	信心不大	没有信心	缺失值	合计
有过	34.59	26.42	18.24	19.50	1.25	100.00
没有	36.23	22.64	24.53	15.09	1.51	100.00
合计	35.61	24.06	22.17	16.75	1.41	100.00
$\chi^2 = 3.6306$				P = 0.458		

4. 外出务工与农民政治评价之间的关系

有过外出务工经历的农民与没有过外出务工经历的农民，在对村庄发展成效、法院公正性、社会公平性和社会安全等进行评价时，会不会表现出不同的特点？对此，调查组进行了调查分析。

从表 8-158 的数据可以看出，有过外出务工经历的调查对象认为近年来村庄发展成效"非常好"和"很好"的比率为 24.53%，而没有过外出务工经历的调查对象对该问题同样回答的比率为 28.95%；有过外出务工经历的调查对象认为近年来村庄发展成效"一般"和"不太好"的比率为 68.55%，而没有外出务工经历的调查对象对该问题回答的比率为 62.79%。看得出，有过外出务工经历的调查对象比没有过外出务工经历的调查对象对近年来村庄发展成效的评价更低一些，这可能与他们曾经与城市生活亲密接触过有关系。P 值为 0.804，不具有统计学意义，数据只作为参考。

表 8 - 158　　您认为您村近年来发展成效怎么样？（%）

外出务工经历	非常好	很好	一般	不太好	不好说	合计
有过	5.03	19.50	41.51	27.04	6.92	100.00
没有	6.02	22.93	36.47	26.32	8.26	100.00
合计	5.65	21.65	38.35	26.59	7.76	100.00
$\chi^2 = 1.6273$			P = 0.804			

从表 8 - 159 的数据看，有过外出务工经历的调查对象与没有过外出务工经历的调查对象对法院执法公正性的评价相差无几，二者的相关性不强。P 值为 0.936，没有统计学意义。

表 8 - 159　　您相信基层法院能够公正解决问题吗？（%）

外出务工经历	相信	不相信	不知道	合计
有过	47.80	21.38	30.82	100.00
没有	48.87	19.92	31.21	100.00
合计	48.47	20.47	31.06	100.00
$\chi^2 = 0.1319$		P = 0.936		

从表 8 - 160 的数据看，有过外出务工经历的调查对象认为农民收入和地位待遇不公平的比率为 61.01%，而没有过外出务工经历的调查对象认为农民收入和地位待遇不公平的比率为 54.89%。有过在城镇里务工经历的调查对象对城乡之间差别的感受更深一些。P 值为 0.313，没有统计学意义，分析结果仅作为参考。

表 8 - 160　　您认为人们的收入和地位待遇公平吗？（%）

外出务工经历	公平	不公平	缺失值	合计
有过	38.36	61.01	0.63	100.00
没有	43.23	54.89	1.88	100.00
合计	41.41	57.18	1.41	100.00
$\chi^2 = 2.3240$		P = 0.313		

对社会治安、食品药品安全、生产安全等状况（见表 8 - 161），有过外出务工经历调查对象的满意程度为 44.65%，没有过外出务工经历调查对象的满意程度为 53.76%。没有过外出务工经历调查对象的满意度高一些。P 值为 0.084，不具有统计学意义，数据仅作为参考。

表 8 - 161　　　您对社会治安、食品药品安全、生产安全等
状况满意吗？（%）

外出务工经历	满意	不满意	缺失值	合计
有过	44.65	52.83	2.52	100.00
没有	53.76	45.49	0.75	100.00
合计	50.35	48.24	1.41	100.00
$\chi^2 = 4.9435$			P = 0.084	

看得出，是否外出务工与调查对象的政治评价之间关系不密切。但是，从数据中仍然可以看到，有过外出务工经历的调查对象对村庄发展成效、社会公平性状况等的评价较低。

综合上面的分析，是否外出务工与调查对象对村庄未来发展和村务的关心、对村级组织的信赖、对农村发展和农民前途以及维护合法权益的信心相关性不大。同时，是否外出务工与调查对象的政治评价之间没有太大相关性。看来，外出务工并没有提高调查对象对政治事务的关心度，也没有起到增加调查对象政治信心的作用，只是在城乡对比中使调查对象对农村发展和社会状况更加不满意。

（四）外出务工对农民政治参与的影响

很多人认为，有过外出务工经历的调查对象会更加珍视自己的各种权利，更加积极地影响公共政策，外出务工对政治参与能够起到正向的推动作用。

1. 外出务工与农民主体意识之间的关系

从表 8 - 162 的数据看，有过外出务工经历的调查对象认同"村庄发展靠干部，而农民作用微不足道"这一说法的比率为 49.69%，没有外出务工经历的调查对象认同这一说法的比率为 52.45%，二者相差很小，是否有过外出务工经历与调查对象的主体意识没有太大关系。P 值

为0.683，不具有统计学意义。

表8-162　　　　您同意"村庄发展靠干部，而农民作用
微不足道"这一说法吗？（%）

外出务工经历	同意	不同意	说不清	缺失值	合计
有过	49.69	38.99	10.69	0.63	100.00
没有	52.45	33.96	13.21	0.38	100.00
合计	51.42	35.85	12.26	0.47	100.00
$\chi^2 = 1.4959$			P = 0.683		

2. 外出务工与农民民主选举积极性之间的关系

数据显示（见表8-163），有过外出务工经历的调查对象参加上一届村民委员会选举的比率为62.26%，没有过外出务工经历的调查对象参加上一届村民委员会选举的比率为74.81%，很明显，没有过外出务工经历的调查对象参加村民委员会选举的比率高一些。分析其中的原因：一方面，外出务工的经历弱化了调查对象对村庄的感情；另一方面，经常外出务工的调查对象回村参加选举的成本较高。P值为0.006，具有高度的统计学意义。

表8-163　　　　您参加上一届村民委员会选举了吗？（%）

外出务工经历	参加	没参加	合计
有过	62.26	37.74	100.00
没有	74.81	25.19	100.00
合计	70.12	29.88	100.00
$\chi^2 = 7.4780$		P = 0.006	

3. 外出务工与农民监督意识之间的关系

对于老百姓是否应当监督农村干部（见表8-164），有过外出务工经历的调查对象做出肯定回答的比率略高于没有过外出务工经历的调查对象，但两者相差很少。P值为0.610，没有统计学意义。

表 8 - 164　　　　　您认为老百姓应当监督农村干部吗？（%）

外出务工经历	应当	不应当	说不清	缺失值	合计
有过	67.30	7.55	24.53	0.62	100.00
没有	66.92	8.65	24.43		100.00
合计	67.06	8.24	24.47	0.23	100.00
$\chi^2 = 1.8215$			P = 0.610		

4. 外出务工与农民政治功效感之间的关系

从表 8 - 165 可以了解到，有过外出务工经历的调查对象和没有过外出务工经历的调查对象认为民主选举投票"有"作用的比率基本一样。P 值为 0.879，没有统计学意义。

表 8 - 165　　　　　您认为民主选举投票有作用吗？（%）

外出务工经历	有	没有	不知道	合计
有过	70.44	20.13	9.43	100.00
没有	69.92	19.17	10.91	100.00
合计	70.12	19.53	10.35	100.00
$\chi^2 = 0.2573$		P = 0.879		

5. 外出务工与农民参与行为选择之间的关系

表 8 - 166 表明，有过外出务工经历与没有过外出务工经历的调查对象在对村干部有意见时，选择"向上反映"和"找干部提意见"的比率相差无几。是否有过外出务工经历与调查对象参与行为选择之间关系不大。P 值为 0.930，不具有统计学意义。

表 8 - 166　　　　　如果您对村干部有意见，您会怎么选择？（%）

外出务工经历	向上反映	找干部提意见	听话	放在心里	其他	缺失值	合计
有过	7.59	25.95	5.06	40.51	19.62	1.27	100.00
没有	5.28	28.30	4.53	40.38	19.62	1.89	100.00
合计	6.15	27.42	4.73	40.43	19.62	1.65	100.00
$\chi^2 = 1.3515$				P = 0.930			

从表 8 - 167 中可以发现，没有过外出务工经历的调查对象参加过

村干部民主评议的比率为38.36%，有过外出务工经历的调查对象参加过村干部民主评议的比率为27.27%。可以看出，有过外出务工经历的调查对象参加民主评议的比率较低。P值为0.268，没有统计学意义，数据分析结果仅作为参考。

表8-167　　　　　您参加过对村干部的民主评议吗？（%）

外出务工经历	参加过	没参加过	合计
有过	27.27	72.73	100.00
没有	38.36	61.64	100.00
合计	34.91	65.09	100.00
$\chi^2 = 1.2287$		P = 0.268	

在表8-168中，有过外出务工经历的调查对象对是否向村干部提过意见或建议做出肯定回答的比率为14.01%，而没有过外出务工经历的调查对象对该问题做出肯定回答的比率为16.73%，二者相差无几。P值为0.459，不具有统计学意义。

表8-168　　　　　您向村干部提过意见或建议吗？（%）

外出务工经历	是	否	合计
有过	14.01	85.99	100.00
没有	16.73	83.27	100.00
合计	15.71	84.29	100.00
$\chi^2 = 0.5481$		P = 0.459	

表8-169的数据表明，有过外出务工经历的调查对象对是否向村民代表反映过意见或建议这一问题做出肯定回答的比率低于没有过外出务工经历的调查对象。P值为0.320，不具有统计学意义。

表8-169　　　　　您向村民代表反映过意见或建议吗？（%）

外出务工经历	是	否	缺失值	合计
有过	35.63	63.22	1.15	100.00
没有	39.53	60.47		100.00
合计	38.22	61.39	0.39	100.00
$\chi^2 = 2.2786$			P = 0.320	

表 8 - 170 显示，有过外出务工经历的调查对象在村民小组会议上提出过意见或建议的比率明显低于没有过外出务工经历的调查对象。P 值为 0.017，具有统计学意义。

表 8 - 170　　您在村民小组会议上提过意见或建议吗？（%）

外出务工经历	提过	没有提过	从来没有开过	缺失值	合计
有过	4.40	74.21	20.75	0.64	100.00
没有	13.96	66.79	18.11	1.14	100.00
合计	10.38	69.58	19.10	0.94	100.00
$\chi^2 = 10.1678$			P = 0.017		

总之，是否有过外出务工的经历与调查对象的政治参与意识、主体意识、选举积极性之间相关性不大。从数据表面看，有过外出务工经历的调查对象政治参与水平更低一些。

（五）外出务工对农民合作意识的影响

从表 8 - 171 看，对于"自己干容易致富还是合伙干容易致富"这一问题的看法，有过外出务工经历的调查对象认可"合伙干"的比率为 23.90%，而没有过外出务工经历的调查对象认可"合伙干"的比率为 14.29%。外出务工有利于调查对象合作意识的提高。P 值为 0.042，有统计学意义。

表 8 - 171　　您认为自己干容易致富还是合伙干容易致富？（%）

外出务工经历	自己干	合伙干	看情况	缺失值	合计
有过	54.72	23.90	20.13	1.25	100.00
没有	56.77	14.29	25.56	3.38	100.00
合计	56.00	17.88	23.53	2.59	100.00
$\chi^2 = 8.2059$			P = 0.042		

七　政治身份因素对农民政治水平的影响

一般情况下，村两委干部和村民代表是村庄中的政治精英，他们在村庄政治生活中应该发挥更大作用。课题组对村两委干部、村民代表与普通村民就农民政治水平相关问题的回答情况进行对比，试图发现政治身份与农民政治水平的相关性情况。由于调查对象中的村干部和村民代表人数较少，SPSS数据分析系统获取的P值很难具有统计学意义，但数据本身仍然可以说明一些问题。

（一）身份对农民政治认知的影响

由于政治身份的不同，村干部和村民代表获取政治信息的渠道更多，学习政治知识的压力更大，所以，他们的政治认知水平应高于普通村民。

1. 身份与农民对国家领导人、农村基层干部、村民代表等了解程度之间的关系

表8－172的数据表明，被访村干部、村民代表、普通村民知道李克强是国务院总理的比率分别为71.43%、83.33%、68.58%，被访村民代表回答正确的比率最高，被访普通村民回答正确的比率最低，被访村干部和村民代表比被访普通村民更加关心国家事务。P值为0.740，不具有统计学意义，数据分析结果仅作为参考。

表8－172　　　　　　　中央有位李克强，他是干什么的？（%）

政治身份	国家主席	国务院总理	不知道	合计
村干部		71.43	28.57	100.00
村民代表		83.33	16.67	100.00
普通村民	2.49	68.58	28.93	100.00
合计	2.33	69.53	28.14	100.00
$\chi^2 = 3.5301$			P = 0.740	

在对乡镇长的了解方面（见表8－173），28.57%的被访村干部知道乡镇长的姓名，被访村民代表和普通村民知道的比率分别为16.67%和11.97%。访谈中发现，村干部与基层政府打交道较多，熟悉乡镇基层干部，他们中多数能说出乡镇长的姓氏，但说不清楚名字。P值为0.202，不具有统计学意义，数据分析结果仅作为参考。

表8－173　　　　　　　您知道您所在地的乡镇长是谁吗？（%）

政治身份	知道	不知道	合计
村干部	28.57	71.43	100.00

续表

政治身份	知道	不知道	合计
村民代表	16.67	83.33	100.00
普通村民	11.97	88.03	100.00
合计	12.79	87.21	100.00
$\chi^2 = 4.6215$		P = 0.202	

对于本村村主任的了解（见表 8 – 174），被访村干部和村民代表能够正确说出村主任名字的比率均在 100.00%，明显好于被访的普通村民。P 值为 0.848，不具有统计学意义，数据分析结果仅作为参考。

表 8 – 174　　　　　您知道您村村主任是谁吗？（%）

政治身份	知道	不知道	缺失值	合计
村干部	100.00			100.00
村民代表	100.00			100.00
普通村民	87.78	11.97	0.25	100.00
合计	88.37	11.40	0.23	100.00
$\chi^2 = 2.6803$		P = 0.848		

表 8 – 175 显示，被访村干部、村民代表和普通村民知道所有村民代表的比率分别为 71.43%、66.67% 和 60.40%，村干部和村民代表的知晓率较高。从理论上讲，村民代表会议是村中的决策组织，村干部和村民代表理应就村中的公共事务和公益事业经常讨论协商，他们应非常熟悉。但在实际生活中，村民代表会议作用发挥有限，有些村民代表不能尽职尽责，徒有虚名，导致有些村干部不熟悉村民代表以及村民代表之间不完全熟悉的现象。P 值为 0.993，不具有统计学意义，数据分析结果仅作为参考。

表 8 – 175　　　　　您知道您村村民代表是谁吗？（%）

政治身份	知道	不知道	没有	合计
村干部	71.43	28.57		100.00
村民代表	66.67	33.33		100.00
普通村民	60.40	38.60	1.00	100.00
合计	60.75	38.32	0.93	100.00
$\chi^2 = 0.7670$		P = 0.993		

从上面的数据可以发现，村干部对国家领导人、农村基层干部、村民代表等了解程度最高，村民代表次之，普通村民最差。

2. 身份与农民对法律、政策了解程度之间的关系

在对《村组法》的了解方面（见表 8 - 176），被访村民代表、村干部、普通村民回答"不太了解"的比率分别为 58.33%、71.43%、87.28%。虽然村民代表和村干部对该法的了解程度高于普通村民，但他们对该法的了解程度并不理想。《村组法》是规范村级权力结构和功能的法规，是村民自治的法律依据。大部分村民代表，特别是村干部不了解该法律的现象将严重影响农村政治权力的规范运行，影响农村民主化进程。P 值为 0.095，不具有统计学意义，数据分析结果仅作为参考。

表 8 - 176　您了解《中华人民共和国村民委员会组织法》吗？（%）

政治身份	非常了解	很了解	比较了解	不太了解	缺失值	合计
村干部			28.57	71.43		100.00
村民代表		8.33	33.34	58.33		100.00
普通村民	2.00	2.00	8.23	87.28	0.49	100.00
合计	1.86	2.33	9.53	85.81	0.47	100.00
$\chi^2 = 18.7400$				P = 0.095		

在对国家土地流转政策的了解方面（见表 8 - 177），被访村干部、村民代表和普通村民回答知道国家土地流转政策的比率分别为 57.14%、33.33% 和 33.17%，被访村干部了解的程度最高，被访村民代表与普通村民的理解程度基本一样。国家的土地流转政策是关系到千家万户农民利益的重要政策，各种媒体纷纷报道，可村干部和村民代表的知晓率却非常低。村干部和村民代表肩负着贯彻和落实党的农村政策和乡村各项决定的任务，他们自身政策水平不高，自然无法说服、教育和引导农民。P 值为 0.608，不具有统计学意义，数据分析结果仅作为参考。

比较而言，村干部的法律、政策水平最高，村民代表次之，普通村民最差。总的来看，调查对象的法律、政策水平普遍较低。

表 8 – 177　　　　　　您知道国家的土地流转政策吗？（％）

政治身份	知道	不知道	合计
村干部	57.14	42.86	100.00
村民代表	33.33	66.67	100.00
普通村民	33.17	66.83	100.00
合计	33.49	66.51	100.00
$\chi^2 = 1.8318$		P = 0.608	

3. 身份与农民对权力和权利来源认识之间的关系

从表 8 – 178 的数据可以看出，被访村干部、村民代表和普通村民认为村干部的权力是"老百姓给的"比率分别为 85.71％、72.73％ 和 64.59％，被访村干部对该问题的认识最清楚，村民代表次之，普通村民最差。P 值为 0.385，不具有统计学意义，数据分析结果仅能作为参考。

表 8 – 178　　　　　　您认为村干部的权力是哪里来的？（％）

政治身份	老百姓给的	政府给的	法律给的	不知道	合计
村干部	85.71	14.29			100.00
村民代表	72.73	18.18		9.09	100.00
普通村民	64.59	17.96	1.75	15.70	100.00
合计	65.50	17.72	1.63	15.15	100.00
$\chi^2 = 12.7795$			P = 0.385		

表 8 – 179 表明，被访村干部、村民代表和普通村民认为农民权利是"法律给的"比率分别为 28.57％、25.00％、17.71％，竟然有 71.43％ 的被访村干部和 41.67％ 的村民代表认为农民权利是"政府给的"。事实上，无论被访村干部、村民代表还是普通村民，对农民权利来源的认识都非常模糊，这不仅影响农民权利的实现和保护，也会严重影响农村政治发展。P 值为 0.565，不具有统计学意义，数据分析结果仅作为参考。

可以看出，被访村干部、村民代表和普通村民对村干部权力来源的认识比较清晰，而对农民权利来源的认识非常模糊。被访村干部的表现好于村民代表和普通村民。总之，农民身份与农民政治认知之间具有一定的相关性，村干部的政治认知水平高于村民代表，村民代表高于普通村民。

表 8 – 179　　　　　　您认为农民的权利是哪里来的？（％）

政治身份	生来就有	政府给的	法律给的	不知道	缺失值	合计
村干部		71.43	28.57			100.00
村民代表	16.67	41.67	25.00	16.66		100.00
普通村民	20.95	36.91	17.71	22.69	1.74	100.00
合计	20.23	37.67	18.60	21.86	1.64	100.00
$\chi^2 = 10.5826$				P = 0.565		

（二）身份对农民政治情感的影响

1. 身份与农民对村庄感情之间的关系

从表 8 – 180 的数据可以看出，被访村干部、村民代表和普通村民回答对村庄有感情的比率相差很小，村干部略高，身份与调查对象是否对所在村庄有感情之间没有相关性。P 值为 0.896，不具有统计学意义，数据分析结果仅作为参考。

表 8 – 180　　　　　　您对您所在的村庄有感情吗？（％）

政治身份	有感情	没有感情	说不清	合计
村干部	85.71		14.29	100.00
村民代表	83.33	8.33	8.34	100.00
普通村民	83.29	9.48	7.23	100.00
合计	83.49	9.07	7.44	100.00
$\chi^2 = 2.2440$			P = 0.896	

2. 身份与农民对农村干部感情之间的关系

从表 8 – 181 看，被访村干部、村民代表、普通村民认为农村基层干部能真正维护农民利益的比率分别为 71.43％、33.33％ 和 48.63％。农村干部的自我评价比较高，村民代表和普通村民对农村干部的评价很低。农村干部的权力来自人民的授予，农村干部理应维护农民的利益，但一半以上的村民代表和普通村民不认为农村干部能真正维护农民利益，这表明农村干群关系存在问题，农村干部的政治素质需要提高。P值为0.948，不具有统计学意义，数据分析结果仅作为参考。

表8-181　　您认为农村基层干部能真正维护农民利益吗？（%）

政治身份	会	不会	说不清	缺失值	合计
村干部	71.43	14.29	14.28		100.00
村民代表	33.33	25.00	41.67		100.00
普通村民	48.63	22.94	28.18	0.25	100.00
合计	48.60	23.02	28.14	0.24	100.00
$\chi^2 = 3.3609$			P = 0.948		

3. 身份与农民民主情结之间的关系

从表8-182可以看出，针对村庄大事如何决定这一问题，被访村干部、村民代表、普通村民认可"村民商议决定"和"村民代表决定"的比率分别为57.14%、83.33%和60.90%，村民代表的民主情节最浓，普通村民次之，村干部最差。《村组法》明确规定，涉及村民利益的事项由村民会议决定或者由村民会议授权村民代表会议决定。可是，仍然有28.57%的村干部认为村庄大事应该由"村两委决定"，还有14.29%的村干部选择了"其他"方式。接近一半的村干部没有接受民主治理农村的观念，这将成为农村民主化进程的巨大阻力。P值为0.825，不具有统计学意义，数据分析结果仅作为参考。

表8-182　　　　您认为村庄大事怎样决定好？（%）

政治身份	村民商议决定	村两委决定	村支部决定	村民代表决定	村支书决定	村主任决定	其他	缺失值	合计
村干部	28.57	28.57		28.57			14.29		100.00
村民代表	58.33	16.67		25.00					100.00
普通村民	41.85	9.02	4.76	19.05	2.51	1.25	18.05	3.51	100.00
合计	41.82	10.05	4.44	19.39	2.34	1.17	17.52	3.27	100.00
$\chi^2 = 14.9596$				P = 0.825					

可以看出，村干部的民主意识最弱，村民代表对村干部的评价水平

很低，普通村民对村庄的感情最弱。

（三）身份对农民政治态度的影响

身份对农民政治态度的影响可以通过身份与农民政治关心、政治信任、政治信心和政治评价之间的关系表现出来。

1. 身份与农民对村庄关心程度之间的关系

表8-183的数据表明，被访村干部、村民代表和普通村民回答"非常关心"的比率分别为71.43%、58.33%和34.16%；被访村民代表和普通村民回答"不太关心"的比率分别为16.67%和22.94%；被访村干部中没有回答"不太关心"的。这在一定程度上说明，被访村干部和村民代表比普通村民更关心村庄的未来发展。村庄发展依靠全体村民的努力，只有村干部和村民代表关心村庄发展是不够的，必须提高全体村民对村庄发展的关心度。P值为0.616，不具有统计学意义，数据分析结果仅作为参考。

表8-183　　　　　　　　　　您关心村庄的未来发展吗？（%）

政治身份	非常关心	很关心	比较关心	不太关心	缺失值	合计
村干部	71.43	28.57				100.00
村民代表	58.33	16.67	8.33	16.67		100.00
普通村民	34.16	25.94	16.71	22.94	0.25	100.00
合计	35.81	25.81	16.05	22.09	0.24	100.00
$\chi^2 = 10.0017$				$P = 0.616$		

表8-184表明，被访村干部、村民代表、普通村民回答"了解"村里的土地流转、集体设施出租转让等情况的比率分别为42.86%、25.00%、17.00%，被访村干部最了解村里事务，其次是村民代表，普通村民了解最少。需要注意的是，被访村干部和村民代表对村里土地流转等重大事项了解程度不高，村庄权力垄断现象严重，信息不公开。P值为0.302，不具有统计学意义，数据分析结果仅作为参考。

由此看出，被访村干部更加关心村庄的未来发展和村庄公共事务，村民代表次之，普通村民的政治关心度最差。分析其中的缘由，一方面与普通村民的政治意识不强有关，另一方面与权力集中和信息不透明有关。

表 8 - 184　　　　　您了解村里的土地流转、集体设施出租

转让等情况吗？（％）

政治身份	了解	不了解	合计
村干部	42.86	57.14	100.00
村民代表	25.00	75.00	100.00
普通村民	17.00	83.00	100.00
合计	17.72	82.28	100.00
$\chi^2 = 3.6485$		P = 0.302	

2. 身份与农民对村级组织信赖之间的关系

表 8 - 185 显示，被访村干部、村民代表、普通村民"相信"村级组织会在自己遇到困难时帮助自己的比率分别为 42.86%、41.67%、52.87%，"不相信"的比率分别为 42.86%、58.33%、46.38%。由上面这些数据可以看出，村民代表和普通村民"不相信"的比率较高。从总的情况看，各种身份的农民对村级组织的信任度都不高。P 值为 0.022，具有统计学意义。

表 8 - 185　　　您相信村级组织会在您遇到困难时帮助您吗？（％）

政治身份	相信	不相信	其他	合计
村干部	42.86	42.86	14.28	100.00
村民代表	41.67	58.33		100.00
普通村民	52.87	46.38	0.75	100.00
合计	52.56	46.51	0.93	100.00
$\chi^2 = 14.7520$		P = 0.022		

3. 身份与农民政治信心之间的关系

表 8 - 186 表明，被访村干部、村民代表、普通村民认为"有"合法途径反映和维护自己合法利益的比率分别为 85.71%、75.00%、49.62%，村干部对于通过合法途径反映和维护自己合法利益的信心最强，普通村民最差。接近一半的普通村民认为"没有"合法途径反映和维护自己的合法利益，足见他们对制度化的政治参与渠道认同度之低。当这些村民的利益受到侵犯时，他们极有可能选择非制度化的政治

参与渠道维护权益，威胁农村政治稳定。P值为0.234，不具有统计学意义，数据分析结果仅作为参考。

表8-186　　　　您认为您有合法途径反映和维护自己的合法利益吗？（%）

政治身份	有	没有	缺失值	合计
村干部	85.71	14.29		100.00
村民代表	75.00	25.00		100.00
普通村民	49.62	47.87	2.51	100.00
合计	51.40	46.26	2.34	100.00
$\chi^2 = 8.0628$			P = 0.234	

表8-187显示，被访村干部、村民代表和普通村民对农村发展"很有信心"和"比较有信心"加在一起的比率分别为85.72%、50.00%和58.50%，被访村干部对农村发展最有信心，村民代表和普通村民对农村发展信心不足。P值为0.407，不具有统计学意义，数据分析结果仅作为参考。

表8-187　　　　您对农村发展和农民前途有信心吗？（%）

政治身份	很有信心	比较有信心	信心不大	没有信心	缺失值	合计
村干部	42.86	42.86	14.28			100.00
村民代表	41.67	8.33	33.33	16.67		100.00
普通村民	35.00	23.50	22.50	17.50	1.50	100.00
合计	35.66	24.01	22.14	16.78	1.41	100.00
$\chi^2 = 12.4908$			P = 0.407			

通过上面的分析可以发现，被访村干部的政治信心较强，村民代表和普通村民的政治信心较弱。

4. 身份与农民政治评价之间的关系

对于近年来村庄发展成效的评价，表8-188显示，被访村干部、村民代表、普通村民认为"不太好"的比率都很高。被访村民代表中有41.67%回答"不太好"，评价水平最低。农民对发展成效的评价是构建党在农村执政合法性和有效性的基础。评价水平偏低，党在农村执政的合法性和有效性就会受到不良影响。P值为0.489，不具有统计学意义，数据分析结果仅作为参考。

表 8 – 188　　　您认为您村近年来发展成效怎么样？（%）

政治身份	非常好	很好	一般	不太好	不好说	合计
村干部	28.57	14.29	28.57	28.57		100.00
村民代表	8.33	25.00	25.00	41.67		100.00
普通村民	4.99	21.70	39.65	25.69	7.97	100.00
合计	5.58	21.63	38.84	26.28	7.67	100.00
$\chi^2 = 11.4755$				P = 0.489		

表 8 – 189 的数据表明，被访者对基层法院公正性的评价普遍较低。其中，被访村干部认为基层法院能够公正解决问题的比率为 57.14%，村民代表和普通村民对该问题同样回答的比率分别为 33.33% 和 48.13%，均低于村干部对该问题回答的比率。这说明，基层法院在农民心目中的形象有待进一步改善，基层法院的执法水平需要进一步提高。P 值为 0.489，不具有统计学意义，数据分析结果仅作为参考。

表 8 – 189　　　您相信基层法院能够公正解决问题吗？（%）

政治身份	公正	不公正	其他	合计
村干部	57.14	14.29	28.57	100.00
村民代表	33.33	33.33	33.34	100.00
普通村民	48.13	20.70	31.17	100.00
合计	48.37	20.93	30.70	100.00
$\chi^2 = 11.4755$			P = 0.489	

表 8 – 190 的数据表明，被访村干部、村民代表和普通村民认为人们收入和地位待遇"公平"的比率分别为 57.14%、25.00%、42.14%，被访者对收入和地位待遇公平性的评价普遍很低，尤其是村民代表和普通村民。中国农民对公平有着执着的追求，不患贫而患不均是中国政治文化的传统。一半以上的农民对社会公平性表示不满，这会降低农民对政治体系的认同水平。P 值为 0.854，不具有统计学意义，数据分析结果仅作为参考。

表 8 - 190   您认为人们的收入和地位待遇公平吗？（%）

政治身份	公平	不公平	缺失值	合计
村干部	57.14	42.86		100.00
村民代表	25.00	75.00		100.00
普通村民	42.14	56.36	1.50	100.00
合计	41.86	56.74	1.40	100.00
$\chi^2 = 2.6272$			P = 0.854	

表 8 - 191 的数据表明，被访者对农村社会治安、食品药品安全、生产安全等状况满意度很低，一半左右的村干部、村民代表和普通村民表示"不满意"，村干部的满意度最低。农村社会治安、食品药品安全、生产安全关系到所有农民的切身利益，是农民基本的需求，如此高比率的被访者表示"不满意"的现象必须引起各级政府的重视。P 值为 0.989，不具有统计学意义，数据分析结果仅作为参考。

表 8 - 191   您对农村社会治安、食品药品安全、生产安全等
状况满意吗？（%）

政治身份	满意	不满意	缺失值	合计
村干部	42.86	57.14		100.00
村民代表	58.33	41.67		100.00
普通村民	50.62	47.88	1.50	100.00
合计	50.70	47.91	1.39	100.00
$\chi^2 = 0.8896$			P = 0.989	

从上面的分析可以看出，比较而言，村干部的政治关心、政治信任、政治信心和政治评价水平最高，普通村民最低，村民代表居中。从总体情况看，村干部、村民代表和普通村民的政治关心、政治信任、政治信心和政治评价水平都不高，这不仅会严重影响农民政治参与积极性，而且会制约农村政治发展进程。

（四）身份对农民政治参与的影响

1. 身份与农民主体意识之间的关系

从表 8 - 192 的数据可以看出，被访村干部、村民代表和普通村

民回答同意"一个村庄发展靠干部，而农民作用微不足道"这一说法的比率分别为71.43%、25.00%和51.75%，被访村干部对农民作用的评价最低，村民代表的评价最高。看起来，大部分被访村干部很看重自身的作用，认为农民的作用微不足道，这是必须引起重视的问题。农村的发展依靠广大农民的努力，仅仅依靠个别村干部的努力，农村就会重现衰败的景象。P值为0.636，不具有统计学意义，数据分析结果仅作为参考。

表8-192 您同意"一个村庄的发展主要靠干部，而农民作用微不足道"这一说法吗？（%）

政治身份	同意	不同意	说不清	缺失值	合计
村干部	71.43	28.57			100.00
村民代表	25.00	58.33	16.67		100.00
普通村民	51.75	35.25	12.50	0.50	100.00
合计	51.28	36.13	12.12	0.47	100.00
$\chi^2 = 7.0144$			P = 0.636		

2. 身份与农民民主选举积极性之间的关系

表8-193的数据表明，村干部和村民代表参加村民委员会选举的积极性高于普通村民。村干部和村民代表是村民委员会选举的组织者和动员者，他们担负着上级政府交给的政治责任，要以身作则。同时，村干部和村民代表的选举取向比较明确，他们希望自己支持的人当选，自然积极参加投票。P值为0.074，不具有统计学意义，数据分析结果仅作为参考。

表8-193 您参加上一届村民委员会选举了吗？（%）

政治身份	参加	没参加	合计
村干部	85.71	14.29	100.00
村民代表	100.00		100.00
普通村民	68.33	31.67	100.00
合计	69.77	30.23	100.00
$\chi^2 = 6.9336$		P = 0.074	

3. 身份与农民监督意识之间的关系

表 8 – 194 可以看出，被访村民代表的监督意识最强，普通村民最弱。村民代表是村中的政治精英，他们在政治生活中比较积极，民主意识较强。P 值为 0.551，不具有统计学意义，数据分析结果仅作为参考。

表 8 – 194　　　　您认为老百姓应当监督农村干部吗？（％）

政治身份	应当	不应当	不好说	缺失值	合计
村干部	85.71	14.29			100.00
村民代表	91.67		8.33		100.00
普通村民	66.33	8.73	24.69	0.25	100.00
合计	67.21	8.37	24.19	0.23	100.00
$\chi^2 = 7.8307$			P = 0.551		

4. 身份与农民政治功效感之间的关系

从民主选举是否有作用的回答中可以初步了解回答者是否有政治功效感。表 8 – 195 表明，被访村干部认为民主选举投票有作用的比率最高，达到 85.71％，而被访村民代表和普通村民对该问题肯定回答的比率较低，分别为 58.33％ 和 69.58％。P 值为 0.394，不具有统计学意义，数据分析结果仅作为参考。

表 8 – 195　　　　您认为民主选举投票有作用吗？（％）

政治身份	有	没有	不知道	合计
村干部	85.71	14.29		100.00
村民代表	58.33	25.00	16.67	100.00
普通村民	69.58	19.70	10.72	100.00
合计	70.23	19.30	10.47	100.00
$\chi^2 = 6.2690$		P = 0.394		

5. 身份与农民政治参与行为选择之间的关系

表 8 – 196 的数据反映出，当对村干部有意见时，被访村民代表"找干部提意见"的比率最高，普通村民最不积极，41.50％ 的普通村民会选择"放在心里"，村干部相互提意见的甚少。在访谈时发现，村干部掌握着村中大量资源的分配权，很多村民都不愿意得罪村干部，所

以，有意见也不愿意表达。P 值为 0.546，不具有统计学意义，数据分析结果仅作为参考。

表 8-196　　　　如果您对村干部有意见，您会怎么选择？（%）

政治身份	向上反映	找干部提意见	听话	放在心里	其他	缺失值	合计
村干部	14.29	28.57		14.29	42.85		100.00
村民代表		50.00	8.33	25.00	16.67		100.00
普通村民	6.25	27.00	5.00	41.50	18.50	1.75	100.00
合计	6.31	27.34	4.91	40.42	19.38	1.64	100.00
$\chi^2 = 13.7320$				P = 0.546			

【访谈记录】8-10

访谈对象：P 村村民 F

走进阿姨家的时候，阿姨正在摘菜，她放下手中的菜热情地接待了我们。当我们问她对村干部有意见时的做法时，她说："村里大事都是村干部说了算，我们老百姓可不敢有意见，我们只想和领导搞好关系，哪能给领导提意见。再说我们老百姓只求过消停日子，不愿意惹事。"

在表 8-197 中，被访村民代表和村干部中的 100.00% 和 80.00% 都参加过对村干部的民主评议。访谈时了解到，我国大部分村庄实行村干部民主评议制度，具有评议资格的主要是村干部和村民代表，普通村民参加的机会很少。P 值为 0.001，具有高度的统计学意义。

表 8-197　　　　您参加过对村干部的民主评议吗？（%）

政治身份	参加过	没参加过	合计
村干部	80.00	20.00	100.00
村民代表	100.00		100.00
普通村民	28.72	71.28	100.00
合计	35.51	64.49	100.00
$\chi^2 = 16.1997$		P = 0.001	

表 8-198 表明，被访村干部、村民代表和普通村民向村干部提过意见或建议的比率分别为 57.14%、41.67% 和 13.89%，被访村干部和

村民代表比普通村民更能够积极地表达自己的意见和建议，但是，大部分村民代表并没有向村干部积极建言献策。P 值为 0.001，具有高度的统计学意义。

表 8 - 198　　　　　　您向村干部提过意见或建议吗？（%）

政治身份	是	否	合计
村干部	57.14	42.86	100.00
村民代表	41.67	58.33	100.00
普通村民	13.89	86.11	100.00
合计	15.76	84.24	100.00
$\chi^2 = 17.6633$		P = 0.001	

在表 8 - 199 中，被访村干部向村民代表反映过意见或建议的比率为 60.00%，被访村民代表向其他村民代表反映过意见或建议的比率为 75.00%，被访普通村民向村民代表反映过意见或建议的比率为 37.30%，村干部和村民代表意见表达意识较强，普通村民最弱。P 值为 0.380，没有统计学意义，数据分析结果仅作为参考。

表 8 - 199　　　　　　您向村民代表反映过意见或建议吗？（%）

政治身份	是	否	缺失值	合计
村干部	60.00	40.00		100.00
村民代表	75.00	25.00		100.00
普通村民	37.30	62.30	0.40	100.00
合计	38.55	61.07	0.38	100.00
$\chi^2 = 6.3949$		P = 0.380		

村民小组会议主要讨论与本组村民利益密切相关的事项，表 8 - 200 显示，被访村干部在会议上提出意见或者建议的比率最高，村民代表其次，普通村民最少，仅为 9.25%。一半以上的被访村干部和村民代表没有在村民小组会议上提过意见或建议，普通村民参与积极性更低，这折射出农村村民小组会议的功能没有得到有效发挥。P 值为 0.001，具有高度的统计学意义。

表 8 - 200　　　　您在村民小组会议上提过意见或建议吗？(%)

政治身份	提过	没有提过	从来没有开过	缺失值	合计
村干部	42.86	14.29	42.85		100.00
村民代表	33.33	58.33	8.34		100.00
普通村民	9.25	70.75	19.25	0.75	100.00
合计	10.49	69.46	19.12	0.93	100.00
$\chi^2 = 29.2980$			P = 0.001		

从上面的分析中可以得知，相对于被访普通村民，被访村干部和村民代表更加积极地参加上一届村民委员会选举，具有较强的监督意识和政治功效感。同时，他们更加主动地参与对村干部的民主评议，向村干部、村民代表提出意见和建议，在村民小组会议上发表意见。但总体而言，调查对象的参与深度不够，他们参与选举的比率较高，而提出意见或建议的比率较低。

（五）身份对农民合作意识的影响

从表 8 - 201 可以看出，对于经济合作的看法，被访村干部和村民代表与被访普通村民差异不大，被访村干部和村民代表认可"合伙干"的比率分别为 28.57% 和 25.00%，而被访普通村民为 17.46%，被访村干部和村民代表的合作意识略强于普通村民。P 值为 0.136，不具有统计学意义，数据分析结果仅作为参考。

表 8 - 201　　　您认为自己干容易致富还是合伙干容易致富？(%)

政治身份	自己干	合伙干	看情况	缺失值	合计
村干部	28.57	28.57	42.86		100.00
村民代表	75.00	25.00			100.00
普通村民	56.61	17.46	23.44	2.49	100.00
合计	56.05	17.67	23.72	2.56	100.00
$\chi^2 = 13.6328$			P = 0.136		

第三节　结论

表 8-202　　农民政治水平影响因素数据汇总

项目	内容	文化程度	收入水平	性别	自然年龄	政治面貌	外出务工	政治身份
政治认知	1. 中央有位李克强，他是干什么的？	不相关	不相关	正向相关	不相关	正向相关	不相关	不相关
	2. 您知道您所在地的乡镇长是谁吗？	不相关	不相关	正相关	不相关	不相关	不相关	不相关
	3. 您知道您村村民代表都是谁吗？	不相关	正向相关	正相关	不相关	正向相关	反向相关	不相关
	4. 您知道您村村主任是谁吗？	不相关	不相关	不相关	正向相关	不相关	反向相关	不相关
	5. 您了解《中华人民共和国村民委员会组织法》吗？	不相关	不相关	不相关	不相关	正向相关	不相关	不相关
	6. 您知道国家的土地流转政策吗？	正向相关	正向相关	正向相关	不相关	不相关	不相关	不相关
	7. 您认为村干部的权力是哪里来的？	正向相关	正向相关	不相关	正向相关	正向相关	不相关	不相关
	8. 您认为农民的权利是哪里来的？	正向相关	正向相关	反向相关	正向相关	不相关	不相关	不相关
政治情感	9. 您对您所在的村庄有感情吗？	反向相关	不相关	不相关	不相关	不相关	不相关	不相关
	10. 您认为农村基层干部能真正维护农民利益吗？	不相关	不相关	不相关	不相关	不相关	不相关	不相关
	11. 您认为村庄大事怎样决定好？	不相关	不相关	不相关	不相关	不相关	不相关	不相关
政治态度	12. 您关心村庄的未来发展吗？	正向相关	正向相关	不相关	不相关	正向相关	不相关	不相关
	13. 您了解村里的土地流转、集体设施出租转让等情况吗？	不相关	不相关	正向相关	不相关	正向相关	不相关	不相关
	14. 您相信村级组织会在您遇到困难时帮助您吗？	不相关	不相关	不相关	不相关	正向相关	不相关	正向相关
	15. 您认为您有合法途径反映和维护自己的合法利益吗？	正向相关	不相关	正向相关	不相关	不相关	不相关	不相关
	16. 您对农村发展和农民前途有信心吗？	不相关	不相关	不相关	正向相关	不相关	不相关	不相关
	17. 您认为您村近年来发展成效怎么样？	正向相关	正向相关	反向相关	不相关	不相关	不相关	不相关
	18. 您相信基层法院能够公正解决问题吗？	不相关	不相关	反向相关	不相关	不相关	不相关	不相关

续表

项目	内容	文化程度	收入水平	性别	自然年龄	政治面貌	外出务工	政治身份
政治态度	19. 您认为人们的收入和地位待遇公平吗？	正向相关	正向相关	不相关	不相关	不相关	不相关	不相关
	20. 您对农村社会治安、食品药品安全、生产安全等状况满意吗？	反向相关	不相关	不相关	正向相关	不相关	不相关	不相关
政治参与	21. 您同意"一个村庄的发展主要靠干部，而农民作用微不足道"这一说法吗？	正向相关	不相关	不相关	反向相关	不相关	不相关	不相关
	22. 您参加上一届村民委员会选举了吗？	反向相关	不相关	不相关	正向相关	不相关	反向相关	不相关
	23. 您认为老百姓应当监督农村干部吗？	不相关	不相关	不相关	不相关	不相关	不相关	不相关
	24. 您认为民主选举投票有作用吗？	不相关	不相关	正向相关	不相关	不相关	不相关	不相关
	25. 如果您对村干部有意见，您会怎么选择？	不相关	正向相关	正向相关	正向相关	不相关	不相关	不相关
	26. 您参加过对村干部的民主评议吗？	不相关	不相关	正向相关	不相关	正向相关	不相关	正向相关
	27. 您向村干部提过意见或建议吗？	不相关	不相关	正向相关	不相关	正向相关	不相关	正向相关
	28. 您向村民代表反映过意见或建议吗？	不相关	不相关	正向相关	不相关	不相关	不相关	不相关
	29. 您在村民小组会议上提过意见或建议吗？	不相关	不相关	正向相关	不相关	正向相关	反向相关	正向相关
合作	30. 您认为自己干容易致富还是合伙干容易致富？	正向相关	不相关	正向相关	反向相关	不相关	正向相关	不相关
相关性	正向相关	9	8	13	7	10	1	4
	反向相关	3	0	3	2	0	4	0
	不相关	18	22	14	21	20	25	26

说明：①正向相关是指影响因素与农民政治水平的某一指标具有相关性，这种相关性符合人们的一般性政治认知，如文化程度、经济收入、政治身份、自然年龄、社会流动水平越高，这一指标显示的政治水平就越高；该指标所呈现的党员和男性政治水平高于非党员和女性政治水平。②反向相关是指该影响因素与农民政治水平的某一指标具有相关性，但这种相关性与人们的一般性政治认知相反或有很大差异，如文化程度、经济收入、政治身份、自然年龄、社会流动水平越高，这一指标显示的政治水平却越低；该指标所呈现的党员和男性政治水平低于非党员和女性政治水平。③不相关是指该影响因素与农民政治水平的某一指标没有社会学意义上的相关性，但并不意味着没有现实意义上的相关性，尤其是政治身份，因为村干部和村民代表人数偏少，统计结果很难表现出相关性，但认真分析具体数据，相关性是非常明显的。

农民政治水平影响因素的实证分析不仅进一步验证了理论分析部分关于政治、经济、文化、社会因素对农民政治水平的制约作用，使理论分析得出的结论更加具体、令人信服。同时，实证分析还增加了对自然年龄、社会性别等因素的分析，拓展了研究的视野。

第一，社会性别是影响农民政治水平的最显著因素。统计数据显示，在30个调查问题中，显示出相关性的有16项，其中，男性农民对13个问题的回答都显示出较高的政治水平，有3项回答不够理想，剩余的14个问题虽然没有显示出统计学上的意义，但从数据上看，男性农民对9个问题的回答所表现出的政治水平高于女性。具体而言，性别与农民政治认知之间具有一定的相关性，男性农民的政治认知水平高于女性农民；性别与农民政治关心和政治信心之间具有一定的相关性，男性农民的表现好于女性；性别与农民政治评价之间虽有一定的相关性，但男性农民对法院公正性的评价和村庄发展成效的评价均低于女性；性别对农民政治参与的影响非常明显，男性农民的政治参与意识明显高于女性农民；性别与农民的合作意识有一定的相关性，男性农民的合作意识略强于女性农民。从总体来看，男性农民的政治水平优于女性农民。访谈中也发现，很多女性农民自我意识不强，主体意识淡薄，形成了心理依附定式。她们沉溺于小家庭事务，不注重文化的学习和思想水平的提升，不注重自身价值的实现，对政治生活毫不关心，缺乏参政从政的热情。正如一份研究成果所言："妇女政治参与存在参与广度不够、参与程度不深、参与意识淡薄、参与能力不足、参与渠道不畅、参与环境不好、组织化程度低等七大问题。"[①] 女性农民政治能力存在的问题是农村男女不平等的一个缩影。我们不否认男性和女性生理的差别，但更要看到，正是家庭和社会地位的低下影响了农村女性政治能力的培养和发展。要提高女性农民的政治能力，就要关注社会性别主流化问题。1997年6月，联合国经济及社会理事会给社会性别主流化下了定义，即把性别问题纳入主流是一个过程，它要对所有领域的任何一个计划行动对妇女和男人产生的影响进行分析，最终目的是达到社会性别平

---

① 徐勇主编：《中国农民的政治认知与参与》，中国社会科学出版社2012年版，第332页。

等。① 社会性别主流化要求在政治、经济和社会的各个领域中，充分考虑和体现男女两性的需要，贯彻男女平等受益的原则，使男女两性不平等的现象不再持续下去。要通过发展经济使女性从烦琐的家务劳动中解放出来，提高女性的社会地位，从而使女性农民更进一步融入农村政治生活之中，在农村政治发展中发挥更大的作用。在现有条件下，要对女性农民进行更多的政治动员和培训，唤醒女性农民参与农村政治生活，增强她们的主体意识和竞争意识，这是改变女性参政现状的重要一环。② 此外，要关注女性参政权利问题，拓宽女性参与的渠道，提高女性的综合能力。总之，女性占中国农村人口总数中的一半，女性政治水平对农民整体政治水平具有重大影响，必须高度重视。

第二，文化因素是影响农民政治水平的非常显著的因素。统计数据显示，在 30 个调查问题中，显示出相关性的有 12 项，文化程度高的农民对其中 9 个问题的回答所表现出的政治水平都略好于文化程度低的农民，也有 3 个问题的回答结果相反，剩余的 18 个问题虽没有显示出统计学上的相关性，但从具体数据中可以看出，文化程度高的调查对象对 10 多个问题的回答都表现出较高的政治素质。具体而言，文化程度与农民对政策和政治常识等的理解水平呈现一定的相关性，文化程度高的农民理解能力较强；文化程度与农民的政治关心、政治信心、政治评价水平联系密切，文化程度高的农民政治评价水平较高；文化程度与农民主体意识具有一定的相关性，文化程度高的农民政治主体意识较强，但选举意识较弱；文化程度高的农民合作意识也较强。总体而言，随着文化程度的提高，农民的政治水平不断提升。要特别注意两个农村社会群体，一个是大专及以上文化程度的农民群体，另一个是小学及以下文化程度的农民群体。大专及以上文化程度的群体虽然在政治水平的某些方面表现出了一定的优势，但他们对村级组织和农村干部的感情最淡，对村级组织的信赖程度最低，对农村社会安全状况的评价最差，对农村民主选举最不积极，在主体意识、监督意识、政治功效感方面都没有表现出优势。由此可以看出，大专及以上文化程度的农民对农村的离心倾向

---

① 师凤莲：《当代中国女性政治参与问题研究》，山东大学出版社 2011 年版，第 29 页。
② 黄约：《社会性别教程》，北京出版社 2007 年版，第 126 页。

很强。农村发展需要人才，要给予文化程度较高的农民更多的发展机会和发展平台，要把他们的心留在农村。同时，要特别关注文化程度偏低的农民，他们的政治信息量最少，他们对农村未来发展和农村公共事务的关心程度最差，对农村发展和农民前途以及通过合法途径维护权益的信心最弱，对农村发展成效、农村基层法院和社会公平性的评价最低，他们的主体意识、监督意识、政治功效感、合作意识最不理想。这一现象不仅影响这些农民政治权利的实现，而且对农村社会稳定产生深远的影响。在中国历史上，农民一直扮演着要么沉默、要么爆发的角色，如果文化程度低的农民长期游离于政治生活之外，这种历史现象还会重演。改革开放以来，中国农村确立了民主自治的发展方向，现代民主技术越来越复杂，公共事务越来越烦琐，这对农民的政治水平提出了更高的要求，而这些能力的提高与农民的基本教育、人文教育、技术教育等密切相连。科恩认为，受过教育的公民是民主的重要智力条件之一。[①]杜威认为："在教育方面首先应注意，民主社会的生活形态之中有不同利益的彼此交融，而且重视进步发展（或重新适应的过程），实现这种社会生活使得民主的社群比其他社群更需要注重审慎而有系统的教育。"[②]　由此可见，教育在民主政治发展中的基础性地位。近年来，农村发展中的物质主义取向十分明显，人们对教育的重视程度不高，农村义务教育发展落后，职业教育发展停滞不前，学前教育无法满足农民的需要，这就严重制约了农民政治素质和政治能力的提高。各级政府要高度重视农民教育问题，进一步加大对农村义务教育和职业教育的投入，培养优秀的农村教育人才，转变农民落后的教育观念，全方位提高农民的文化素质。

　　第三，政治面貌因素是影响农民政治水平很显著的因素。统计数据显示，在30个调查问题中，显示出相关性的有10项，党员调查对象对这10个问题的回答所表现出的政治水平都高于非党员调查对象，剩余的20个问题虽没有显示出社会学意义上的相关性，但从具体数据上看，党员调查对象对其中18个问题的回答所表现出的政治水平较高。具体而

---

　　① ［美］科恩：《论民主》，聂崇信、朱秀贤译，商务印书馆1988年版，第164页。
　　② ［美］约翰·杜威：《民主与教育》，薛绚译，英属盖曼群岛商网路与书股份有限公司台湾分公司2006年版，第118页。

言，政治面貌与农民政治认知之间的相关性很强，党员农民的政治认知水平高于非党员农民；党员农民对农村发展和农民前途更加关心，对村庄公共事务更加了解，对农村政治体系更加信任；党员农民的政治参与积极性较高。但相比非党员农民，党员农民在主体意识、监督意识、民主意识和政治功效感方面的表现并不突出。近年来，农村党员的政治素质和模范作用受到一定程度的质疑，甚至有人认为，农村党员的政治素质不如群众。实际调查的结果表明，总体上党员农民比非党员农民的政治水平更高，要对农村党员队伍充满信心。同时，还要认识到，农村党员的先进性没有得到充分的体现，有些农村党员不能严格要求自己，不能自觉发挥党员的先锋模范作用。究其原因，一是长时期以来，农村基层党组织疏于对党员的教育和管理，重经济、轻党建，忽略了党章和党员干部管理制度的落实，导致党员管理制度落实困难，流动党员无人管理，农村党员民主生活会流于形式，民主评议党员工作不能正常开展；二是农村党员活动室形同虚设，一些党员活动室只是为了应付上级检查而设置，导致了农村资源的浪费；三是有些党员放松了对世界观、人生观的改造，热衷于宗教活动，忘记了党的组织原则。因此，必须不断加强农村党员教育，落实党要管党的思想，制订详细可行的党员教育计划，采取讨论、培训、对话、典型引导等灵活多样的形式引导和教育党员，拓展农村党员参与农村公共事务的渠道，全面提高党员的政治能力和政治素质，使党员农民能够真正成为农村发展的引领者和农民致富的带头人。

第四，自然年龄因素是影响农民政治水平的较显著因素。统计数据显示，在30个调查问题中，显示出相关性的有9项，其中7个问题的回答表明，随着农民年龄的增加，农民的政治素质有所提高，也有2项是相反的剩余21个问题当中虽没有显示出社会学意义上的相关性，但从具体数据中仍然可以看出，年龄因素对农民的政治水平具有一定的影响。具体而言，年龄与调查对象对村干部的了解、对权力来源和权利来源的认识之间的关系较为密切；年龄与农民对农村发展和农民前途是否拥有信心、与农民对社会治安等的评价有相关性；年龄与农民主体意识、选举积极性和参与行为选择之间具有相关性；年龄与农民的合作意识之间具有相关性。在各年龄段农民中，30岁以下的青年农民对村干部、村民代表和《村组法》的了解最少，对村庄和村干部的感情最淡，对村中公共事务的关心水平最差，对农村发展和农民前途的信心最弱。30 岁以下青年农民的主体意识、法律意识、民主意识较强，但他们并没有把这些意识转化为积极的政治参与行动，参与村民委员会选举的积极性最低。对此问题，华中师范大学中国农村研究院副院长邓大才老师也得出了基本相似的结论。他认为，青年农民政治参与度低主要是由以下四个原因造成的：一是社会流动因素造成的；二是参与村庄管理认可度的影响；三是对村民自治认可度的影响；四是政治知晓途径有限的影响。① 除此之外，30 岁以下青年农民经济压力较大也是制约他们政治水平提升的重要因素。青年农民是农村发展的重要力量，是农村未来发展的希望，如果青年农民都不愿意留在村庄，那么中国农村未来发展是没有希望的。青年农民的政治参与权利，既是青年农民政治权利的体现，又是农村民主政治建设的重要组成部分；青年农民的政治参与热情，既是农村民主化的宝贵资源，也是农村政治体系中最富活力的资源；青年农民积极而有效的政治参与行为，既有助于提高农村方针、政策的科学化和民主化水平，也促使农村政治决策变为广大农村青年自愿接受的目标，增加政治决策的社会基础。要对青年农民进行引导，让他们了解农村、热爱农村，要为他们创造留在农村发展的各种条件。应采取措施积极促成青年农民政治参与意识向政治参与行为的转化，减少他们的政治参与代价感，提高他们政治参与的责任意识、功效意识，使青年农民在农村民主化进程中发挥更大作用。具体而言，可以采取多样化的政治参与形式鼓励青年农民的政治参与，组建以青年为主的农村社会组织提升青年农民的政治参与能力，创新教育培训机制，激发青年农民政治参与的内在动力。相对于其他年龄农民，老年农民对政策的了解、对农民权利来源的认识程度最差，对农村未来发展的关心最少，对维护自己合法权益的信心最弱，政治评价水平最低，他们的主体意识、监督意识、参与意识最令人忧虑。老年农民在农村政治发展和农村政治社会化进程中扮演着重要角色，他们的政治认知、政治情感和政治态度等不仅影响农

---

① 徐勇主编：《中国农民的政治认知与参与》，中国社会科学出版社 2012 年版，第 499—520 页。

村政治发展进程，还会对中青年农民产生影响。老年农民的政治参与，既可以反映老年农民的利益和需求，也有助于丰富老年农民的生活。因而，乡村组织要重视老年人的生活与学习，让他们老有所养、老有所乐、老有所学，增强他们的自尊心和自信心，提升他们的生活质量和丰富他们的生活内容。同时，要提高老年农民的政治参与度，积极引导老年农民为农村政治体系注入更多的政治经验成分，使老年农民成为农村政治稳定的维护力量和农村民主政治建设的理性推动力量。

第五，政治身份因素也是影响农民政治水平的较显著因素。村干部在农村政治经济和社会发展过程中担负着组织、协调、指导等多种责任，村干部的政治能力和政治素质直接影响着农村的政治发展水平和新农村建设。近年来，很多人撰文提出，村干部的政治素质普遍不高。但调查数据表明，相对于普通村民和村民代表，作为农村政治精英的村干部在政治素质方面还是表现出了一定的优势。由于样本选择的局限性，P 值只显示出政治身份与测度农民政治水平的 4 个方面问题具有社会学意义上的相关性，但具体数据仍然可以看出，政治身份因素对农民政治水平有比较明显的影响。在 30 项考核指标中，村干部表现最好的占 21 项，相比村民代表和普通村民，他们的政治认知水平最高，对村庄和村级组织的感情最浓，对村庄的未来发展和村庄事务关心最多，对农村发展和权利维护的政治信心最强，对农村发展成效、社会公平性、基层法院执法公正性等的政治评价也好于其他群体。他们有更多机会获取政治信息、从事政治活动、训练政治能力。同时，我们还能看到，从农村政治发展的需要看，大部分村干部的法律、政治政策水平很低，权利意识不强，民主观念淡薄，他们对村务关心不够，对村级组织的信任程度较低，主体意识较差，监督意识、政治参与意识普遍不高。为此，必须重视村干部政治素质问题，为农村政治、经济和社会的健康发展提供强有力的政治保证。要把对村干部的培训和教育提上日程，基层党校要定期开办村干部培训班；进一步完善农村民主选举制度，推广村支部书记"两推一选"做法，适当提高村干部候选人的选任条件；落实大学生村干部政策，让更多有知识、有能力的优秀大学生在农村有所作为。村民代表担负着双重角色，既要帮助村干部进行政治动员和落实政治决定，又要反映群众的意见或建议。显然，村民代表处于村干部和群众之间，在农村治理中发挥着不可替代的作用。村干部在做出决策之前，先征求村民代表的意见，广泛了解民意，使村务决策更具有群众基础；村务决策做出后，通过村民代表推广和落实，由村民代表动员和说服群众，使村务决策得以顺利贯彻和执行。村民代表在农村治理的重要地位要求村民代表具有良好的政治素质。从调查数据中可以看到，相对于普通村民，村民代表掌握的政治信息量较大，对村庄的感情较浓，对村庄未来发展和村务的关心更多，对农村发展前景和权利维护的信心更强。值得一提的是，村民代表的主体意识、监督意识和参与水平不仅比普通村民高，而且超过村干部。但是，需要深思的是，村民代表对农村干部、村庄发展成效、基层法院公正性和人们地位待遇公平性的评价最低。总的来说，村民代表确实是村民中素质较好、威望较高的人群。但从村民代表自身的状况看，大部分村民代表权利意识淡薄，法律、政策认识水平很低，对村庄事务了解较少，对农村基层干部的信任度较差，政治评价水平偏低，政治参与能力不足。这些问题的存在不利于村民代表作用的发挥，使村民代表的民意反映和政治动员功能得不到有效实现。因此，首先，农村基层政府要开办村民代表专题学习班，对村民代表进行专门的培训；其次，给予村民代表适当的误工补贴，提高村民代表参政议政的积极性；最后，要不断完善农村民主治理制度，落实村民代表会议的决策职能，真正实行村务公开，增加权力行使的透明度，使村民代表在民主自治实践中增长才干。此外，调查确实发现，相对于村干部和村民代表，普通村民的政治认知、政治情感、政治关心、政治信心、政治信任、政治评价和政治参与等水平都不尽如人意，特别是普通村民不了解《村组法》的比率达到 87.28%，不知道国家土地流转政策的达到 66.83%，不了解村里土地流转和集体设备出租转让等情况的达到 83.00%，认为自己没有合法途径维护合法权益的达到 47.87%，认为人们收入和地位待遇不公平的比率为 56.36%，没有向村民代表反映过意见或建议的达到 62.30%，等等。普通村民是农村发展的主体力量和依靠力量，普通村民政治能力提高了，才能说农民政治能力提高了。我们承认，经过改革开放以来农村村民自治制度的熏陶，特别是经过村民委员会多次选举的锤炼，普通村民的权利意识、民主意识、参与意识都有所增强。但是，长期以来，我们忽视了对农民的培养和教育，农民政治素质和政治能力的提高非常有限。农民深受传统政治文化的浸染，物质主义价值取向较浓。我们应当重视农村经济发展，这关乎农民的经济利益，但我们也应当重视农村政治发展，这关乎农民的经济利益能否得到有效的保护，关乎农村城镇化建设和新农村建设能否成功。因此，村干部和村民代表要发挥模范带头作用，逐步推进农村民主化进程，畅通农民政治参与渠道，创新农民培训形式，通过示范、实践和学习的联动机制，全面提高普通村民的政治素质。

第六，农民收入因素与农民政治水平的相关性一般。在衡量农民政治水平的 30 个问题中，P 值显示的具有相关性的项目只有 8 项。具体而言，农民收入程度与农民政治认知之间表现出了一定的相关性；农民收入程度与农民是否关心自己所在村庄的未来发展、与对近年来村庄发展成效的评价、与对收入和地位待遇公平性的评价都表现出很强的相关性；农民收入程度与农民参与行为选择之间具有很弱的相关性。但也要看到，农民收入程度与农民对国家领导人、农村基层干部、基本法律的了解之间相关性不强；农民收入程度与农民政治情感相关性不强；农民收入程度与农民对村务的关心、对村级组织的信赖、对农村发展和农民前途的信心等相关性不强；农民收入程度与农民对基层法院的评价、对农村治安等的评价没有太大关系；农民收入程度与农民主体意识、参与积极性、监督意识以及政治功效感相关性不强；农民收入程度与农民合作意识相关性不强。这说明：一方面，农村经济发展会在一定程度上提升农民的政治素质；另一方面，影响农民政治水平的因素是非常复杂的，农民经济条件的改善与农民政治能力的提升不是一一对应关系。需要注意的是，要特别关注贫困农民在政治素质方面的表现，经济贫困农民的政治能力明显低于其他收入程度的农民，出现了某种意义上的政治贫困。低收入农民的政治信息量最少；低收入农民对村级组织、农村干部和民主价值的情感水平最低；低收入农民对村庄未来发展的关心、对村级组织的信赖、对农村发展和农民前途的信心最少；低收入农民对自己所在村庄发展成效的评价、对法院执法公正性的评价、对社会公正性的评价最差；低收入农民的民主监督意识、政治功效感最弱，消极和非法参与的倾向最明显。因此，他们在政治认知、政治情感、政治关心、政治信心、政治评价等方面的表现不容乐观。经济状况差是导致低收入农民政治能力低下的直接原因，此外，农民受教育程度、职业、政治面貌等深受经济收入的影响，低收入农民社会地位较低，这也导致低收入农民成为政治上的贫困群体。要给予农村贫困阶层特别的经济支持，把他们纳入政治体系和政治生活中，这不仅是社会正义的要求，也是社会和谐的需要。经济决定政治是马克思主义理论中的最基本原理，我们无法设想中国农村民主政治的发展和农民政治态度的塑造可以离开农村经济进步，农村经济发展是农村政治进步的必要条件。说到底，农民的政治水平必然受到来自经济、文化等方面条件的制约，那种幻想给选民选票而不致力于提高农民生活水平的发展农村政治的做法是天真可笑的，也是虚伪的。在发展社会主义民主政治建设的进程中，要深刻认识到不仅要培养和引导农民的政治态度，更要改善农民政治参与的条件。进入21世纪以来，我国政府在推进农村基层民主政治发展的过程中，也致力于农民收入的增加和农村教育的发展，这不仅为农民在政治参与方面更加积极和主动提供了有利条件，还有利于实现真正意义上的政治平等。

第七，是否外出务工与农民政治水平相关性不大。在考察农民政治水平的30项指标中，只有4项表现出外出务工与农民政治水平具有社会学意义上的相关性，其中只有1项表明外出务工人员的政治素质优于非外出务工人员。一般认为，外出务工有利于农民开阔视野，并相应地提高农民主体意识、参与意识。但是，调查的情况并非如此。从具体数据中可以发现，非外出务工人员对22个问题的回答所表现出的政治素质都高于外出务工人员。分析其中的原因可以发现，外出务工农民长期奔走于城市和农村之间，参与村庄政治生活的成本较高，对村庄的感情逐渐淡化，对村庄事务的了解不多，参与村民委员会选举的积极性低于务农的农民。而且，外出务工农民对城市生活有了更深刻的了解和体验，对农村现状更加不满，政治评价水平普遍低于务农农民。此外，外出务工农民在城市中整日为生存奔忙，无暇学习政治知识，没有参与政治生活的机会和渠道，他们的政治参与意识和政治参与能力并未因与城市的接触而提高，反而低于务农的农民。根据以上的分析，我们发现，外出务工农民群体在政治参与领域处于边缘化状态。他们目前参与积极性不高，社会流动部分满足了社会动员因素给他们带来的社会期待，但随着外出务工农民收入水平的提高、城市化程度的加深，他们的利益维护意识和权利意识会逐步加强，农民工的低水平政治参与有可能成为社会的不稳定因素。目前，一些地方的农民工群体犯罪率不断攀升，这就是一个危险信号。美国著名政治学家亨廷顿依据发展中国家现代化进程中遇到的问题指出，必须要处理好政治参与与政治制度化的关系，把政治参与纳入政治制度化的轨道。一是各级组织要给外出务工农民参与村庄事务提供各种机会和条件，如把民主评议、民主选举等事务安排在春节期间；二是加快农民工融入城市的步伐，允许农民工参与居住地的公共事务，打破户口的限制，给在城镇务工的农民提供合法化的利益表达渠道和有效的政治参与身份；三是推进农民工组织化，建立各级农民工协会，通过农民工自己的组织教育和培训农民工，反映农民工的意见和建议，维护他们的合法权益，增强农民工的政治效能感和政治参与意识；四是应就农民工政治参与问题进行立法，拓展农民工参与政治生活的制度化渠道，切实为农民工参与城市政治生活和维护自身权益提供制度保障；五是工、青、团、妇联等各种社群组织要把农民工纳入自己的工作视野，通过这些社群组织对农民工进行引导，解决他们的困难，反映他们的意见，提高他们的政治影响力。

第九章

在交互影响和推动中提升农民政治水平
和优化农村民主协商机制

提升农民政治水平和优化农村民主协商治理机制是农村治理变革的内源动力和基本形式，二者相互依赖，共同成为农村治理变革中的关键角色。同时，提升农民政治水平和优化农村民主协商治理机制相互影响和推动，在很大程度上，农民政治水平影响农村治理主体的行为和农村治理机制的运转，农村治理机制运行所造成的压力和机会也影响着农民的政治水平。也就是说，农村民主协商治理机制的优化取决于农民政治水平的提高，广大农民通过参加农村民主协商治理实践锻炼政治能力。当农民边学习边参加治理实践并通过治理实践来学习时，农民政治水平的提高和农村民主协商治理机制的优化之间不断地发生相互作用。

第一节　以农民政治水平提升优化
农村民主协商治理机制①

研究任何一种政治体系，不能仅限于政治结构及其作为，还应该了解和分析这种政治体系的基本倾向。如每个参与协商的农民都应该相信，他们能够对协商结果产生影响，这是一种农民政治效能感的体现，是衡量农村民主协商的平等尺度。农民政治能力不足侵害了民主协商的一个非常重要的条件：农民对有机会和有能力影响协商结果的效能感。农民要影响农村决策并能与他人合作，在协商中就必须表现出一定的协

---

① 该部分内容作为课题阶段性成果《以农民政治水平的提升促进农村民主协商治理机制的优化》的一部分发表，载于《当代世界与社会主义》2014 年第 4 期，此处略作修改。

商能力并得到最低限度的尊重。

一　农民政治水平影响农村民主协商治理机制的内在机理

农民政治水平涵盖多个方面，如农民利益维护水平、农民权利实现水平、农民政治参与水平、农民组织水平、农民政治文化水平等，这些要素都深刻影响农民在协商中的行为，进而与农村民主协商治理机制的运行发生或近或远的关系，使农民政治水平在农村民主协商治理机制运行中发挥重要作用。

（一）农民利益维护水平对农村民主协商治理机制的影响

从根本上讲，农村民主协商治理机制的构建与优化，是为了实现农民的共同利益。农民利益因素是农村民主协商治理机制得以构建的根本动力，是农村民主协商治理机制是否成功运行的根本标准。在农村民主协商中，农民利益的实现要求农民具有一定的利益维护水平。农民利益维护水平首先要求农民具有较为明确的利益意识，只有具备了利益意识，农民才能在生活中结成各种社会关系，从事各种政治活动，建立各种组织。利益意识是农村民主协商的原始动力。同时，协商政治是表达的政治，农民不仅要有利益意识，而且要表达自己的利益，协商参与者充分的利益表达是形成共同利益的前提，正是在各种利益得到充分表达的基础上，协商参与者才能相互了解、相互理解，找到利益的交集。当然，每个协商参与者的利益不可能完全相同，特别是在市场化程度不断提高的情形下，农民利益分化程度较高，每个协商参与者都要尽可能维护自己的利益，希望得到更多人的支持，获取反对者对自身利益的理解，使自身利益能够在达成的共同利益中占有一席之地。如果协商参与者的利益意识不强、利益表达不清、利益争取不够，农村民主协商就难以顺利进行。

（二）农民政治权利实现水平对农村民主协商治理机制的影响

农民政治权利是农民政治权力的法律转化形式，是农民共同利益要求的集中体现。农民权利实现水平的评价标准包括农民政治权利保护意识和农民政治权利保护水平等。农民政治权利的保护意识和保护水平不仅关系到农村民主协商治理机制能否启动，还关系到农村民主协商治理机制能否正常运转。如果没有了政治权利保护意识，协商参与者就无法成为具有自由平等意识的公民，协商就很容易被少数权势阶层和别有用心的人所控制。农民政治权利保护水平体现在对农民民主选举、民主决策、民主管理、民主监督权利的维护上。正是由于农民拥有了民主选举权利，参与民主协商的代表才能获得合法授权的途径，农村民主协商才能摆脱参与者人数过多、素质偏低的限制；正是由于农民拥有了民主决策和民主管理权利，农民参与农村民主协商才获得了法律依据，农民才能理直气壮地在协商中表达意志并影响协商结果；正是由于农民拥有了民主监督权利，才能使农村民主协商机制规范运行，使农民的利益得到有效保护。总之，农民政治权利实现水平的提高，有助于实现农民的共同利益，调动农民政治参与的积极性，协调不同协商参与者的利益矛盾，保证农村民主协商治理机制的正常运行。

（三）农民政治参与水平对农村民主协商治理机制的影响

农民政治参与水平集中体现为农民对政治决策的影响力，农民政治参与水平的提升意味着农民政治参与数量的增加和质量的提高。数量的增加是指农民政治参与主体规模的扩大和参与渠道的拓展，而质量的提高是指农民政治参与理性水平的提升、参与自主性的加强、参与层次的提高和政治影响力的增加。由此观之，农民政治参与水平的提升与农村民主协商治理机制的运转成效紧密连接。农民政治参与主体规模扩大的过程是农村民主协商治理主体广泛化的过程，使农村民主协商治理机制更加接近民主的本质；农民政治参与渠道的拓宽为农村民主协商治理机制的拓展提供了更多的可能性，使农村民主协商治理机制的形式更加多元化；农民政治参与理性水平的提升意味着农民政治参与制度化水平的提高，使农村民主协商治理机制的运行更加平稳、更加富有成效；农民政治参与自主性的增加是农民更加积极主动参与政治生活的表现，为农村民主协商的启动和协商过程中的互动奠定了基础；农民政治参与层次的提高是农民影响政治生活程度的加深，为农民参与更高层次的民主协商活动创造了条件；农民政治影响力的增加是农民政治参与水平的集中表现，是农民表达能力、组织能力、博弈能力等的综合反映，使农民在农村民主协商治理机制运行中更有力量影响政治决策，实现农民利益。

（四）农民组织水平对农村民主协商治理机制的影响

提高农民组织水平是农村政治发展的重要组成部分，意味着农民组织的发展和农民自治能力的提高。农民组织水平的提高不仅能增加农民在市场经济中的竞争能力，而且对农民政治参与水平、农村政治文化等产生重要影响，进而提高农民在农村民主协商中的讨价还价能力和对协商结果的影响能力。农民组织的一项重要功能是政治社会化，农民通过参与多种多样的农民组织，可以接触到各种政治知识，不断提高法治意识、合作意识，逐渐成为积极、自信的公民。很多研究发现，各种农民自治组织在政治文化传播中发挥重要作用，组织中的成员更加自信，更关心政治生活，更有资格做一个合格的公民。从民主协商的本意上讲，民主协商是发生在平等、自由的公民之间的，公民素质正是农村民主协商所迫切需要的农民政治文化素质。组织本身还是一种社会资本的表现形式，成为组织成员无疑会增加个人的社会资本，可以促进农民的信任与合作，这是农村民主协商不能缺少的因素。农民组织的发展过程也是农民政治参与走向制度化和规范化的过程。农民组织的依法建立，是农民对政治参与制度的认可，与原子化的农民参与相比，农民组织加大了农民政治参与的力度和对政策的影响力，整合了农民利益，减少了农民分散的、无组织的参与行为，也使农民增强了在民主协商中的博弈能力。总之，以组织身份出现的农民在民主协商中的理性能力、互动能力和对决策的影响能力都是单个农民所无法达到的。

（五）农民政治文化水平对农村民主协商治理机制的影响

农民政治文化水平是农民在政治认知、政治情感、政治态度、政治信仰等方面达到的程度，为农村民主协商提供自由、平等的公民，即合格的协商参与者。阿尔蒙德和维巴认为："除非政治文化能够支持民主系统，否则，这种系统获得成功的机会将是渺茫的。"[①] 农民政治认知水平体现了农民对政治信息的了解和理解程度，如果农民不具备基本的政治信息获取能力，农村民主协商是无法想象的。农民政治知识的缺乏，使农民在协商中很容易被他人胁迫，受他人利用，致使协商成为表面的作秀。农民政治情感体现了农民对政治系统的感情，如热情与冷漠、依赖与疏远等。如果农民对政治组织及其领导人、对政治制度和机制抱有敌视或者疏远的情感，农村民主协商机制就无法建立。农民的政

① ［美］加布里埃尔·A. 阿尔蒙德、西德尼·维巴：《公民文化——五个国家的政治态度和民主制》，徐湘林等译，东方出版社 2008 年版，第 443 页。

治态度是指农民在主观方面所具有的政治特点，如农民的政治关心、政治效能感、政治信任、政治评价等方面具有的特征。农民政治关心度、政治信任度、政治评价水平等都深刻影响农民在农村民主协商中的态度和表现。试想一下，如果一位农民对政治漠不关心，他就不可能是合格的协商者。同样，政治效能感低或者政治信任度低的农民在农村民主协商中很难发挥协商主体的作用。更难想象，一个对政治组织评价水平很低甚至满腹牢骚的农民能理性地参与农村民主协商。总体来看，农村民主协商在很大程度上取决于农民本身的政治文化素质，农村公民文化是农村民主协商的精神支柱。虽说农民已经获得了公民身份，但如果农民不能拥有公民文化素养，自由、平等的公民之间的农村民主协商便难以形成。在一定意义上，农村公民文化能否形成是判断农村民主协商治理机制是否有效运行的重要标准之一。

二 提升农民政治水平的主要对策

中国农村民主协商的实践表明，很多农民在参与协商过程中表现出了一定的政治能力，他们重视意见的表达和意见的依据，对他人的观点积极回应，共同协商解决方案。但是，从总体上看，农民政治水平还无法真正满足民主协商的要求。因此，要积极思考提高农民政治水平的途径，避免因农民政治水平低下带来的民主协商的失败。

（一）通过发展农村民间组织提升农民政治水平

农民组织的发展，可以使农民摆脱原子化状态，提高农民集体行动的能力，进而使农民对协商进程产生更大的影响，提升农民的合作协商能力和政治功效感，为形成农村公共空间奠定了基础。"公共空间"的概念是德国学者哈贝马斯在他的著作《公共领域的结构转型》中首先提出来的。哈贝马斯认为公共空间是公民可以自主地参与社会公共事务的地方，拥有自主的独立人格和主权意识的公民可以广泛积极地参与并影响社会公共事务，各种形式的社会组织是公共空间载体的机制化，"公民社会的核心机制是由非国家和非经济组织在自愿基础上组成的"[①]。

---

① ［美］哈贝马斯：《公共领域的结构转型》，曹卫东等译，学林出版社1999年版，序言第29页。

第一，发展农村民间组织，培育农村公共空间。农村民间组织的发展是培育农村公共空间的前提和基础。目前，农村民间组织发展非常缓慢，虽然出现了大量的农村经济合作组织，但行政化色彩很浓、规范性很差，有些组织只不过是为了骗取国家相关优惠而成立的空壳组织。所以，要在政府积极支持、指导和规范下，在坚持农民自我管理、自我发展、自我教育原则的基础上，建立各种满足农民需要的农村民间组织，让农民成为组织的主角，培养农民的协作意识和协作能力，为农民走向更大的公共空间和民主协商的舞台打好基础。

第二，发展农村民间组织，培养农民的公共意识。利益诉求是农村民间组织的核心活动，民间组织是把个人利益与公共利益相互连接的一种重要机构。单个农民可能具有强烈的个体利益诉求，但缺乏将个体利益整合进群体及公共利益的能力。农村民间组织要广泛联系广大农民，把农民个体利益整合为共同利益，逐渐培养农民公共利益意识。

第三，发展农村民间组织，锻炼农民参与能力。要通过组织的沟通、融合、影响、激励，使农民从自己狭隘的个人和家庭的生活当中走出来，进入人与人之间有着紧密联系的公共空间和民间组织中，保障农民和农村民间组织的参与权利，不断提高农民的政治参与意识和政治参与能力。

第四，发展农村民间组织，增强农民的平等意识。农村民间组织要致力于为农民建立平等的、紧密的社会交往和经济合作平台，在这一过程中，农民相互交流、相互协商，逐步接受和认同平等观念。

第五，发展农村民间组织，形成农村公共文化。要通过农村民间组织的构建，赋予农民更多的表达机会，为农民在组织中交流自己的看法和意见提供条件，使农民逐步树立沟通、协商、交流、互助的精神，并通过对话、沟通去理解、领会各自的立场和观点，进而使每个个体能够关注他人的利益，从而在农村社会真正形成公共精神与公共文化。

（二）通过农民政治参与实践提升农民政治水平

政治参与在不同阶层的不断扩展是社会由传统走向现代的必然趋势。在有序参与政治生活的过程当中，人们逐渐学会了维护个人利益，提高了参与能力，增强了社会责任感。

第一，在农民政治参与实践中提升农民的政治人格水平。随着农村市场经济的发展以及民主法治知识的不断普及，农民不再像人民公社时期盲目地进行政治参与，而是开始学会根据自身利益决定政治行为。但是，由于计划经济时代的制度惯性和农村教育体系落后等原因，一些农民的政治取向在很大程度上仍然表现出依附性的特点，如当前中国农村在选举过程当中"随大流"的现象泛滥，更有甚者失去理智，通过暴力抗议、围攻政府来表达自身的诉求。与这种依附性和非理性政治人格不同，现代政治人格是公民型政治人格，体现出来的是人们对于政治生活的信心与有序参与，这种政治人格的养成离不开制度化的政治参与与实践。因此，必须不断完善农村基层民主政治制度，健全民主参与渠道，通过各种各样的农民政治参与实践提升农民的政治人格。近年来，虽然随着村民自治的不断深入与渗透，农民的现代政治人格正在逐步形成。但面对农民不断增长的权利意识和政治参与意识，农民的政治参与范畴不应该仅仅停留在村委会的民主选举上，要落实民主决策、民主管理、民主监督等农村政治中重要的政治参与环节，必须在有条件的地方，引入民主协商治理机制，全方位促成农民现代政治人格的形成。

第二，在农民政治参与实践中提升农民的政治认知水平。在现阶段，由于受到各种主客观因素的影响，不少农民政治认知水平较低，从而导致农村基层民主成为纸上谈兵。很多农民对于基层民主以及自治的内涵、实质、规则和程序等不甚了解，不知道作为一个公民在政治生活当中有什么权利和义务，不懂得如何表达诉求，以为民主选举就是举举手、投投票，导致民意难以彻底地表达，民智难以充分地发挥，许多有关村庄的公共事务被简而化之、无序为之。有的农民虽然知道自己有什么样的政治权利，却不会正确行使，不知道如何用法律来保护自己正当的政治权利和政治诉求。在现代社会政治生活框架下，鼓励农民广泛参与，才能使农民认识到政治的重要性，了解各种政治知识，并学会在现代社会中表达、捍卫自己的政治权利。近年来，由于村民自治和民主协商实践的实行，一些农民对政治知识的关注度不断提高，有了获取和学习政治领域信息的动力，对政治问题和政治事件的认知水平逐渐提升。

第三，在农民政治参与实践中提升农民的政治评价水平。政治评价是评价主体根据特定的标准，对政治组织、政治决策等做出价值判断。政治评价包含政治情感、政治信仰、政治态度、政治观念等因素，每一个政治评价的做出，都是这些因素共同作用的结果。政治评价水平可以从多个角度体现出来，如政治评价标准、政治评价传递、政治评价结果等。评价标准是评价主体进行政治评价的主要依据。对于不同个体而言，往往存在多个政治评价标准，并且这些标准之间还可能存在冲突。做出政治评价之后，要把评价结果有效地反馈给被评价的对象，从而对政治决定、政治行为等产生影响，这是非常重要的环节。每个公民以及社会组织都可以把对政治主体和政治决策的评价结果传递出去，传递的方法多种多样。政治评价水平的提高是多种因素促成的，对于中国农村的广大农民而言，由于受到经济水平以及城市化水平的限制，通过农民政治参与和农村民主协商实践提高政治评价水平，往往是比较现实的选择。农民可以利用自己手中合法的政治权利，通过直接的政治参与行为来实现政治评价所欲实现的结果，提高政治评价水平。农村政治参与的方法和途径有很多，比如村委会的选举投票、村民代表会议、民主协商会议、一事一议、民主理财、民主评议等。在政治参与实践中，农民预期目的的实现，能够促进他们主动学习各种政治知识，积极参与农村政治生活，进一步提高政治评价能力。

第四，在农民政治参与实践中提升农民的组织水平。有关民主的各项研究已经表明，无组织的个体政治参与会产生两种不良效应：一是在政治参与中表现为政治功效感极低，其结果就是公民认为自身对政治结果没有多大影响力，对公共政治漠不关心，甚至以极低的价格出卖自己手中的选票；二是在政治参与中表现为孤独无助，导致政治缺乏公民的讨论和公共理性的支持。因而，个体化的农民政治参与，经常无法产生自己预期的效果，甚至对政治决策丝毫产生不了任何影响，这样的结果显然不是农民所期望得到的，因此，农民组织化成为必然的选择。在推进农村基层民主过程中，要通过提高农民组织水平来构建中国农村政治的基础，实现个体政治参与向组织化政治参与的转变。当农民意识到组织化所带来的好处和利益时，他们必然会在今后的政治参与过程当中利用农村社会组织来实现个人的诉求，助推社会组织在农村的发展。

第五，在农民政治参与实践中提升农民的合作水平。维系具有公共属性的组织本身需要政治合作，制定制度化原则和维护制度权威也需要政治合作，政治合作是现代民主政治得以实现的必不可少的条件。民主政治实际上就是政治合作的产物，民主规则的制定不是少数人强加的，而是所有人参与和合作的结果。同时，人们在政治参与中逐渐学会过组织化的生活，以实现共同的政治需求。中国农村普遍存在政治冷漠现象，其中重要的原因之一就是缺乏农民之间的政治合作。在政治生活当中遇到问题的时候，很多农民会选择"搭便车"的行为模式。一项有利于群体的公共事务，农民个体往往这样考虑：如果该公共事务通过的可能性很高，少我一个也不会有影响，我可以不付出任何成本就能享受到该公共事务的实施所带来的好处；如果通过的可能性低，多我一个也没用，索性不必去白白付出精力。大家都希望不经自己努力而去享受别人所争取来的利益。这种"搭便车"心理的存在，导致个人一般不会为争取集团利益而做出贡献，政治合作和集体利益就很难实现。广泛的政治参与和民主协商是培养现代公民权利义务意识的重要途径，只有通过各种参与和协商，才能弱化人们对权力中心的疏离感，培养对集体问题的关注以及公民责任感。事实表明，许多农民通过政治参与培养了主体意识和权利意识，更有相当部分的农民已不再满足于从自身立场去考虑问题，而是渴望在社会博弈中维护本阶层的利益。农民政治合作的水平正是通过政治参与实践得以提高。

（三）通过农民教育提升农民政治水平

自舒尔茨提出人力资本理论以后，国民教育的重要性进一步为人们所认识。近代但凡经济上取得长足发展的国家，大都得益于教育。教育不仅可以提高人口的总体文化素质，增强人们把握机遇的能力，提高人的劳动边际报酬，也有利于新的价值观念的形成。一般而言，实行民主协商治理过程中，必须安排比较合理和公平的协商程序，如平等的发言机会、投票权利等，可是，这种表面上的公平程序并不一定带来民主协商中的平等，甚至可能生产和再生产不平等，因为部分参与者的文化水平低下，无法满足协商民主的需要。"部分公民拥有的政治必需信息资源如此贫乏，以至于他们无法有效参与，不得不屈从于那些拥有较多信息的人。"[①] 当有些农民拥有的文化知识非常贫乏时，他们就无法有效

---

① ［美］詹姆斯·博曼：《公共协商：多元主义、复杂性与民主》，黄湘怀译，中央编译出版社 2006 年版，第 111 页。

地参与协商，也不得不屈服于具有较高文化水平的人。

第一，通过农民教育提高农民文化水平。提高农民文化水平是促进农民政治水平的前提条件，文盲与政治是无缘的，现代政治更需要参与者具有一定的文化水平。从目前的情况看，中国农村劳动力总体平均受教育年限水平未达到九年义务制教育的程度，与发达国家相比还有很大的差距。农民文化水平偏低，不利于农业现代化，也不利于农民自身的发展。要加强农村的基本义务教育，进一步完善基本义务教育之外的国民教育体系及职业培训体系，提高农民进入普通高等教育学府的机会。要统筹城乡教育资源，使城乡教育之间有同等的办学条件，改变农村教育边缘化的命运。要增强城乡教育者之间的流动性，促进教育资源共享。

第二，通过农民教育改善农民政治观念。在农村社会转型时期，各种思想、各种观念纷纷在农村"登陆"，农民面对各种思想观点的碰撞激荡，往往会陷入迷茫。在民主协商中，如果农民无法充分表达自己的政治立场、观点和态度，并使自己的政治立论和行为具有公共说服力，其协商效果就不会理想。要整合农民的社会意识，用社会主义理想引导农民，激发农民的进取精神和创新精神。要对农民进行民族精神和时代精神的教育，培养农民"爱国、敬业、诚信、友善"的民族精神和"自由、平等、公正、法治"的时代精神。加强社会主义核心价值观在农村的宣传，培养农民文明健康的生活方式，改变传统僵化的思想观念，为新农村建设提供正确的理论指导。要不断拓展农村政治社会化渠道，关注网络传播政治文化的功能，用农民听得懂的语言和农民喜闻乐见的方式传递政治知识，对农民进行潜移默化的政治教育。

第三，通过农民教育提升农民民主法治水平。社会主义新农村建设一项非常重要的内容就是实现民主管理，而要真正实现民主管理，最基础的工作就是要对农民进行民主法治教育。要通过相关的民主观念、思想及制度的宣传培训，加强农民民主意识的培养，鼓励农民参与到村庄公共事务当中，最大限度地发挥农民的积极性和创造性。法律是现代生活的基础，然而无论是乡村干部还是普通农民，权大于法的观念根深蒂固。农民习惯于依靠"上级"解决各种矛盾和维护自己的利益，表达的方式更倾向于诉苦式的行为，以博取政府官员的同情和让步，甚至经常出现"请客送礼""托人"现象，而很少想到用法律手段来维护自己的正当权益。因此，农民法律意识的培养至关重要，对农民进行法律教育势在必行。还要看到，提高农民民主法治意识，必须去除官本位文化对农民的影响。农民对权力地位的崇拜和信服心理，损害了农村民主协商中的平等对话机制，这样，虽然表面上建立了民主协商机制，但是权势阶层仍在控制民主协商进程，普通农民参与者要看他们的眼色行事，协商中的对话就不再有公共性，对话中的你来我往和理性评判便不复存在。制度是塑造人的关键，官本位文化的消除还要靠农村民主制度的完善，农村政治权力过分集中于党政组织和少数人手里的现象必须改变。具体而言，就是要提高乡镇人民代表大会的地位，进一步推进村民自治进程，真正实现民主决策、民主监督、民主管理和民主选举，让农民真切地感受到作为公民享有的权利和义务。

第四，通过农民教育传播优秀的传统文化。中国优秀的传统文化是中华文化的重要组成部分，也是我们从先辈继承下来的宝贵财富。中国传统文化突出地强调了人的精神需求的重要性，而当鱼（生命）和熊掌（道义）不可兼得时，舍生取义便成为人的自觉的选择，如此的"正气"塑造出了坚韧不拔的民族精神。要推广优秀的传统文化，提升农民自身的道德品质境界。例如，传统文化中的与和为贵、人本等观念，对人们政治生活中的道德行为选择起着积极的引导作用。传统文化教育活动不能只局限于学校教育，而应进一步结合家庭和社会这两个载体传播传统文化。

（四）通过农村党员干部的示范作用提升农民政治水平

随着市场经济的发展和农村改革的深化，农村党员干部的模范带头作用出现一些新的问题。有的党员干部在遇到改革中的一些矛盾时，盲目悲观失望，甚至信念动摇，迷失了政治方向；有的党员干部过分强调个人价值，不关心农民的疾苦，谋取个人好处，丧失了无私奉献的精神，忘记了全心全意为人民服务的宗旨，破坏了党在农村的形象；有的党员干部面对社会的不断进步，缺乏应有的心理准备和知识积累，缺乏驾驭知识经济的本领和引领农村经济发展的能力，导致在工作中思路不活、方法不新、效率不高、业绩不好。农村党员干部是农民心目中的榜样，他们的种种表现，直接影响农民政治水平，因此，要重视发挥农村党员干部的示范作用。

第一，提升农村党员干部的基本素质，提高农民对农村党员干部的认同度。具备应有的素质和能力是领导干部做好工作的基础和前提。农村党员干部身处农村基层一线，与其他层级的领导干部相比，在素质方面有其自身的特殊性要求。农村党员干部权力轻、责任重，他们肩负着党和国家的历史使命和解决广大农民群众困难的重大使命，承载着广大农民群众的殷切希望，是国家最基层的组织者、领导者。他们所担负的各项工作伸缩性小、难度大，农村党员干部必须踏实肯干、乐于奉献。面对新农村建设层出不穷的新问题、新事物，农村党员干部要提高理论水平和政策水平，只有这样才能够把农村工作做好，才能够让各项惠农政策惠及广大农民。农村党员干部直接接触农民群众，要做到尊重农民、爱护农民，能够从农民的角度去思考自己的工作，给农民实实在在地办一些好事、实事。总之，农村党员干部任何时候都要树立服务意识、公仆意识、民主法制意识、务实开拓意识和创新发展意识。

第二，严格规范农村党员干部的行为，提升党员干部在农民心目中的形象。近年来，农村党员干部的工作范围不断扩展，经济活动日趋频繁，党员思想政治教育工作没有得到应有的重视，少数农村党员干部经不住利益的诱惑和不良风气的侵蚀，以权谋私，给广大农民留下了不好的印象，如有的党员干部贪污集体财产，有的党员干部公款吃喝，等等。为了适应农村深化改革的要求，改善农村党员干部在农民心目中的形象，需要对农村党员干部的行为进行规范。首先，要进一步规范村民自治制度。要把协商因素注入村民自治制度之中，可以考虑在村民代表会议中引入协商程序，并规定与村民利益相关的事务需经村民民主协商决定，以便限制和约束农村党员干部的权力，防范腐败的发生。其次，要加大对腐败的惩处力度，震慑企图腐败的农村党员干部。再次，加强对农村腐败高发领域的监管。农村党员干部腐败主要表现为出卖或者侵吞诸如土地、集体产业等公共资源，中饱私囊。近年来，在农村基础设施建设、涉农工程、农村医疗、教育等公共服务领域也开始出现腐败。最后，加强对农村党员干部的考核，以防范腐败及其他道德失范行为，发挥村民的监督作用。

第三，构建农村党员干部与农民沟通的渠道，密切农村干群关系。

农村党员干部任何时候都要把农民利益放在第一位，从农民群众最直接、最现实、最关心、最紧迫的利益入手，下决心真正解决好农民的现实问题。在实际工作中，农村党员干部是不是有群众观念，很重要的一点就是看是否真正关心群众的疾苦。因此，必须建立农村党员干部与群众沟通的渠道，如搭建各种民主协商机制，设立群众来访日以及工作开放日等。通过与群众的讨论协商和定期接待群众来访，倾听群众呼声，切实为群众排忧解难。

第四，加强农村党员干部的道德模范作用，树立农村党员干部的威信。农村党员干部的道德水平，直接影响党的执政水平；农村党员干部的道德模范作用，直接影响整个农村社会的风气。农村党员干部是农村社会的组织者和管理者，他们担负着对群众进行道德教育和道德示范的责任。毋庸讳言，当前农村党员干部的道德素质状况仍然不尽如人意，有的农村党员干部理想信念动摇，拜金主义、享乐主义、极端个人主义等腐朽思想严重，在工作和生活中缺乏道德责任感，没有公仆意识，致使农民对他们产生怀疑、厌恶、鄙视情绪。因此，要通过加强农村党员干部的作风建设，使他们在农民群众中重新树立起良好的道德形象，带动农民群众不断提高道德水平。

（五）通过制定各项公共政策提高农民政治水平

解决农民政治协商能力不足的问题，无疑需要各种公共政策的支持，包括农民教育、农村福利、农村安全、农村经济发展等。

第一，要给予农民最低限度的福利保障，使他们拥有一定的时间、经济等资源。很难想象，一个整日为生活奔波的人能够有精力投入到公共生活之中。可以给经济贫困者一定的经济补偿，限制富有者政治资金的使用，从而使政治机会均等化。当然，这并不一定就能保证贫困农民进行参与，但至少提高了贫困农民政治参与的可能性。

第二，要让政治能力贫困者具有基本的政治文化知识，使他们能够理性地表达自身的需求并能够被他人理解，能够领会他人的目标和意愿，具备正常的交往能力。可以进一步考虑采取教育手段培养农民的政治功效感和协商参与能力，把参与资源转化为参与行动。

第三，针对协商中的农民政治能力不平等问题，还要制定增加公共输入渠道的政策，分散决策权力，创新民主协商机制，努力使农民中的政治能力贫困团体不被排除在协商之外。

第四，政府应该帮助农民中的政治能力贫困群体重建公共空间，采用抱团取暖的方法，增加他们影响和改变制度决策的能力，使他们在各种社会组织中获得学习和提升政治能力的机会，使协商具有公共性和公共理性。

总之，从一定意义上讲，如果注意完善各项提高农民政治水平的公共政策，就能克服或减少导致农民政治能力贫困的各种因素。

第二节　在农村民主协商治理机制优化中提升农民政治水平

在协商治理是否对参与者素质有影响的问题上，很多学者给予了肯定回答。协商是使人们转变为合格公民的过程。人们通过协商相互倾听、交流思想、相互学习，在参与协商的过程中逐步转变为合格的协商者。人们只有在协商参与实践中才能成为真正合格的协商参与者，这种学习对农民而言极为重要，因为他们参与民主协商的能力主要不是来自正规教育，而是源于经验的积累。因此，要在有条件的地方，及时启动农村民主协商，并采取各种措施不断优化协商机制。

一　农村民主协商治理机制影响农民政治水平的内在机理

农村民主协商治理机制的优化过程就是农民政治水平提升的过程。一方面，农村民主协商启动以后，参与协商的农民会感受到压力，农民要想在协商中表达、维护自己的利益，对公共政策发挥更大的作用，就一定要具有较高的政治协商水平；另一方面，实践是最好的课堂，农民在协商过程中经受各种挑战和训练，政治水平得以不断提高。

（一）农村民主协商的过程是农民政治认知水平不断提高的过程

农村民主协商把普通农民纳入到农村公共事务管理和决策之中，农民获得了学习政治知识、了解政治信息的动力和途径。在农村协商实践中，协商组织者要提前公开所有与协商主题相关的政治信息，参与协商的农民了解这些信息并进行分辨，同时，还要查阅相关的信息和规范，再以这些信息为基础表达自己的观点，倾听其他人的意见，与其他参与者辩论，农民对政治信息的重视程度就会提高，对政治知识的理解能力就会加强。如在就村庄集体土地出租问题的协商讨论中，参与协商的农民要知晓农村集体土地出租的相关法律政策知识，了解集体土地出租价格的市场行情，判断集体土地出租产生的经济效益以及带来的生态问题，讨论集体土地出租收益的分配形式等，通过农民自己学习和听取其他人对集体土地出租的看法，他们会对土地出租方面的知识有更加深入的理解。同时，参与协商过程中，农民对自己的权利、义务更加清楚，对协商的民主程序更加熟悉，这一切都极大地提高了农民的政治认知水平。

（二）农村民主协商过程是农民政治技能提高的过程

农民通过协商机制表达自己的想法，锻炼了农民的表达能力。充分的协商必然伴随着相互的交流和辩论，参与者要实现自己的主张，就要以对方能够听得懂的语言、能够接受的态度与对方交换想法，向对方展示自己观点的正确性，分析对方的观点并与自己的主张相比较，调整自己的想法，说服对方接受调整后的观点。在这一过程中，协商参与者的交流、辩论、分析、推理、反思和劝导能力都得到了提高。有些农村民主协商治理机制还引入了信息公开、民主评议、集体投票等民主形式，以寻求提高协商的成效，协商参与者对这些民主形式不再陌生，拓展了政治视野，学习了政治技巧。

（三）农村民主协商过程是农民权利意识提升的过程

权利是社会成员主张其利益的法定资格，权利意识实际是利益意识和法律意识。长时期以来，农民的权利意识淡薄，很多农民认为村务管理和决策是村干部的权力，与自己没有关系。农村民主协商治理机制的建立，使农民意识到自身拥有的民主权利，很多农民开始关心自己所在的村庄，积极谋划村庄的发展蓝图，表达自己对村庄事务的意见，发挥自身对村庄决策的影响力。农村民主协商过程既是决策民主化过程，也是农村社会动员过程，越来越多的农民参与到民主协商进程中，农民的权利观念得到前所未有的加强。

（四）农村民主协商过程是养成农民公共意识的过程

农村经济形式塑造了个体化的小农，农民普遍缺乏公共意识。农村民主协商是以共同利益为指向的，要就与农民利益相关的农村公共事务商议，追求达成政治决策的结果。农民在参与协商的过程中，在维护自己利益的同时，要倾听他人的意见，顾及他人的看法，关注他人的境遇，逐渐走出狭隘的个人主义立场，在自己的利益与他人的利益协调中寻求共识，逐步认识到妥协的必要性。即使民主协商过程没有达成共识，协商中的交流互动与讨论对话也会有益于农民公共意识的养成。

二 优化农村民主协商治理机制的路径分析①

在现代化过程中，如何维护农村秩序和实现农民利益问题是农村治理的关键所在。农村治理主要体现在三个方面：一是解决农业产业化的问题，即在现代化过程中，基于农业分散经营与资本市场一体化之间的张力，如何避免激烈的市场竞争导致农业生产的崩溃；二是解决农民专业化与职业化的问题，即在技术推广和农村产业结构调整的过程中，如何避免农民大规模失业，将农民培养成具有专业化才能和职业竞争力的人才；三是解决农村民主化和法治化问题，即在农村发展过程中，如何引导农民成长为具有民主意识、法治理念的现代公民，解决农村社会秩序重建的问题。长期以来，我们更多强调农业产业化和农民就业问题，对农村民主化关注不够。应该看到，市场化取向的经济改革使得农村社会的多元分化成为不争的事实，多元主体在农村治理场域中为争夺有限的资源而展开激烈的博弈，引发一系列治理困境和危机。而在一个利益分化、文化多元的复杂社会，只有通过民主协商，即理性的交流、辩论、协调乃至妥协，才能形成最大限度的共识，即在农村要通过构建民主协商治理机制实现农村社会的良性治理。

优化农村协商民主治理机制是一个系统工程，需要解决一系列问题，如怎样实现民主协商的制度化、法律化？怎样使民主协商与村民自治机制有机结合起来？怎样避免以"咨询"代替真正的协商？怎样设计民主协商的程序，进而使民主协商常态化？优化农村协商民主治理机制需要适宜的经济、文化、社会条件，需要相应的制度环境，需要农村基层组织干部的积极推动，需要合适的方式和方法。

优化农村民主协商治理机制要通过农村治理变革来完成。农村治理

---

① 该部分内容作为课题阶段性成果《我国农村民主协商治理机制的实际运行及优化路径分析——以山东、山西、广东省三个村庄的个案考察为基础》的一部分发表，载《中国行政管理》2014年第9期，此处略作修改。

目的要从增加干部政绩向让农民共同受益转变；农村治理主体要从一元向多元转变，党在农村治理中要从依靠政治权力向发挥政治权威转变；农村治理内容要从经济治理向综合治理转变；农村治理手段要从人治向法治转变；农村治理理念要从压制、控制向合作、协商转变。

（一）发展农村市场经济，为民主协商储备良好的经济条件

我国经济体制改革的目标就是建立和完善社会主义市场经济体制，市场经济与民主协商治理有着天然的亲缘关系。农村市场经济的发展要求农村民主协商治理机制不断完善，同时，农村市场经济的发展也为农村民主协商治理机制的构建提供了经济方面的支持。当前，农村市场经济发展水平还有待提高，要不断深化农村经济体制改革，为农村民主协商治理机制创新和完善奠定经济基础。

1. 农村市场经济的发展为农村民主协商治理提供了必要性

市场经济是自由的经济、平等的经济、协商的经济，市场经济与民主协商的精神息息相通。第一，市场经济是一种通过市场进行要素配置的经济，它要求市场主体是独立的，要求交易者必须是具有自由意志的，任何一方都不能将自己的意志强加给另一方。同时，在现代市场经济中，所有经济活动几乎都是通过契约来完成的，契约要对市场交往活动和各种经济关系主体间的意志进行协调。市场经济的平等性、独立性、契约协商性要求政治主体在政治生活中通过协商解决利益冲突，实现共同利益。第二，在市场经济条件下，市场主体是多元的，多元主体必然为获取更多资源相互竞争，为了避免恶性竞争，就必须以法治规则确保市场竞争的合理有序，以平等商议协调多元主体之间的利益。市场的多元主体性与平等商议性要求政治主体在政治生活中进行平等、有序的协商。第三，市场经济是建立在理性经济人的理论预设之上的，这就决定了市场经济及其运行机制具有难以克服的缺陷。"囚徒困境"的理论说明经济人追求自身利益最大化的过程并不必然导致公共利益的最大化。自由放任的市场经济容易造成贫富分化和社会动荡的局面，而消除这种缺陷不可能只依靠市场自身，必须寻找一种外在的力量。而政府的过度干预会导致效率低下、官僚主义及社会活力不足。单纯依靠政府不能实现资源的最佳配置，市场机制也难以达到帕累托最优。为了弥补市场和政府的失灵，人们引进了民主协商理论，以此来实现市场、政府与

社会的多元共治和谐，进而实现公共利益的最大化。

2. 农村市场经济的发展为农村民主协商提供了可能性

市场经济的发展使财产权的保护深入人心，这就为农村民主协商奠定了根本基础。市场经济的发展促进了农村经济进步和农村社会分化，这也使得以农民广泛参与、主体多元、协商互动为主要特征的农村民主协商治理机制的建立成为可能。第一，市场经济国家无一不把保护产权作为立法的基本原则，财产权开辟了属于公民个人的不受国家控制的自治领域，限制了政府的行动范围及权力行使者的专横意志，对财产权的保障是建立民主、保障人权的基础。公共领域与私人领域的分立也为两者的协商合作奠定了基础。第二，改革开放以来，农业生产力的发展和市场化的改革有了质的飞跃，这也使得农村一家一户经营模式的弊端日渐显现，农业的规模化经营成为深化农村经济体制改革的必然。为适应改革开放以来我国现代农业发展的需要，党的十八届三中全会做出了逐步构建新型农业经营体系的重大决定，即在坚持家庭经营基础性地位的基础上，逐步推进农业的适度规模经营，实现家庭经营、集体经营、合作经营、企业经营共同发展，这将极大地提高农业生产经营的集约化、专业化、组织化、社会化，有效地解决农民个体经济与大市场之间的有效对接，促进农业的现代化，为协商民主治理提供雄厚的经济和社会资源。第三，市场经济的发展有助于优化农村的经济结构，而经济结构的多元化导致农民职业选择多元化和农民经济地位分化，这就为多元利益主体的平等协商提供了前提。如果处在一个高度同质化的社会，民主协商便丧失了其存在的价值。此外，富裕阶层的崛起有助于打破权力拥有者对协商的操纵与控制。第四，市场经济是商品经济高度发达的状态，其实质是商品和利益的交换，其良性运作的前提是拥有产品支配权的独立商品生产者和经营者的出现，它不仅要求生产者之间相互尊重各自权益，而且要求公共权力机关尊重这些权益，由此形成平等、自由和法治的观念。

3. 处理好政府与市场的关系，发展农村市场经济

能否处理好政府和市场的关系决定着市场经济体制的基本走向和运行质量。在政府与市场之间的关系方面，政府存在着无为、扶持和掠夺三只手，而社会主义市场经济体制的完善和发展就意味着要发挥政府无为之手、扶持之手的作用，限制政府的掠夺之手。第一，对政府与市场各自的职能

进行准确定位。在现代市场经济中，政府是宏观调控主体、经济管理主体和重大利益协调主体，农村基层政府职能应该主要体现在农村经济调节、市场监管、社会管理和公共服务等方面。因此，基础性和公共性领域要更好地发挥农村基层政府的作用，竞争性领域要更多地发挥市场配置资源的基础性作用。第二，切实转变农村基层政府职能，克服政府的缺位、错位和越位。首先，明确划分政府与市场的边界，促使政府从不该管、管不好也管不了的领域退出来，充分发挥市场在资源配置中的决定性作用，显示政府的无为之手。其次，加快推进农村政企分开、政资分开、政事分开、政社分开，规范农村基层政府的行政行为，避免与农民争利，斩断政府的掠夺之手。最后，在坚持市场化改革过程中，促进政府职能进一步转变。政府要为市场创造良好的外部发展环境，提供高效优质的公共服务，提供某些公共产品，维护社会公平，显示其扶持之手的作用。第三，政府要积极调整农村的产业结构，促使三个产业协调均衡发展，鼓励各种农民经济组织的发展和科技成果的转化。要继续加大对农业的扶持力度，逐步消除城乡二元结构，建立完善的农村公共产品、公共服务供给制度，使农民享受与城市居民同样的国民待遇。

（二）优化农村民主协商文化，为农村民主协商构筑良好的政治文化氛围

如果说协商制度和法律是民主治理的"硬件"设施，那么，良好的公民意识就是协商民主治理的"软件"基础。没有多元合作、民主平等、尊重差异的协商文化，协商民主只能沦落为精英主义的噱头或者公民情绪化宣泄的载体，难以发挥应有的治理绩效，更不可能达成善治。农村现实政治生活中，虽然《村组法》中规定的村民代表会议（村民会议）、村民小组会议机制在绝大多数的村庄都已经建立起来了，但由于多种因素的制约，村民代表和普通村民缺乏使之运转起来并成为民主协商平台的能力和勇气，致使民主协商难以起步。因此，广大农民要不断提高政治素质，各级政府要逐步消除农村干部对协商民主的阻碍。

1. 提高农民的教育水平，为优化农村民主协商文化奠定文化基础

要着力提高农民的教育水平，如果某一协商主体在协商过程中，不能充分表达自己的意见并说服其他人理解接受自己的意见，其协商的能力就会受到限制。农村社会面临的一个严峻现实就是农民文化水平普遍

不高且人才流失严重，上大学的农家子弟基本上选择留在城里，年轻农民普遍在外打工，留守在村庄的大多是儿童、妇女和老人，农民知识的匮乏成为制约农村民主协商治理的重要因素。"一个国家里如果有许多人不识字，就不可能有现代式的民主。"① 很多调查显示，高学历农民的政治能力高于低学历农民，随着文化程度的提升，农民政治能力指数不断上升，且上升的趋势比较明显。为此，要采取多种措施为农村民主协商治理注入更多的文化支持。

2. 继承我国优秀的协商文化，为农村民主协商文化注入更多本土资源

农村民主协商的展开固然与学界对西方民主理论的引介、地方政治精英和学术精英在实践中的不断探索密切相关，但也与中国有着深厚的协商文化传统有关。我国协商文化底蕴体现在两个方面：第一，中国传统文化中存在协商因素。首先，中国传统社会中，由于国家行政能力不足，"皇权不下县"，县级以下都实行自治。在乡村自治中，宗族议事会是处理公共事务的机构。各种民事纠纷和本地的重大问题都由宗族议事会成员讨论、协商来解决。其次，中国传统社会是一个熟人社会，经常是"抬头不见低头见"，彼此熟悉，相互尊重。一般情况下，人们不仅注意自己的面子，还会顾及对方的感受，遇到矛盾不会轻易撕破脸皮，而是协商解决。再次，传统中国社会重义轻利的观念，使得人们不愿意过多地谈论自己的利益，而更倾向于站在公共利益的立场探讨问题。最后，中庸的观念使得中国人一般遇事不会走极端，总会折中调和，有助于协商共识的达成。第二，党的群众路线具有协商意蕴。群众路线是我党在长期敌强我弱的战争环境中，为了赢得群众的支持而实施的工作路线和工作方法，是克敌制胜的法宝，蕴含着一定的民主协商成分。改革开放以后，为了更有力地推进政治民主化的进程，党的十三大提出建立社会协商对话制度，赋予群众路线新的时代内容，促使其由随机性较强的工作方法变成一种规范化的制度安排。领导和群众定期的协商可以做到上情下达和下情上传，进一步密切干群关系，增进彼此的理解与尊重，有助于就一些大政方针达成共识，促进社会的稳定和谐。习近平总书记在中国人民政治协商会议成立 65 周年纪念大会上明确指出：

---

① ［英］伯特兰·罗素：《社会改造原理》，张师竹译，上海人民出版社 1987 年版，第 37 页。

"协商民主是中国社会主义民主政治的特有形式和独特优势，是中国共产党的群众路线在政治领域的重要体现。"① 总之，在构建社会主义民主协商文化的过程中，要立足于我国的国情，在承认和尊重多元文化的前提下，坚持和而不同的原则，以社会主义文化为主导，以民族文化为基础，以外来文化为补充，促进三者之间的融合与共生。一是在农村民主协商文化的建构过程中，必须坚持党的群众路线。二是用现代理念对传统文化进行创造性转化和创新性发展。一方面，要古为今用，通过深入挖掘和阐发，赋予仁爱、诚信、民本、和合、大同等传统文化以新的时代精神和价值；另一方面则按照时代发展的需要，对我国传统文化的内涵加以补充、拓展和完善，增强其影响力和感召力，发挥其在新的环境下应有的作用。三是要对西方的协商民主理论进行民族性的改造，把西方文化融入我国协商文化中，使其为普通民众所认同。四是在建构协商民主文化合力的基础上，通过家庭、学校、大众传媒等多种传播手段，实现协商文化的传播和传承。

3. 消除特殊主义文化影响，形成普遍主义信任文化

农村协商民主作为现代的民主治理模式是以普遍主义的信任为前提的，它要求参与协商的人能够与他人相互信任、相互合作，要站在公共利益的基础上理性考量并尊重协商的规则及协商的结果。然而，与西方个人主义传统不同，我国传统文化中的家族主义色彩比较浓厚，家族主义的文化理念与价值观在相当程度上只能形成特殊主义的信任机制，人们交往和交易范围十分狭窄。因此，形成普遍主义的信任文化对民主协商的健康运行至关重要；否则，利益偏好的纠正就难以做到，共识也无从实现。为此，要培养农民的政治信任，构筑农民的诚信道德体系。"乡土社会的信用并不是对契约的重视，而是发生于对一种行为的规定熟悉到不加思索时的可靠性。"② 针对农村的这种现实情况，要加大对农民的道德教育力度，使农民自觉秉持村落社会中长期共同生活形成的诚信观念，加大舆论对不诚信者的谴责力度，使农民养成诚信、诚实、诚恳的习惯。还要通过各种教育方式促使农民相信法律。改革开放以

---

① 习近平：《在庆祝中国人民政治协商会议成立65周年大会上的讲话》，《人民日报》2014年9月22日。

② 费孝通：《乡土中国》，生活·读书·新知三联书店1985年版，第6页。

来，商品经济大潮的冲击、传统观念和道德约束机制的日渐瓦解，使得农民家族企业或熟人合作中不规范、不合法的事情屡见不鲜。在利益纠纷中，一些利益受到侵犯的农民因契约不完善导致权利救济渠道不畅的现象频繁出现。媒体或法律工作者要多通过这些案例教育农民，使其逐渐意识到订立和遵守契约是民事或经济活动中的普遍现象，法律是保障自己利益的最可靠途径，进而跳出特殊主义信任的狭小圈子，形成农民普遍主义的信任文化。

4. 在实践中学习民主协商文化，提高民主协商能力

农村基层民主政治实践为农村居民参政议政提供了机会与平台，使民主成为一种仪式操练，发挥着提升农民主体意识、参与意识、权利和义务意识的作用，是塑造理性健全的公民态度和公民人格的重要环节。民主政治实践在一定程度上也验证了这一点，如作为协商民主典型的民主恳谈会，在其发展的初期，农民多以偏颇的态度、指责的言辞来表达他们的意见，给村干部造成一种"挨批斗"的感觉，进而对民主恳谈产生抵触情绪，能不搞就不搞。此后，随着干群之间沟通的增多，农民逐渐理解了村干部的处境，明白了他们的心愿，开始以更加理性平和的态度与村干部进行交流，极大地提升了农民的政治素质。但是，如果协商制度得不到切实落实，不仅不能发挥制度对提升农民政治水平的作用，反而会进一步造成农民对现有制度的不信任，如有些地方基层民主选举程序不公正，农民既不愿意参加选举，也不相信选举出来的干部。

（三）提升农民组织化水平，为农村民主协商提供良好的社会支撑

在现代化的进程中，乡村社会重建的重要方面就是提高农民的组织化水平。为了调节农民与市场、农民与国家之间的关系，使农民在与其他社会集团的博弈中摆脱弱势地位，农民之间就要以特定的方式紧密组织起来，以行动一致的名义而不是以个体的名义与国家和市场对接，与其他社会集团互动。"为了能够对集权统治提出有效而持久的挑战，为了使政治民主成为并保持为政治统治中的一种可能模式，一个国家必须要拥有一个市民社会。"① 农民的组织化是优化农村民主协商机制的重

---

① ［加］A. 布来顿等：《理解民主——经济的与政治的视角》，毛丹等译，学林出版社2000版，第43页。

要条件，分散的、个体的农民无助于协商共识的达成和协商中利益的维护。而要提升农民的组织化程度，就必须构建符合现代社会要求的农民组织体系，为农村社会大众提供合适的组织依托。

1. 整合农村经济类组织

农村经济类组织是为了适应农村市场经济体制改革的需要而发展起来的新型现代经济组织，在传递市场信息、普及农业技术、提供社会服务等方面发挥着积极的作用，是联系农民个体与大市场的纽带，可以引导个体农民按照市场的需求来组织生产。目前，我国农村经济类组织不够发达，存在着发展不平衡、组织内部治理结构不完善问题，且存在着一定的行政化倾向，尤其是有些组织形同虚设，根本发挥不了任何作用。要认识到，发达国家的政府在农民组织发展过程中都发挥了积极作用，表现在税收优惠、政府补贴、提供技术等方面。我们可以借鉴西方国家成熟的经验，结合我国的实际，在农村经济类组织发展过程中给予一定的法律、政策、财政及人员培训方面的支持，使其在促进农业现代化、表达农民的利益诉求、培育现代农民方面发挥越来越大的作用。

2. 发展社会类或公益类的农民社会组织

社会类或公益类的农民组织是农民自我管理、自我教育和自我服务的组织，代表着农民多元化的利益，是农民训练协商能力、学习协商思想的重要场所。目前，相比经济类农民组织，我国在发展公益类或社会类农民组织方面比较谨慎，这就使得一些农民社会组织要么表现出浓厚的行政色彩，要么游离于政府的监管之外，成为非正式或非法组织，在法律制度外参与活动，对农村治理产生巨大的冲击。因此，对于社会类或公益类农民社会组织，政府要提供相应支持，并通过法律手段对其进行规范和监管。要进一步完善与农民社会组织相关的法律，把有益于农村社会发展的社会类或公益类组织纳入到法治框架内。同时，坚决取缔或严厉打击农村涉黑组织和邪教组织，维护农村社会秩序。

3. 适时建立综合性农民组织

当前，我国农民组织的功能比较单一，无法适应农民多元化的利益需求，而且农民组织规模较小，很多农民组织局限在某一村庄或某一地区，没有全国性的维护农民利益的农民组织。这不仅影响农民在更高层次和更大范围主张权益，也不利于农民在更大范围的协商平台上与其他社会集团进行对话和博弈，降低了农民对决策的影响力。因此，要建立综合性农民组织，在更高层面提高农民组织化水平。

4. 恢复村民自治组织的本来面目

村民自治组织是农民自我管理、自我教育和自我服务的组织，虽然要依法接受党组织和基层政府的领导和指导，但村民自治组织从本质上看仍是农民的自治组织。因而要改变村民自治组织的行政化现象，使村民自治组织真正成为能够代表农民利益的组织。

5. 加强各类农民组织的联系

当前，我国农民组织各自为政、相互隔绝，这既不利于农民组织之间的相互借鉴，也不利于农民组织之间的相互支持。基层政府应当帮助农民构建各类农民组织合作的平台，以便整合各类农民组织的利益要求，增加农民组织对政策的影响力，不断促进农民组织的健康发展。

（四）梳理农村各种政治权力关系，为农村民主协商铸造良好的政治环境

在社会多元化趋势越来越明显的形势下，党组织要改进领导方式，政府要充分向社会放权，消除市场和社会力量未能充分发挥作用的弊端，其中，关键是要处理好实现党在农村的政治权威与农村民主协商治理机制优化的有效结合问题。具体而言，就是要建立中国共产党与农村社会的双向赋权模式，在农村形成基层党组织领导、基层政府指导、农村村民自治组织、农村民间组织和广大农民积极参与的农村民主协商治理机制，以合作代替冲突，以协商代替竞争，以法治代替人治，既要满足党的权威性需要，又要满足农民的利益要求，在自由与秩序、权利与控制之间实现适度的平衡。唯此，才能极大地降低治理成本，提高农村治理绩效。

1. 梳理农村基层横向权力关系

梳理农村基层横向权力关系，主要是梳理农村基层党组织与其他农村组织的关系，构建党领导下的农村基层组织高效运转、相互制约的新格局。在强调乡镇党委统一领导的同时，要注重发挥乡镇人民代表大会的作用，落实乡镇人民代表大会的选举权、决策权和监督权，乡镇党委可以把在乡镇人大之外做决策转变为在乡镇人大之内作决策，通过民主形式实现党组织的意志。乡镇政府要认真执行乡镇人大的决定，对乡镇人大负责，接受乡镇人大的监督。乡镇党组织和乡镇政府积极创新农村

民主协商机制，为农村各种社会力量参与协商创造条件，尊重协商达成的共识，并通过法定程序落实协商共识。村庄要加强基层党组织建设，村支部书记或支部其他成员要依照法定程序竞选村委会主任和村民代表，增强基层党组织的合法性和权威性。村党支部应以民主的方式行使对村级组织的领导权，在村庄形成党组织的领导权、村民代表会议的决策权、村委会的执行权、村务监督小组的监督权、农村社会组织和广大农民的参与权相互制约、各负其责的权力格局。改善党的领导，党在农村的领导要从权力型领导向权威型领导转变。

2. 推进农村基层纵向权力关系改革

农村基层纵向权力关系既包括县乡关系，也包括乡村关系。纵向权力关系改革关系到乡村法定政治权力的完整性，也关系到农村民主协商机制的正常运转。当前，县乡关系存在条块分割严重以及财权、事权匹配不合理等问题，突出表现为乡镇政府的财权严重不足，甚至背负巨额的债务负担，无力举办涉及本地民众切身利益的一些公共工程及公益事业，阻碍了农村经济社会的发展，也引起了群众的强烈不满。对此，要按照权力和责任相统一的原则，合理配置市县、乡镇的财权、事权，建立政府的权力清单，加快政府职能转变，使农村基层政府职能由过去的经济取向逐步向服务取向转变，改善民生。从乡村关系看，乡镇政府往往以行政命令的方式管理村民委员会，变法律下的"指导"关系为"领导"关系，导致农村村民自治组织行政化，村民委员会的自治性质被湮没。因此，必须明确界定乡镇政府和村民委员会的权力范围，归还属于村民委员会的权力，特别是解决村财乡管问题，尊重农村民主协商达成的共识。

（五）营造完善的农村政治制度体系，为农村民主协商打造坚实的制度基础

一方面，农村政治制度为农村民主协商治理机制的创新预定了方向和框架。民主协商治理机制的稳定和良性运行离不开完善的政治制度，农村民主协商治理机制要与村民自治制度、乡镇人民代表大会制度等相契合。协商民主借助乡镇人大和村民自治组织的作用，获得了更加广阔的发展空间。协商民主的发展，可以进一步促进乡镇人民代表大会制度化、程序化和规范化，激发乡镇人大作为地方权力机关的应有作用，不断丰富农村政治制度的内容。

1. 实现乡镇民主协商制度与乡镇人民代表大会制度的相互补充

乡镇人民代表大会制度是农村基层民主的基本组织形式和核心标志。可以通过在乡镇人民代表会议程序中置入协商环节建立乡镇基本协商机制。当然，要使乡镇人民代表会议成为乡镇基本协商机制，需要进一步完善乡镇人民代表大会制度。一是增强乡镇人大主席团力量，发挥乡镇人大主席团在协商中的组织作用；二是完善乡镇人大代表选举制度，确保选举在规范的民主程序下进行，把真正能够代表民众利益、议事能力强、作风正派的人选为人大代表；三是规范乡镇人大会议制度，要修改人大会议次数、议事规则等，应该增加人大主席团有权召开临时会议的权力，使乡镇人大会议满足协商的需要；四是落实乡镇人大的选举权、决策权和监督权，使协商决策有效、协商监督有力。总之，就是要通过注入协商因素进一步促进乡镇人民代表大会制度的完善，同时，通过完善乡镇人民代表大会制度落实乡镇层面的民主协商。

2. 实现村级民主协商制度与村民代表会议制度的相互促进

在村庄层面，适应农村经济发展、农民政治水平和农民大量流动的现实需要，可以把农村代表会议打造成农民经常性的协商平台。实践也证明，如果村民代表会议能够充分发挥作用，农民的利益就可以得到切实的维护。为了实现有效的协商，村民代表会议代表的产生应依法规范，要对代表的资格进行规定，应当把办事公道、议事能力强、参与热情高的村民推选为村民代表。应该落实《村组法》的相关规定，改变村党组织和村民委员会侵蚀村民代表会议权力的现状，落实村民代表会议的法定权力。认真规划村民代表会议的协商程序，做到协商准备工作充分、协商过程热烈有序、协商结果能够落实。村党支部要充当村民代表会议协商的召集者和组织者，在民主协商中发挥领导作用。总之，要努力把村民代表会议打造成村里的最高决策机关和监督机关，充分代表和反映不同群众的意见和建议。

3. 实现农村民主协商制度与农村民主选举制度的良性互动

选举是民主政治的标志，没有选举就没有民主。民主协商不能排斥选举的存在，而且要在选举制度的不断完善中得到优化。我国村庄人口较多，农民素质参差不齐，大部分民主协商议事都是通过选举村民代表完成的。规范的选举可以增加协商代表的民意支持度，提高协商共识的合法性，使协商达成的意见真正落到实处。目前，协商代表选举过程不规范，导致协商代表的民意基础不足或者议政能力不足，不能真正代表广大村民群众的利益，协商的民主性和有效性受到质疑。要在农村民主选举取得的现有成绩基础上，进一步完善竞选环节，为村民提供更多的选择空间，使选民更加重视候选人的能力与素质，促使竞选者关注村民的利益。政府要发挥积极的作用，增强竞选的规范性和公正性，对演说的对象、内容、组织和有关操作予以明确规定。要通过制度化的选举机制，把有能力、有热心的候选人推选为协商代表，减少非正当因素对竞争效能的影响，切实维护村民的利益。

4. 实现农村民主协商自身的制度化和规范化

民主政治的本质就在于居于主体地位的公民通过制度化、规范化的途径与程序参与社会政治过程，并由此实现对国家及社会事务的治理。农村民主协商如果要成为实现农村基层民主的一种方式，必然要接受民主的规范性约束，必须回答为何协商、谁来协商、协商什么、如何协商、何时协商等问题，使民主协商真正成为农民民主决策和依法决策的重要途径，而非沦为劳民伤财的形式主义或政治走秀。当前，农村民主协商没有规范的制度约束，形式五花八门，成为某些领导干部标新立异的政治工具，民主协商的民主性、稳定性和持久性无法保证。要完善农村民主协商制度，把农村协商制度建设作为推进农村民主协商的重中之重。首先，协商内容要制度化。对农村民主协商而言，要抓住农民所关注的利益需求，凡是《村组法》规定的村务大事都应当纳入协商的内容之中，避免出现该协商的不协商，无关紧要的事项反而协商的"选择性协商"问题。其次，协商主体要制度化。要通过制度化的安排，把不同领域、不同问题涉及的协商参与主体确定下来，协商主体应包括全部的利益相关方，既要考虑代表性，也要提高协商的效率，防止少数精英操纵协商过程。

（六）做好农村民主协商程序安排，为农村民主协商提供可靠的程序保障

为了保证协商的充分性、平等性和讨论的真实性、有效性，就要实现农村民主协商的程序化，通过程序正义实现实质正义，把协商制度落到实处。通过优化协商前、协商中、协商后一系列的程序安排，把协商

主体、协商内容、协商时间、协商形式、结果反馈等内容规定下来，尽力排除金钱和权力对协商过程的影响，把协商代表对各种方案的讨论和选择结果与公共决策机制有机地结合起来。

1. 优化协商前的准备程序

为避免协商的随意性、人为性，议题的提出、议题的选择、协商的方法等都要先行确定。一是成立农村民主协商领导小组。领导小组负责确定民主协商的形式、主体、内容、时间、地点等，主持民主协商会议，总结协商中的成绩和问题，并将会议情况上报和反馈给相关人员。二是确定协商主题。民主协商领导小组应在广泛征求农民意见的前提下，把农民关心的话题和事关农村发展大局的问题作为协商主题。可以考虑允许一定数量的村民或村民代表参与协商议案的提出，以增加议题的广泛性，更好地反映农民的想法。三是确定参加人选。参与人并不是越多越好，参与者人数过多，不容易达成共识，协商质量受到影响。如果是关系到农村发展大局的问题，可以交由乡镇人民代表大会、村代表会议或者村民小组会议等协商讨论，人大代表、村民代表或者户代表是主要参与者。如果是与农民利益密切相关的话题，可以召开各种类型的议事会，邀请所有利益相关人参加，若是人数太多，可以由利益相关者选举代表参加。当然，有些形式的协商也可以采取随机抽样的办法，这种形式使得所有的人都有可能被抽到，可以体现平等原则，因为人们在统计意义上是平等的。当然，参与的人选还要依据不同的民主协商形式而定。四是提前公开协商信息。为了提高协商质量，组织者要把与协商相关的信息提前告知参与者，特别是要把协商会议主题、地点、议程公开，邀请有兴趣的村民旁听，解决信息不对称的情况。

2. 优化协商中的讨论程序

为了提高协商的质量，保证民意的真实体现，要预防协商过程中自觉或不自觉的人为控制。首先，保证参与者表达机会的平等性。可以借鉴温岭民主恳谈的形式，采取大小组穿插的形式，先把参与协商的人分成若干个小组，保证每个人有充分的时间表达自己的观点，小组整合好观点后，再集中到大会交流和讨论。主持人和记录员认真记录每个参与者的发言，记录最好不采用实名。其次，实行主持人制度。协商会议设立主持人，主持人人选既可以是民众认可的村支部书记，也可以是利益相对独立的人士。通过主持人引导、控制协商者的发言时间和顺序，保证每个人发言机会的平等，防止少数人主导乃至操控会议进程。最后，设立协商结果的表决机制。通过两轮分组讨论，不同意见的沟通和交流，以多数意见作为协商结果，并把结果依法提交给相关部门。

3. 优化协商结果的处理程序

要通过刚性的制度安排，把协商成果切实转化为实际运用，提高协商的合法性和有效性，防止出现有协商无落实，重形式轻实效的问题。就农村协商民主而言，协商内容事关农村发展和农民切身利益，对于已经通过协商达成共识的，要通过村民代表会议表决或乡镇人民代表大会表决，达成协商民主与选举民主和代表性民主的有效衔接，增强民主决策的合法化和规范化。各部门要根据工作职责，对协商结果进行落实、检查和监督，明确规定对办理不利部门和责任人的问责或惩戒措施，以确保协商的权威性。对于利益分歧过大而一时难以达成共识的，可以通过修正议题和解决方案等办法，再次协商达成共识。

（七）在借鉴的基础上创新具有中国特色的农村民主协商形式，为农村民主协商提供合适的平台

国外大量运用民主协商形式以提高治理水平，涌现出来诸如协商民意测验、公民陪审团、专题小组、协商大会等协商形式。我国农村幅员广阔，人口众多，地区差异很大，民主协商形式的选择既要借鉴西方的成功经验，更要与所在地域的经济、社会、文化和历史状况相适应。要发挥好农村基层党组织的领导作用，尊重农民的首创精神，不断创新农村民主协商形式。经过多年的农村民主协商试验，我国已经形成了一批民主性强、协商充分、富有成效、程序合理的民主协商形式。

1. 大胆借鉴西方基层民主协商治理形式

经过多年的探索和实践，西方发达国家创新了多种基层协商民主形式，为我国农村民主协商治理提供了可以借鉴的宝贵财富。

第一，协商民意测验机制。这是美国斯坦福大学 Fishkin 教授提出的协商方法，是把协商因素与民意调查相结合而形成的协商民主形式，很多国家基层治理中都运用了这一方法。这一方法有助于克服传统民意调查的局限性，使民意调查结果建立在信息充分、对等和协商深入、广泛的基础上。国外通常会通过随机抽样的方式选取参与者，以协商论坛

的形式进行民主测验。温岭市泽国镇把民主恳谈会形式与西方的"协商民意测验"方法相结合，采用两次发放问卷的形式，不断拓宽民众参与公共事务的渠道。① 泽国镇的扁屿村还将村民代表会议协商机制与民意测验相结合。

第二，公民议会协商机制。公民议会协商机制是成功的协商民主形式之一，美国、加拿大、英国、澳大利亚等很多国家在基层治理中都引入了该方法。公民议会由一个官方机构创立，负责解释公民会议的建议并按建议采取行动。公民议会由专家、证人和参与者组成。参与者由随机抽样产生，商议结果需说明理由并公开。当议题比较复杂，既要咨询专家或证人意见，又要听取民众意见时，这种方式比较适用。我国一些农村实行的听证协商形式与此有相同之处。②

第三，专题性小组协商机制。顾名思义，这一协商形式讨论的话题比较集中，参与者与话题具有利益关系或其他关联。专题性小组协商形式主要用于制订计划，经常与其他的协商方式共用。我国温岭市松门镇在制定渔业行业规范时曾采用过与此类似的方式。③

第四，大规模的协商会议机制。这是一种参与人员广泛的协商民主形式，共同探讨人们关心的公共事务和公益事业。为解决众多参与者意见比较分散的难题，有的地区借助计算机技术，有的地区配备训练有素的主持人。美国、巴西、澳大利亚都采用过类似的协商形式。我国的村民大会协商机制与此相似。

总之，西方发达国家的基层民主协商形式虽然复杂多变，但其共同之处在于：第一，有序性。让协商参与在规范的程序下实现。第二，民主性。让民众尽可能多地拥有民主参与的机会。第三，平等性。在协商过程中，每个参与者都拥有提出问题、争论证据和影响决策的同等机会。第四，有效性。力争使协商过程富有成效，达成共识。第五，互动性。承认参与者之间存在不同利益，允许参与者充分沟通和对话。第六，他们经常把各种协商形式混合起来使用，善于借助自然科学方法。

---

① 蒋招华、[澳] 何包钢：《参与式重大公共事项的决策机制》，《学习时报》2005 年 10 月 24 日。

② [澳] 何包钢：《协商民主之方法》，《学习时报》2006 年 2 月 13 日。

③ 同上。

我们要认真研究西方发达国家比较成功的经验，从我国农村实际出发，大胆借鉴。

2. 创新具有中国特色的农村民主协商形式

近年来，我国地方政府、专家学者和广大农民经过不断探索和试验，初步形成了具有中国特色的民主协商形式，包括会议协商机制、听证协商机制、民主恳谈协商机制、对话协商机制和民主评议协商机制等。

第一，村民大会、村民代表会议、村民小组会议、户代表会议协商机制。一是村民代表会议协商机制。村民代表会议在村民会议授权之下能够把集体土地的征用、村集体资产的分配、村庄发展规划等涉及村民利益的重大事项列入村民代表会议讨论的范围，集体决策。村民代表会议可以发展为村庄经常性的民主协商机构，经过推选产生的村民代表按照一定的程序，就与农民利益相关的问题讨论和交流，共同维护村庄利益，形成具有约束力的决策。2003 年，河北青县实行"青县模式"，即通过落实村民代表会议的决策权力实施民主协商。二是村民会议协商机制。村民会议由本村 18 周岁以上村民的过半数，或者本村 2/3 以上的户的代表参加，讨论决定涉及村民利益的重大事项。近年来，由于农民外出务工较多，村民会议的召集比较困难。然而，村民会议民主协商机制的广泛民主性是其他形式的民主协商机制无法替代的，每年都应创造条件召开一次，就村庄的重大事项进行民主协商。在调查时发现，有的村庄借三年一次的民主选举机会，组织村民就村中大事协商讨论。三是村民小组或户代表会议协商机制。在重要的村庄公共事务上，首先让村民小组成员或户代表进行讨论协商，把讨论的意见和建议集中起来，提交到村民会议或者村民代表会议上。另外，村民小组自身的事务由村民小组会议或户代表会议讨论决定。村民小组会议和村民代表会议具有独特的优势，体现在村民联系比较紧密、信息成本低、人数相对较少上。当然，它也存在一些难以避免的问题，如宗族力量把持、狭隘的村组利益倾向等。2012 年，广西贵港实施的"一组两会"模式就是利用自然屯的优势，在村民小组构建民主协商机制。四是个别地方正在尝试把协商因素引入到乡镇人大会议中。

第二，乡村干部与村民对话协商机制。乡镇政府和村两委干部设立对话日，村民在对话日与乡村干部面对面进行交流和讨论，对乡村政务和村务提出建议和批评，乡村干部认真倾听并回答访问者的提问，从而构建一个官民平等对话、讨论、辩解和协商的平台，实现乡村干部和村民交流协商的目的。2003 年，湖北省鄂州市华容区蒲团乡召开了乡镇干部与群众的对话会，面对面征求群众的意见。再如，山东省沾化县西庙村设立民主"议政日"，在每月的 5 日，党员和村民代表共同研讨协商村级公共事务，乡镇派包村干部参加，乡村干部回答村民代表的提问。

第三，村民民主评议机制。这一机制给了普通农民评价乡村干部的机会，这些评价结果对乡村干部的职业生涯和奖金水平产生很大的影响。2003 年，在四川省雅安市的一个村庄，49 位村民代表和村干部通过民主评议会的形式给村干部打分，评出优秀、称职或不称职三个等次。2006 年，巢湖市为了解决并村后村干部太多的问题，市委采用了民主评议村干部形式。评价会既可以集中召开，也可以把评议表发给村民，由村民分散填写后投入村委会信箱。

第四，民主恳谈会或者民主协商会议机制。这是用来听取农民群众意见和解决农村问题的机制。协商的主题非常广泛，涉及农村公共事务和公益事业的方方面面。民主恳谈会可以分为三个阶段：第一阶段，乡村领导安排讨论主题、议程和程序；第二阶段，参与者充分发表意见；第三阶段，乡村干部回应参与者提出的各种问题，整合各方利益，达成共识。如果无法达成共识，问题可能会被提交到乡镇人民代表大会，由人大代表投票决定。浙江省温岭市从 1996 年到 2000 年，在乡村进行的协商会有 1190 次，镇级有 190 次。①

第五，村民民主听证协商机制。乡镇政府和村民委员会运用听证会，开启决策的协商程序。针对群众关心的问题，官方机构举办听证会，主持人由官方指派，专家负责解释方案，利益相关者表达自己的意见、立场和观点，在协商的基础上制定相关政策，从而达到促进决策公开性和民主化的目的。2011 年，浙江省慈溪市胜山镇四灶村制定并实

①　［澳］何包钢：《中国的参与和协商制度》，陈承新译，参阅陈剩勇、［澳］何包钢主编《协商民主的发展——协商民主理论与中国地方民主国际学术研讨会论文集》，中国社会科学出版社 2006 年版，第 97—98 页。

施了村级民主听证制度，促进了决策的民主化，密切了干群关系。

总之，这些农村民主协商治理形式在农村治理实践中发挥了重要作用，值得进一步试验，并在不断修正和完善的基础上推广。

（八）提高农村基层干部推进民主协商的政治积极性，为农村民主协商减少政治阻碍

在农村政治发展过程中，基层干部具有举足轻重的作用，他们的积极态度和探索精神是农村协商民主治理机制建立并健康运行的关键因素。当前，在农村政治生活中，一些农村基层干部还囿于传统的"管制命令型"治理理念，对民主存在抵触情绪，信奉"搞民主就什么事也干不成"的错误观念，难以适应当前农民参与意识提高和农民利益分化的现状，造成干群矛盾激化，甚至引发群体性事件，导致农村治理危机。这就需要基层政府进一步转变工作思路，准确把握农村治理方向，不再把自己当作农村治理的唯一主体，通过建立完善的农民利益表达机制，就农村治理的一些重大问题与各利益相关方进行民主协商，解决农民最直接、最关心、最现实的利益问题。要让农村基层干部切实感受到，在农村现代化的巨大变革面前，农村面临着诸多的社会危机和风险，单纯依靠基层干部已经难以应对，而农民群众的广泛参与有助于解决农村治理面临的困境和危机。农村基层干部必须改变传统的治理观念，尊重农民的民主权利，把农村事务的决策权还给农民，使农民真正成为农村民主协商治理的主体，否则农村协商民主治理机制要么不能建立，要么沦为形式。此外，农民政治水平偏低，农村基层干部要主动向农民传播公共理念，并通过多种方式提高农民的政治能力。上级党政组织也可以借助农村基层干部考核机制，给予创新农村民主协商形式的农村干部必要的精神奖励和职务晋升机会，培养他们的政治荣誉感，从而调动农村基层干部推进农村民主协商事业的主动性和创造性。要营造支持农村民主协商的舆论氛围，民间团体、舆论机构、专家学者等要合力倡导农村民主协商，对农村政治生活中涌现的民主协商治理经验及时推广。要通过各种培训渠道，对农村基层干部进行民主协商方面的知识培训，真正解决某些农村基层干部不会协商的问题。

主要参考文献

第一部分　文献类

1. 《毛泽东选集》第 1—4 卷，人民出版社 1991 年版。

2. 《邓小平文选》第 3 卷，人民出版社 1993 年版。

3. 习近平：《习近平谈治国理政》，外文出版社 2014 年版。

4. 习近平：《摆脱贫困》，福建人民出版社 2014 年版。

5. 《彭真文选（1941—1990 年)》，人民出版社 1991 年版。

6. 中共中央宣传部：《习近平总书记系列重要讲话读本》，学习出版社、人民出版社 2016 年版。

7. 中共中央文献研究室编：《习近平关于全面深化改革论述摘编》，中央文献出版社 2014 年版。

8. 中共中央文献研究室编：《三中全会以来重要文献选编》，人民出版社 1982 年版。

9. 中共中央党史研究室：《中国共产党的九十年》，中共党史出版社、党建读物出版社 2016 年版。

第二部分　原著和译著类

1. Huges, O. E., *Public Management*: *Management and Administration*, 2nd ed., New York: St. Martin's Press, Inc., 1998.

2. Dryzek, J. S., "Green Reason: Communicative Ethics for the Biosphere", *Environmental Ethics*, Vol. 12, Issue3, Fall 1990.

3. J. Habermas，*The Theory of Communicative Action*，Vol. 1，Cambridge：Polity Press，1984.

4. J. Habermas，*Between Facts and Norms：Contributions to a Discourse Theory of Law and Democracy*，W. Rehg（trans）.，Cambridge：Polity Press，1996.

5. G. Poggi，*The State：Its Nature，Development and Prospects*，Cambridge：Polity press，1990.

6. A. Cambell，G. Gerald and Miller，W. E.，*The Voter Decides*，Evanstone：Row Peterson & Co.，1954.

7. ［澳］约翰·S. 德雷泽克：《协商民主及其超越：自由与批判的视角》，丁开杰等译，中央编译出版社 2006 年版。

8. ［法］H. 孟德拉斯：《农民的终结》，李培林译，中国社会科学出版社 1991 年版。

9. ［法］托克维尔：《论美国的民主》（上卷），董果良译，商务印书馆 1988 年版。

10. ［法］托克维尔：《旧制度与大革命》，冯棠译，商务印书馆 2012 年版。

11. ［加］A. 布来顿等：《理解民主——经济的与政治的视角》，毛丹等译，学林出版社 2000 年版。

12. ［美］阿历克斯·英格尔斯等：《人的现代化——心理·思想·态度·行为》，殷陆君译，四川人民出版社 1985 年版。

13. ［美］阿列克斯·英格尔斯、戴维·H. 史密斯：《从传统人到现代人——六个发展中国家的个人变化》，顾昕译，人民出版社 1992 年版。

14. ［美］安东尼·奥罗姆：《政治社会学》，张华清等译，上海人民出版社 1989 年版。

15. ［美］安东尼·M. 奥勒姆：《政治社会学导论——对政治实体的社会剖析》，董云虎等译，浙江人民出版社 1989 年版。

16. ［美］戴维·伊斯顿：《政治生活的系统分析》，王浦劬译，华夏出版社 1999 年版。

17. ［美］道格拉斯·C. 诺思：《经济史中的结构与变迁》，陈郁等译，上海三联书店、上海人民出版社 1994 年版。

18.［美］道格拉斯·C. 诺思：《制度、制度变迁与经济绩效》，刘守英译，生活·读书·新知三联书店 1994 年版。

19.［美］杜赞奇：《文化、权力与国家——1900—1942 年的华北农村》，王福明译，江苏人民出版社 2006 年版。

20.［美］哈贝马斯：《公共领域的结构转型》，曹卫东等译，学林出版社 1999 年版。

21.［美］J. 米格代尔：《农民、政治与革命——第三世界政治与社会变革的压力》，李玉琪、袁宁译，中央编译出版社 1996 年版。

22.［美］吉尔伯特·罗兹曼：《中国的现代化》，陶骅等译，上海人民出版社 1989 年版。

23.［美］加布里埃尔·A. 阿尔蒙德、小 G. 宾厄姆·鲍威尔：《比较政治学：体系、过程和政策》，曹沛霖等译，东方出版社 2007 年版。

24.［美］加布里埃尔·A. 阿尔蒙德、西德尼·维巴：《公民文化——五个国家的政治态度和民主制》，徐湘林等译，东方出版社 2008 年版。

25.［美］科恩：《论民主》，聂崇信等译，商务印书馆 1988 年版。

26.［美］迈克尔·罗斯金等：《政治科学》，林震等译，华夏出版社 2001 年版。

27.［美］乔·萨托利：《民主新论》，冯克利、阎克文译，东方出版社 1993 年版。

28.［美］塞缪尔·P. 亨廷顿：《变化社会中的政治秩序》，王冠华等译，生活·读书·新知三联书店 1989 年版。

29.［美］塞缪尔·P. 亨廷顿等：《现代化：理论与历史经验的再探讨》，罗荣渠等译，上海译文出版社 1993 年版。

30.［美］塞缪尔·P. 亨廷顿、琼·纳尔逊：《难以抉择——发展中国家的政治参与》，汪晓寿、吴志华等译，华夏出版社 1989 年版。

31.［美］西摩·马丁·李普塞特：《政治人——政治的社会基础》，张绍宗译，上海人民出版社 1997 年版。

32.［美］约翰·杜威：《民主与教育》，薛绚译，英属盖曼群岛商网路与书股份有限公司台湾分公司 2006 年版。

33.［美］约翰·罗尔斯：《正义论》，何怀宏等译，中国社会科学出版社 1988 年版。

34.［美］詹姆斯·博曼：《公共协商：多元主义、复杂性与民主》，黄湘怀译，中央编译出版社 2006 年版。

35.［美］詹姆斯·C. 斯科特：《农民的道义经济学：东南亚的反叛与生存》，程立显等译，译林出版社 2001 年版。

36.［南非］毛里西奥·帕瑟林·登特里维斯：《作为公共协商的民主：新的视角》，王英津等译，中央编译出版社 2006 年版。

37.［日］蒲岛郁夫：《政治参与》，解莉莉译，经济日报出版社 1989 年版。

38.［英］伯特兰·罗素：《社会改造原理》，张师竹译，上海人民出版社 1987 年版。

39.［英］戴维·赫尔德：《民主的模式》，燕继荣等译，中央编译出版社 1998 年版。

40.［英］J. S. 密尔：《代议制政府》，汪瑄译，商务印书馆 1982 年版。

41.［英］迈克尔·曼：《社会权力的来源》（第二卷·上），陈海宏等译，上海世纪出版集团 2007 年版。

第三部分　　"三农"研究文献类

1. 曹锦清：《黄河边的中国——一个学者对乡村社会的观察与思考》，上海文艺出版社 2000 年版。

2. 陈庆立：《中国农民素质论》，当代世界出版社 2002 年版。

3. 陈晓莉：《政治文明视域中的农民政治参与》，中国社会科学出版社 2007 年版。

4. 程同顺：《当代中国农村政治发展研究》，天津人民出版社 2000 年版。

5. 程同顺等：《农民组织与政治发展：再论中国农民的组织化》，天津人民出版社 2006 年版。

6. 党国英：《农村改革攻坚》，中国水利水电出版社 2005 年版。

7. 邓大才：《中国农民的政治认知与参与》，中国社会科学出版社 2012 年版。

8. 费孝通：《乡土中国》，生活·读书·新知三联书店 1985 年版。

9. 郭书田、刘纯彬等：《失衡的中国——农村城市化的过去、现在与未来》，河北人民出版社 1990 年版。

10. 贺雪峰主编：《三农中国》，湖北人民出版社 2004 年版。

11. 黄宗智：《华北的小农经济与社会变迁》，中华书局 2000 年版。

12. 李德瑞：《学术与时势——1990 年代以来中国乡村政治研究的"再研究"》，社会科学文献出版社 2012 年版。

13. 陆学艺主编：《改革中的农村与农民》，中央党校出版社 1992 年版。

14. 毛枳鑫、朱言志：《新视角下的农民素质提高问题研究》，中国工商出版社 2008 年版。

15. 秦晖、苏文：《田园诗与狂想曲——关中模式与前近代社会的再认识》，中央编译出版社 1996 年版。

16. 荣敬本、崔之元等：《从压力型体制向民主合作体制的转变——县乡两级政治体制改革》，中央编译出版社 1998 年版。

17. 师凤莲：《当代中国女性政治参与问题研究》，山东大学出版社 2011 年版。

18. 苏晓云：《毛泽东农民合作组织思想与实践研究——基于"组织起来"的思索与考察》，中央编译出版社 2012 年版。

19. 孙立平：《守卫底线——转型社会生活的基础秩序》，社会科学文献出版社 2007 年版。

20. 王沪宁：《当代中国村落家族文化——对中国社会现代化的一项探索》，上海人民出版社 1991 年版。

21. 王铭铭：《村落视野中的文化与权力：闽台三村五论》，生活·读书·新知三联书店 1997 年版。

22. 温铁军：《三农问题与世纪反思》，生活·读书·新知三联书店 2005 年版。

23. 项继权：《集体经济背景下的乡村治理——南街、向高和方家泉村村治实证研究》，华中师范大学出版社 1995 年版。

24．许欣欣：《中国农民组织化与韩国经验》，社会科学文献出版社 2010 年版。

25．徐勇：《非均衡的中国政治：城市与乡村比较》，中国广播电视出版社 1992 年版。

26．徐勇：《中国农村村民自治》，华中师范大学出版社 1997 年版。

27．徐勇：《乡村治理与中国政治》，中国社会科学出版社 2003 年版。

28．徐勇主编：《三农中国》，湖北人民出版社 2003 年版。

29．徐勇：《乡土民主的成长》，华中师范大学出版社 2007 年版。

30．徐勇、徐增阳主编：《乡土民主的成长——村民自治 20 年研究集萃》，华中师范大学出版社 2007 年版。

31．徐勇：《中国乡村政治与秩序》，中国社会科学出版社 2012 年版。

32．徐勇：《中国农民的政治认知与参与》，中国社会科学出版社 2012 年版。

33．于建嵘等：《农民组织与新农村建设——理论与实践》，中国农业出版社 2007 年版。

34．于建嵘：《抗争性政治——中国政治社会学的基本问题》，人民出版社 2010 年版。

35．于毓蓝：《农村基层民主的政治文化分析——苏南模式》，社会科学文献出版社 2006 年版。

36．于水：《乡村治理与农村公共产品供给——以江苏为例》，社会科学文献出版社 2008 年版。

37．袁银传：《小农意识与中国现代化》，武汉出版社 2000 年版。

38．张静：《基层政权——乡村制度诸问题》，上海人民出版社 2007 年版。

39．张鸣：《乡土心路八十年——中国近代化过程中农民意识的变迁》，生活·读书·新知三联书店 1997 年版。

40．赵树凯：《农民的政治》，商务印书馆 2011 年版。

41．周红云：《社会资本与中国农村治理改革》，中央编译出版社

2007 年版。

42. 周晓虹：《传统与变迁——江浙农民的社会心理及其近代以来的嬗变》，生活·读书·新知三联书店 1998 年版。

第四部分　政治学及其他文献类

1. 陈剩勇、[澳] 何包钢主编：《协商民主的发展》，中国社会科学出版社 2006 年版。

2. 丛日云：《当代世界的民主化浪潮》，天津人民出版社 1999 年版。

3. 邓伟志：《变革社会中的政治稳定》，上海人民出版社 1997 年版。

4. 邓正来主编：《布莱克维尔政治学百科全书》（中译本），中国政法大学出版社 1992 年版。

5. 邓正来、[英] J. C. 亚历山大：《国家与市民社会——一种社会理论的研究路径》，中央编译出版社 1999 年版。

6. 何清涟：《现代化的陷阱——当代中国的经济社会问题》，今日中国出版社 1998 年版。

7. 《梁漱溟全集》第 1 卷，山东人民出版社 1989 年版。

8. 《梁漱溟全集》第 2 卷，山东人民出版社 1990 年版。

9. 刘军宁：《民主与民主化》，商务印书馆 1999 年版。

10. 罗荣渠：《现代化新论》，北京大学出版社 1993 年版。

11. 马啸原：《西方政治思想史纲》，高等教育出版社 1997 年版。

12. 荣敬本等：《从压力型体制向民主合作体制的转变：县乡两级政治体制改革》，中央编译出版社 1998 年版。

13. 《孙中山全集》第 9 卷，中华书局 1986 年版。

14. 陶东明、陈明明：《当代中国政治参与》，浙江人民出版社 1998 年版。

15. 王邦佐等主编：《新政治学概要》，复旦大学出版社 1998 年版。

16. 王长江：《政党现代化论》，江苏人民出版社 2004 年版。

17. 王沪宁：《比较政治分析》，上海人民出版社 1987 年版。

18. 王沪宁：《王沪宁集：比较·超越》，黑龙江教育出版社 1989

年版。

19. 王沪宁：《政治的逻辑——马克思主义政治学原理》，上海人民出版社 2004 年版。

20. 王威海：《韦伯：摆脱现代社会的两难困境》，辽海出版社 1999 年版。

21. 徐勇：《徐勇自选集》，华中理工大学出版社 1999 年版。

22. 燕继荣：《投资社会资本——政治发展的一种新维度》，北京大学出版社 2006 年版。

23. 俞可平等：《治理与善治》，社会科学文献出版社 2000 年版。

24. 俞可平等：《中国公民社会的兴起与治理变迁》，社会科学文献出版社 2002 年版。

25. 俞可平：《增量民主与善治》，社会科学文献出版社 2003 年版。

26. 俞可平：《权利政治与公益政治》，社会科学文献出版社 2005 年版。

27. 俞可平：《中国公民社会的制度环境》，北京大学出版社 2006 年版。

28. 俞可平：《思想解放与政治进步》，社会科学文献出版社 2008 年版。

29. 俞可平等：《中国的政治发展——中美学者的视角》，社会科学文献出版社 2013 年版。

30. 张明澍：《中国政治人——中国公民政治素质调查报告》，中国社会科学出版社 1994 年版。

31. 周红云：《社会资本与中国农村治理改革》，中央编译出版社 2007 年版。

后 记

　　呈现在读者面前的这本书是我们承担的国家社会科学基金项目"提升农民政治水平与优化农村民主协商治理机制研究"的部分成果，根据课题结项评审专家意见，我们对课题内容进行了修改。

　　该成果是本人主持并完成的第三项国家社会科学基金项目。在1998年获批的国家社会科学基金项目"中国乡村社区民主政治建设"中，本人以欣喜的笔调肯定农村村民自治制度，期待村民自治能够担负起九亿农民学习民主、实践民主的重任，并希冀村民自治能够产生倒逼效应，以推动中国政治体制变革。然而，中国农村政治非常复杂，村民自治研究无法包容、解释农村政治的所有问题，村治的民主理想并未取得成功，农村政治问题研究需进一步拓展。在2008年获批的国家社会科学基金项目"改革开放以来中国特色农村政治发展模式的选择与优化研究"中，本人试图以更加宽广的视野总结农村政治发展取得的经验，并提出了民主自治是中国农村政治发展模式的发展方向。此后，更能够契合农村政治实际的农村治理问题进入本人的研究视野。在2013年获批的国家社会科学基金项目"提升农民政治水平与优化农村民主协商治理机制研究"中，本人对农村政治问题的认识更加贴近实际。

　　本书共分九章，具体分工如下：导论和第一、二、三、四、六、八章由季丽新撰写，第五章由高宝琴撰写，第七章由李恒年撰写，第九章由季丽新、高宝琴、李恒年共同撰写。在写作过程中，我们得到了很多学者和朋友的关怀和帮助。在这里，本人要感谢同事陈冬生、李默海副教授，他们为课题完成做出了很多努力；感谢吕如敏、贺雪瑞老师，他们为课题调研付出了大量时间；感谢烟台市民政局基层政权科曹传柳科长，他为课题组成功完成调研任务提供了无私帮助。特别要感谢中国社会科学出版社的任明老师，他给予了我们极大的鼓励和帮助，使本书能够顺利出版。

在本书即将付梓之际，本人依然难以释怀。怀揣着大学时代的民主热望，本人已经在农村政治领域摸索近 30 年。改革开放以来，中国农村民主化进程加速，但农民政治权利尚未全面落实，农村治理问题依然棘手。希望自己不忘初心，在农村政治研究领域实现新的突破。

季丽新

2016 年末于烟台家中